BÄUERINNEN KOCHEN

BÄUERINNEN
KOCHEN

Über 600
einfach gute
Rezepte

Weil's einfach gut schmeckt

Österreichische Bäuerinnen begeistern mit ihren Rezepten!

Unsere Autorinnen sind Bäuerinnen aus ganz Österreich sowie Südtirol. Frauen, die nicht nur mit ganzem Herzen den Beruf der Bäuerin ausüben, sondern sich auch in vielen anderen Bereichen engagieren. Gekonnt schaffen sie den Spagat zwischen Tradition und Moderne, bewahren altes Wissen und sind dennoch offen für Neues.

Wie vielfältig unsere Bäuerinnen sind, zeigt sich auch in ihren Rezepten, mit denen sie dazu beitragen, dass sich die Kochbuchreihe *Österreichische Bäuerinnen kochen* seit nunmehr rund 20 Jahren ungebrochener Beliebtheit erfreut. Denn wenn unsere Bäuerinnen ihre Rezeptgeheimnisse verraten, dann machen sie das mit viel Begeisterung, mit vollem persönlichen Einsatz und sehr gewissenhaft. Das schätzen natürlich auch die vielen treuen Leserinnen und Leser, die sich auf das Gelingen der einfach guten Rezepte verlassen können.

Der Löwenzahn Verlag möchte mit dieser wunderbaren Rezeptsammlung einen Beitrag zur Erhaltung des wertvollen bäuerlichen Wissens leisten und zeigen, wie facettenreich die regionale Küche Österreichs ist: bewährt und authentisch, dennoch wandelbar und von modernen Einflüssen inspiriert.

In diesem Buch stecken über 600 Rezepte von mehr als 90 Bäuerinnen. Stellvertretend für alle stellen wir quer durch die Kapitel aus jedem Bundesland eine Bäuerin mit einem ihrer Lieblingsrezepte vor.

Ein herzliches Dankeschön unseren Bäuerinnen, die ihre Rezepte und vielfach auch Fotos beigesteuert haben!

Danke an alle, die zur Bebilderung dieses Buches beigetragen haben: die Fotografinnen und Fotografen; die Fachschule für ländliche Hauswirtschaft Rotholz (Tirol) sowie die Landwirtschaftliche Fachschule Hunnenbrunn (Kärnten), die für Fotoshootings Rezepte nachgekocht und liebevoll angerichtet haben.

Ein persönlicher Dank geht an Maria Gschwentner, Karin Longariva sowie Christoph und Renate Wagner.

Nicht zuletzt möchten wir auch den Landes-Landwirtschaftskammern danken, die seit Beginn der Serie immer kompetente Ansprechpartner sind und zum Teil auch die Herausgeberschaft übernommen haben.

Wir wünschen Ihnen viel Freude und Genuss mit diesem Kochbuch aus der bäuerlichen Küche!

Inhalt

Fisch

Festtagsbratl

Fleischgerichte

Nachspeisen

Verführung am Nachmittag

Traditionsgebäck

Weihnachtskekse

Brot und Knabbereien

Jause und Buffet

Vorratshaltung

Grundrezepte

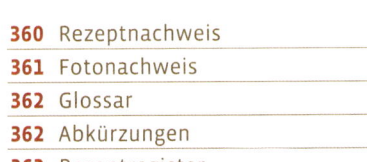

Brokkoli-Karfiol-Terrine Seite 19

BÄUERINNEN KOCHEN

Vorspeisen

FESTTAGSPASTETE VOM RIND

500 g gekochtes
Rindfleisch
100 g Speck
150 g Champignons
100 g Wurzelwerk
2 Eier
1/8 l Schlagobers
etwas Weinbrand
ca. 1/4 l Rotwein
Petersilie
2 Knoblauchzehen
Salz, Pfeffer, Kümmel
Pimentgewürz

Das Rindfleisch mit Speck faschieren, Champignons und Wurzelwerk kleinwürfelig schneiden und mit Eiern, Schlagobers, Weinbrand, Rotwein und Gewürzen zu einer dünnen Masse verrühren. Masse in eine mit Frischhaltefolie ausgelegte Rehrückenform gießen und zugedeckt im Wasserbad bei ca. 90 °C etwa 80 Minuten pochieren. Pastete mindestens 24 Stunden auskühlen lassen. | **Die Pastete in gleichmäßige Scheiben schneiden** und nach Geschmack entweder mit Chutneys oder Preiselbeeren servieren.

KÜRBISMOUSSE

1/10 l Schlagobers
4/10 l Wasser
2 Zucchini
4 Blatt Gelatine
200 g Gervais
Petersilie
2 Knoblauchzehen
Salat
Kräuter zum Garnieren

Auflaufförmchen kalt ausspülen und kalt stellen. Obers mit Wasser erwärmen und würfelig geschnittene Zucchini ca. 5 Minuten kochen lassen. 4 Blatt Gelatine für ca. 5 Minuten in viel kaltem Wasser einweichen. Suppe pürieren und ca. 1/8 l in eine Schüssel füllen, die ausgedrückte Gelatine in die heiße Suppe geben und vollständig darin auflösen. | **Frischkäse, Petersilie und Gewürze beifügen** und mit der restlichen Suppe auffüllen. Gut abschmecken. In die kalten Förmchen füllen und mit Frischhaltefolie abdecken. | **Masse für mindestens 2 Stunden kühl stellen.** Förmchen vor dem Anrichten kurz in heißes Wasser tauchen, damit sich die Masse leichter löst.

TIPP: *Auf Salat anrichten und mit Kernöl beträufeln, dazu Weißbrotscheiben reichen.*

TERRINE VOM GERÄUCHERTEN FELCHENFILET

300 g Felchenfilets,
geräuchert
1 kleines Stück Zwiebel
1 Becher Crème fraîche
4 Blatt Gelatine
125 ml Sahne
1 EL gehackte Kräuter
(Dill, Petersilie,
Schnittlauch)
1 EL Zitronensaft
Salz, Pfeffer
1 EL Butter, Salatblätter
Cocktailtomaten
etwas italienische
Marinade

Eine Terrinenform befeuchten und mit Frischhaltefolie auslegen. Gelatine in kaltem Wasser einweichen. Zwiebel schälen, fein schneiden, in Butter anlaufen lassen und überkühlen. Die Filets etwas zerkleinern und anschließend mit Crème fraîche und Zwiebel pürieren. Sahne schlagen und kalt stellen. | **Die Gelatine ausdrücken,** mit etwas Zitronensaft durch Erwärmen auflösen und unter die Fischmasse mengen. Das Ganze abschmecken und Sahne und Kräuter untermengen. Die Masse in die Terrinenform füllen und fest werden lassen. | **Danach Terrine stürzen** und in Scheiben schneiden. Schließlich mit Salatblättern und Marinade anrichten und garnieren.

TIPP: *Statt Felchenfilets können Sie auch anderen Räucherfisch verwenden. Dieses Gericht eignet sich als Vorspeise oder als Teil eines kalten Buffets.*

SULZERL

250 g Hendlfilets
300 g Karotten
300 g gelbe Rüben
100 g Stangensellerie
8 Blatt Gelatine
1/2 l Hendlsuppe,
gut gewürzt
1 EL Öl
1 Spritzer Essig
Salz, Pfeffer

Rüben und Karotten waschen, schälen und kleinwürfelig schneiden, Stangensellerie waschen und ebenso in kleine Stücke schneiden. Gemüse weichkochen. Hendlbrust in gleichmäßige Stücke schneiden, würzen und in wenig Öl rundum gut anbraten, aus der Pfanne heben und auskühlen lassen. Gelatine in kaltem Wasser einweichen und dann in erhitzter Suppe auflösen. | **Eine Terrinenform mit Frischhaltefolie auslegen,** die Hälfte vom Gemüse in die Form schichten, mit Suppe bedecken, Hendlstreifen einlegen, restliches Gemüse und Suppe einfüllen und mit Folie abgedeckt über Nacht im Kühlschrank erstarren lassen. Sulz vor dem Servieren aus der Form stürzen und mit Blattsalaten und Vinaigrette servieren.

WÄLDERKÄSLE MIT KNOBLAUCHDRESSING

6 Portionen Wälderkäsle
(Ziegenkäse)

Für das Dressing:
5 EL Olivenöl
6 Knoblauchzehen
Salz
Schnittlauch
Petersilie

Fein gehackten Knoblauch mit Öl und Gewürzen vermischen, auf Käsle verteilen und mit grünem Salat servieren.

SCHINKEN-SPARGEL-SÜLZCHEN

200 g gekochter Schinken
100 g Spargel, gegart
100 g Erbsen, gekocht
50 g roter Paprika
30 g Pulvergelatine
125 ml Gemüsebrühe
125 ml Weißwein
Pfeffer, Kräutersalz

Schinkenblätter kleinwürfelig, den Spargel in 1 cm große Stücke und den Paprika ebenfalls in kleine Würfel schneiden. Die Pulvergelatine in der kalten Gemüsebrühe 15 Minuten quellen lassen und anschließend mit dem Weißwein langsam auf ca. 50 °C erwärmen. Abschmecken und die restlichen Zutaten unterrühren. | **Die warme Masse** in die dafür vorgesehenen Formen füllen und kalt stellen.

BROKKOLI-KARFIOL-TERRINE

200 g Brokkoli
200 g Karfiol
1 Stange Porree
8 Blatt Gelatine
1/8 l Schlagobers
Salz, Pfeffer
Muskatnuss
Zitronensaft

Klarsichtfolie für
die Form

Karfiol und Brokkoli waschen, in Röschen teilen und in Salzwasser bissfest dünsten. | **Porree waschen,** gründlich putzen und in die Länge der Kastenterrinenform zurechtschneiden. In Salzwasser einige Minuten weichkochen und kalt abschrecken. | **Karfiol und Brokkoli mit dem Mixer pürieren** und mit den Gewürzen gut abschmecken. | **Gelatine** in kaltem Wasser einweichen, gut ausdrücken und im heißen Obers auflösen. Gemeinsam unter die Brokkoli-Karfiol-Masse rühren. | **Die Kastenform** mit Klarsichtfolie auskleiden. Die Hälfte der Masse in die Form füllen und den Porree darauf verteilen. Mit der restlichen Masse bedecken, glattstreichen und über Nacht im Kühlschrank fest werden lassen. Die Masse aus der Form nehmen und mit einem scharfen Messer in Scheiben schneiden.

TIPP: *Die Terrine schmeckt auch hervorragend zu gekochtem Rindfleisch mit einer pikanten Sauce.*

SCHAFKÄSETERRINE MIT KÜRBISKERNEN

100 g Schafkäse
1/8 l Sauerrahm
Kürbiskerne
1 EL Dill
Muskat
Pfeffer
3 Blatt Gelatine
1/16 l Obers

Schafkäse durch ein Haarsieb streichen, mit Sauerrahm, Kürbiskernen und Gewürzen gut verrühren. Gelatine in kaltem Wasser einweichen, ausdrücken, erhitzen und unter die Schafkäsemasse mengen. Obers steifschlagen und unter die Schafkäsemasse heben. ▏ **Eine Terrinenform** mit Folie auslegen, die Masse einfüllen und mindestens 3 Stunden kühlen.

LACHS-RUCOLA-ROLLE

**Für den
grünen Biskuitteig:**
125 g Rucola
1/2 Becher Kräuter-
Crème fraîche
3 Eier, getrennt
Salz
frisch gemahlener Pfeffer
Muskatnuss
60 g Weizenmehl
15 g Maizena
1/2 Pkg. Weinstein-
backpulver

Für die Fülle:
250 g Doppelrahm-
Frischkäse
1/2 Becher Kräuter-
Crème fraîche
etwas geriebene
Zitronenschale
1 TL Honig
Salz
frisch gemahlener Pfeffer
Kren
1 EL Essig
1 Pkg. Räucherlachs

Rucola putzen, waschen, trockentupfen. Einige Blätter zum Garnieren beiseite legen. ▏ **Den übrigen Rucola grob zerkleinern** und mit Crème fraîche mit dem Mixstab pürieren. Eidotter unterrühren, mit Salz, Pfeffer und Muskatnuss würzen. Eiklar steifschlagen, unter die Rucolamasse rühren. Mehl mit Maizena und Backpulver mischen, sieben und unterheben. Teig auf Backpapier streichen und bei 180 °C ca. 12 Minuten backen. Noch warm einrollen. ▏ **Für die Füllung** den Doppelrahm-Frischkäse mit Kräuter-Crème fraîche, Zitronenschale, Honig und Kren verrühren, mit Salz, Pfeffer und Essig abschmecken. Die Füllung auf der Biskuitplatte glattstreichen und den Räucherlachs darauf verteilen, dabei 1 cm Rand frei lassen. Von der längeren Seite her mit Hilfe des Papiers aufrollen. Rolle mindestens 1 Stunde in den Kühlschrank stellen. Mit Rucola und Cocktailtomaten ausgarnieren.

TAFELSPITZSULZE IN KRÄUTER-KERNÖL-MARINADE

400 g gekochter
Tafelspitz
1 Zwiebel, fein gehackt
2 Karotten
1/2 l Tafelspitzfond
8 Blatt Gelatine
2 EL gehackte Petersilie
Salz, Pfeffer

Für die Marinade:
Essig und Kernöl
nach Belieben
1 Zwiebel, fein gehackt
Kräuter, fein geschnitten
(Schnittlauch, Petersilie,
Kresse)
Salz, Pfeffer

Den ausgekühlten Tafelspitz in feine, etwa 3 mm dicke Scheiben schneiden, ebenso die mitgekochten Karotten. Den Tafelspitzfond unter Zugabe von etwas Essig, Salz und Pfeffer erhitzen und die eingeweichte Gelatine darin auflösen. Den Fond abkühlen, aber nicht gelieren lassen. | **Eine Terrinenform mit kaltem Wasser ausspülen** und das Gelee 2–3 mm dick eingießen. Dann die gehackte Petersilie daraufstreuen und die Karottenscheiben drauflegen. Wieder mit Gelee begießen und dann Tafelspitzscheiben einlegen. Weiter abwechselnd Gelee-Karotten-Gelee-Fleisch einfüllen und mit Gelee abschließen. Die Terrine etwa 3 Stunden durchkühlen lassen. | **Die fertige Sulze auf ein Brett stürzen** und mit einem in heißes Wasser getauchten Messer portionieren. Auf einem kalten Teller anrichten und mit der Kräuter-Kernöl-Marinade übergießen. Mit Tomate, Ei und Blattsalat garnieren.

MARINIERTER LACHS AUF ORANGEN-FELDSALAT

2 Orangen
800 g Feldsalat
200 g geräucherter Lachs
(oder Lachsschinken
in Scheiben)
50 g Gouda, gerieben
Toastbrot

Für die Vinaigrette:
2–2 1/2 EL Balsamessig
3–4 EL Kürbiskern-
oder Olivenöl
1–1 1/2 EL flüssiger Honig
3/4 TL Kremser-Senf
1/2 TL grüne
Pfefferkörner
1 TL Kürbiskerne
1 Knoblauchzehe
Salz

Für den Salat die Orangen mit einem scharfen Messer so schälen, dass die weiße Haut entfernt wird. Die Orangenfilets zwischen den Trennhäuten herausschneiden, den austretenden Orangensaft dabei auffangen. Den Feldsalat putzen, waschen und trockentupfen. | **Für die Vinaigrette** den aufgefangenen Orangensaft mit Balsamessig, Öl, Honig, Senf, Pfeffer und Kürbiskernen verrühren. Den Knoblauch abziehen und dazupressen. Alles gut verrühren und mit Salz abschmecken. | **Je vier Scheiben geräucherten Lachs** (Lachsschinken) auf einem Teller anrichten. Orangenfilets und Feldsalat darüber verteilen. Alles mit der Vinaigrette beträufeln und etwas geriebenen Käse darüberstreuen. | **Für die Beilage** Toastbrot toasten, mit Kräutersalz würzen, mit einem Keksausstecher Sterne, Herzen oder andere Formen ausstechen und die Vorspeise damit garnieren.

KALBSLEBERPARFAIT MIT PISTAZIEN AUF GEBRATENEN APFELRINGEN

200 g Leber
20 g Butter
20 g Zwiebeln,
fein gehackt
Cognac
270 g Obers
2 Blatt Gelatine
Salz, Pfeffer
Pistazien
1–2 Äpfel
Preiselbeeren

Zwiebeln und Leber in der Butter anrösten, mit Cognac löschen, mixen und mit 70 g Obers verrühren. Die Masse durch ein Sieb streichen und mit Salz und Pfeffer würzen. Danach die Gelatine in kaltem Wasser einweichen, ausdrücken und auflösen. Die aufgelöste Gelatine und die Pistazien unter die Masse rühren. Das restliche Obers steifschlagen und unterheben. Die Masse in Formen füllen und für 3–4 Stunden kühl stellen. |
Das Parfait mit gebratenen Apfelringen, Preiselbeeren und buntem Salat auf einem Teller anrichten.

ÄPFEL MIT RÄUCHERFORELLE

3–5 Äpfel
125 g Räucherforelle
1 grüner Paprika
2 Stängel Sellerie
Sauerrahm
Salz

Die Äpfel einer festen Sorte schälen, aushöhlen und vorsichtig in Wasser weichdämpfen. Die Forelle halbieren, entgräten und in Stücke schneiden, Paprika und Sellerie fein schneiden und alles mit Sauerrahm und Salz vermengen. In die erkalteten Äpfel füllen. Gekühlt servieren.

SELLERIE-TÜRMCHEN

400 g Knollensellerie
etwas Zitronensaft
300 g Rindfleisch
150 g Topfen (20%)
1 TL Senf
1 EL weiche Butter
1 EL gehackte Petersilie
1 EL Kren
Salz
Knoblauchpfeffer
Zitronenscheiben zum
Garnieren

Sellerie schälen, mit der Brotschneidemaschine ca. 0,5 cm dicke Scheiben schneiden, ausstechen, mit Zitronensaft einreiben, in Salzwasser bissfest garen. Abschrecken und gut abtropfen lassen. **Fleisch klein schneiden** und in der Küchenmaschine fein hacken. Topfen, Salz, Knoblauchpfeffer, Senf, Butter, Petersilie und Kren verrühren. Je zwei Scheiben mit Mus zusammensetzen, Türmchen mit restlichem Mus, Petersilie und Zitronenscheibe garnieren.

MARINIERTES RINDFLEISCH

500 g gekochtes
Rindfleisch
4 Karotten
1 Zwiebel
1/2 Sellerieknolle

Für die Marinade:
5 EL Maiskeimöl
3 EL Weinessig
Salz, weißer Pfeffer
aus der Mühle
Schnittlauch, Kresse,
Petersilie
1/8 l Rindsuppe
Kürbiskernöl zum
Garnieren

Das noch warme Fleisch dünn in Scheiben schneiden und auf einer Platte anrichten. Das gekochte Suppengemüse grob hacken und über das Rindfleisch streuen. **Für die Marinade** Öl, Essig, heiße Rindsuppe, Salz, Pfeffer und die gehackten Kräuter vermischen und vorsichtig über das Fleisch gießen. Mit Kernöl garnieren und mit Schwarzbrot servieren.

TIPP: *Als Variante kann die Marinade mit Essiggurken, hartgekochtem Ei und Kapern vermischt werden.*

FRÜHLINGSROLLE

Strudelteig
1/2 kg Hackfleisch
3 EL Öl oder Butter
1 Zwiebel, fein gehackt
150 g Karotten
150 g Kraut
200 g Bohnen
Salz, Pfeffer
Maggi-Würze oder
Sojasauce
Thymian
Knoblauch
1 Ei zum Bestreichen

Hackfleisch mit Zwiebel andünsten, fein geschnittene Karotten, Bohnen und Kraut dazugeben, andünsten und würzen. **Strudelteig ausziehen,** in größere oder kleinere Rechtecke nach Wunsch ausschneiden, mit der Fülle belegen, einrollen, mit Ei bestreichen und bei mittlerer Hitze backen.

TIPP: *Die Frühlingsrolle kann anstelle von Hackfleisch auch mit fein geschnittenen Putenstreifen gefüllt werden.*

KLEINER LAUCHSTRUDEL

Strudelteig
6–8 Stangen Lauch,
in 1 cm dicke Ringe
geschnitten
2 Zwiebeln, gehackt
2 Knoblauchzehen,
gehackt
Butter oder Öl
Salz, Pfeffer, Oregano
4 EL Schlagobers
200 g geriebener
Emmentaler
zerlassene Butter zum
Bepinseln

Lauch, Zwiebeln und Knoblauch in Butter dünsten und mit Salz, Pfeffer und Oregano würzen, zum Schluss Obers unterrühren und weiterköcheln, bis die Flüssigkeit verdampft ist. Überkühlt den geriebenen Käse einrühren. **Ausgerollten Strudelteig** mit zerlassener Butter bepinseln, in 6–8 Rechtecke teilen, am unteren Ende jeweils die Fülle verteilen, dabei seitlich einen Rand freilassen. Den Rest des Teiges einfetten. Die Ränder seitlich einklappen und die kleinen Strudel aufrollen. **Nochmals mit Butter bepinseln** und im Rohr goldbraun backen.

RINDFLEISCH-GEMÜSE-SPIESSCHEN

600 g Rindsfaschiertes
1 Zwiebel
1 Knoblauchzehe
1/2 Bund Thymian
60 g Semmelbrösel oder
2 fein geriebene Karotten
2 Eier
Salz, Pfeffer
1/2 TL Curry
1 Bund Jungzwiebeln
1 Bund Stangensellerie
1 Zucchini
etwas Öl zum Anbraten

Sellerie und Jungzwiebeln waschen, putzen und in ca. 10 cm lange Stücke schneiden. Zucchini der Länge nach in dünne Scheiben schneiden. **Faschiertes in eine Schüssel geben,** Gewürze sowie Eier und Brösel oder Karotten untermischen und gut abrühren. **Die Zucchini-scheiben auflegen,** etwas Faschiertes daraufgeben und einrollen, mit Zahnstochern fixieren. Aus dem restlichen Faschierten Laibchen formen. Damit Sellerie sowie Jungzwiebeln umwickeln. **Öl in der Pfanne erhitzen** und die Spießchen auf jeder Seite 5–6 Minuten anbraten.

DINKEL-FISOLEN-PÄCKCHEN

Strudelteig
200 g Fisolen
1 Zwiebel
2 EL Butter
80 g Dinkelreis
3/8 l Suppe
Salz, Pfeffer
Muskatnuss
1 Bund Petersilie
3 Knoblauchzehen

Fisolen putzen, in Salzwasser bissfest kochen, abseihen. | **Zwiebel schälen,** fein hacken und in Butter anschwitzen, Dinkelreis dazugeben, kurz rösten und mit Suppe aufgießen. Mit Salz, Pfeffer und Muskatnuss würzen. Reis unter Rühren cremig kochen. | **Ein Strudelblatt auflegen** und mit flüssiger Butter bestreichen, zweites Strudelblatt draufgeben. In sechs gleiche Teile schneiden. Die Dinkelmasse daraufstreichen und 3–4 Fisolen darauflegen; einrollen und die Enden einschlagen. Die Päckchen auf ein mit Backpapier ausgelegtes Blech legen, mit Ei bestreichen und im vorgeheizten Rohr auf 180 °C 15 Minuten goldgelb backen.

GRIESSSTRUDELPÄCKCHEN

Strudelteig
130 g Grieß
70 g Butter
7 EL Milch
250 g Bröseltopfen
1 Ei
3 EL Schnittlauch
1 EL Petersilie, gehackt
Salz, Pfeffer
Muskat
1 Ei zum Bestreichen
Salz

überkühlen lassen. Grießmasse mit Topfen, verquirltem Ei und Kräutern vermengen und würzen. | **Strudelteig** in 8 etwa 18 cm große Quadrate teilen, mit Grießmasse belegen, Ränder gut mit Ei bestreichen und einrollen, in Frischhaltefolie einwickeln. Die Strudel in reichlich kochendes Salzwasser einlegen und bei mittlerer Hitze offen etwa 20 Minuten garziehen lassen; öfters wenden. Grießstrudel aus dem Wasser heben und gut abtropfen lassen.

Grieß in flüssiger Butter unter ständigem Rühren hell anrösten. Mit der Milch aufgießen und weiterrösten, bis sich die Masse vom Topfboden löst. In eine Schüssel füllen und etwa 5 Minuten

TIPPS: *Mit Tomatensauce (s. Rezept auf S. 185) servieren. Grießstrudel nach dem Kochen in 40 g zerlassener Butter rundum etwa 5 Minuten etwas bräunen.*

ERDÄPFELKNÖDEL IM SONNENBLUMENKERNMANTEL MIT BROKKOLISALAT

600 g mehlige Erdäpfel
150 g geröstete
Sonnenblumenkerne
120 g griffiges
Weizenmehl
80 g Butter
1 Ei
3 Dotter
Salz, Pfeffer

120 g Butter zum
Übergießen

Für den Brokkolisalat:
400 g Brokkoli
200 g Karotten
1 Frühlingszwiebel
2 Knoblauchzehen
Petersilie
Schnittlauch
Dill
6 EL Rapsöl
6 EL Apfelessig
Salz, weißer Pfeffer

Erdäpfel in der Schale dämpfen, schälen und überkühlen lassen, dann durch die Erdäpfelpresse drücken und auskühlen lassen. Die Sonnenblumenkerne in einer trockenen Pfanne goldbraun rösten, 1/3 der Menge fein hacken oder reiben und zu den Erdäpfeln geben; mit Salz und Pfeffer würzen. Mehl, Butter und Eier dazugeben und rasch zu einem geschmeidigen Teig verarbeiten. Mit nassen Händen kleine Knöderl formen und in kochendem Wasser ca. 15 Minuten garziehen lassen. Knöderl aus dem Wasser heben und in den gerösteten Sonnenblumenkernen wälzen. | **Für den Brokkolisalat** Brokkoli waschen, putzen, zerteilen und in Salzwasser 5–8 Minuten blanchieren. Mit kaltem Wasser abspülen und abtropfen lassen. Karotten waschen, schälen und in Stifte schneiden, Zwiebel, Knoblauch und die Kräuter fein hacken. Alle Zutaten vermengen und etwas ziehen lassen. | **Die Knödel mit gebräunter Butter übergießen** und mit dem Salat gefällig anrichten.

BÄUERINNEN KOCHEN

Suppen und Suppeneinlagen

KALTE PAPRIKASUPPE

350 g gelbe Paprika
1 mittelgroße Zwiebel
ca. 150 g Karotten
ca. 40 g Butter
1 EL Apfelessig
3/4 l klare Gemüsesuppe
Salz
1 Prise Koriander
1 TL rote Pfefferkörner

Paprika putzen, Zwiebel schälen, beides in feine Streifen schneiden,
ca. ein Viertel vom Paprika kühl stellen (wird für die Garnitur gebraucht). |
Karotten schälen, kleinwürfelig schneiden und gemeinsam mit den
Paprika- und Zwiebelstreifen in Butter anschwitzen. Gemüse mit Essig
ablöschen, mit Suppe aufgießen und auf kleiner Flamme ca. 20 Minuten
köcheln lassen. | **Suppe** mit Salz, Koriander und einigen gehackten roten
Pfefferkörnern würzen, mit einem Stabmixer nicht zu fein pürieren,
in eine Schüssel gießen und abkühlen lassen. | **Suppe gut durchkühlen**
lassen (etliche Stunden). Je nach Belieben bei Kühlschranktemperatur
bis Raumtemperatur servieren.

TIPP: *Dazu passt gut knuspriges Gebäck.*

KAROTTENPÜREESUPPE

6 Karotten
1 Zwiebel
1 Petersilienwurzel
60 g Weißbrotwürfel
30 g Butter
1 l Suppe
Salz
Weißbrot

Karotten und Petersilienwurzel in Scheiben schneiden, mit fein gehackter Zwiebel und Weißbrotwürfeln in Butter anrösten, mit Suppe aufgießen und bissfest kochen und salzen. | **Suppe pürieren,** gut abschmecken und mit gebähtem Weißbrot servieren.

TIPP: *Mit Sauerrahm verfeinern.*

HEUSCHNEIDERSUPPE

1 geselchte hintere Stelze
(ca. 1,5 kg)
2 kleine Zwiebeln
1 große rote Zwiebel
2–3 Knoblauchzehen
100 g glattes Mehl
2 Eidotter
1/2 Becher Crème fraîche
150 g Butter
Salz, Pfefferkörner
1/16 l Essig
2 Lorbeerblätter
3 TL Paprikapulver
1/2 EL Engl. Senf

Die geselchte Stelze in ca. 2 3/4 l Wasser über Nacht zugedeckt stehen lassen. Die große rote Zwiebel, Pfefferkörner, Lorbeerblätter, Essig, Knoblauchzehen, Paprikapulver und Salz beifügen, weichkochen (ca. 2–2 1/2 Stunden). | **Stelze herausnehmen,** nur das reine Fleisch in ca. 1 1/2 cm große Würfel schneiden und warm halten. Zwiebeln schneiden, in Butter rösten, Mehl, Paprikapulver beifügen und mit wenig Suppe aufgießen. Kurz aufkochen lassen, in die restliche Suppe einrühren. Dotter, Crème fraîche und Senf gut mit dem Schneebesen verrühren und bei kleiner Flamme in die Suppe einkochen. | **Fleischwürfel in den Teller geben,** die Suppe dazugießen.

GESUNDHEITSSUPPE

2 Handvoll junger
Sauerampfer
1 Handvoll Kerbel
1 Häuptel Kopfsalat
Petersilie
Butter zum Rösten
1 1/2 l Suppe
2 Scheiben Schwarzbrot
Salz, Pfeffer

Sauerampfer, Kerbel, Kopfsalat und Petersilie waschen und fein hacken, in Butter anrösten und mit der Suppe aufgießen. Die Suppe abschmecken und mit in Butter angerösteten Brotwürfeln servieren.

BROTSUPPE

ca. 500 g Brotreste
1 l Wasser
Salz
ca. 150–200 g Butter

Brot in dünne Scheiben schneiden, in eine flache Schüssel geben und salzen. Kochendes Wasser darübergießen, kurz ansaugen lassen und das Wasser abgießen. Butter erhitzen, etwas bräunen und über das Brot gießen – es soll prasseln.

BEILAGE: *Brotsuppe kann zu Rahmsuppe oder zu Kaffee und Kakao serviert werden.*

KALTE GURKENSUPPE

1 Salatgurke
1/2 l Joghurt
3 Knoblauchzehen
Saft von 1 Zitrone
Salz, Pfeffer, Dill

Die Gurke schälen, Kerne entfernen und grob raspeln. Joghurt, Knoblauch und Zitronensaft vermischen und die Gurke einrühren. Mit Salz, Pfeffer und fein gehacktem Dill würzen. Die Suppe kalt stellen.

FEINE KÄSE-RAHMSUPPE

20 g Butter
1–2 EL Mehl
3/4 l Milch
80 g Tilsiter
1/8 l Rahm
Salz, Pfeffer
Schnittlauch

Mehl in Butter leicht anrösten, aufgießen, geriebenen Käse dazugeben, mit Rahm verbessern und würzen.

TIPP: *Als Einlage geröstete Brotwürfel servieren.*

EINTROPFSUPPE

1 Ei
30 g Mehl
1 l Rindsuppe

Das Ei mit dem Mehl glatt verquirlen, am besten in einem kleinen Schnabeltopf. Die Masse mindestens 1, besser 2 Stunden rasten lassen. Die abgeseihte Rindsuppe zum Kochen bringen und den Tropfteig mit kreisenden Bewegungen in die kochende Suppe einlaufen lassen. Umrühren, einmal aufkochen lassen.

SCHNELLE ZUCCHINISUPPE

1 mittelgroße Zucchini
2 EL Schmalz
1 l Suppe
Salz

Zucchini grob reißen, Schmalz erhitzen und Zucchini darin anrösten. Mit Suppe aufgießen, kurz kochen lassen, bis die Zucchini bissfest sind. Gut abschmecken.

TIPP: *Die Suppe kurz mit dem Stabmixer aufschlagen, sodass noch einige Zucchinistreifen bleiben, und mit einem Schlagoberstupfer garnieren.*

LINSENSUPPE

200 g Linsen
70 g Butter
20 g Zwiebeln
Thymian, Lorbeerblatt
1 l Wasser
50 g Mehl
1 EL Essig
Salz, Pfeffer
2 Semmeln
Butter zum Anrösten

Linsen, die in 20 g Butter gerösteten Zwiebeln, Thymian und Lorbeerblatt in kaltem Wasser zustellen. Sobald die Linsen weich sind, passieren. Aus der restlichen Butter und Mehl eine helle Einbrenn machen und mit Linsenwasser aufgießen und abschmecken. **Semmeln kleinwürfelig schneiden,** in Butter anrösten und als Einlage zur Suppe servieren.

BURGENLÄNDISCHE KRAUTSUPPE

1 mittlerer Krautkopf
1 Zwiebel
Öl
etwas Mehl zum Stauben
Salz, Pfeffer,
Paprikapulver
1 Paar Selchwürstel
Suppenwürze
1 Becher Sauerrahm
Wasser
Kümmel

Kraut zerkleinern und Zwiebel klein hacken. Zuerst die Zwiebel in Öl anbräunen, dann das Kraut dazugeben, mit Mehl stauben, mit ca. 1–1,5 Liter Wasser aufgießen, würzen, kochen lassen, abschmecken und die in Scheiben geschnittenen Selchwürstel dazugeben. Kurz mitkochen lassen und den aufgeschlagenen Sauerrahm einrühren. Dazu serviert man frisches Bauernbrot.

KOHLCREMESUPPE MIT BERGKÄSENOCKERLN

Für die Suppe:
1 kleine Zwiebel
250 g Kohl (geputzt, ohne Strunk)
1 Tomate, 1 EL Rapsöl
1 EL glattes Mehl
3 EL Petersilie
500 ml Gemüsesuppe
2 EL Sauerrahm
Muskat, Piment, Liebstöckel

Für die Bergkäsenockerl:
100 g Magertopfen
1 Eiklar
30 g Grieß
1 EL Bergkäse
Salz, Pfeffer, Muskat

Für die Suppe die Zwiebel schälen und fein schneiden. Den Kohl in feine Streifen schneiden. Die Tomate überbrühen, Haut abziehen, Kerne entfernen und würfeln. Mehl in Öl unter Rühren kurz anrösten, Zwiebel zugeben und anschwitzen. Fein geschnittene Petersilie einrühren und mit Suppe aufgießen. Mit Muskat, Piment und Liebstöckel würzen. Suppe ca. 7 Minuten schwach köcheln lassen. | **Anschließend den Kohl zugeben** und die Suppe zugedeckt 15 Minuten kochen. Einen Schöpfer Kohl herausnehmen, die Suppe fein pürieren und danach die Kohlstreifen wieder untermischen. | **Die Suppe vom Herd nehmen** und den Sauerrahm unterrühren. Mit Bergkäsenockerln (siehe unten) und Tomatenwürfeln anrichten. | **Für die Bergkäsenockerl** Topfen, Eiklar, Grieß und Bergkäse glattrühren. Mit Salz, Pfeffer und Muskat würzen. Mit zwei Teelöffeln aus der Masse Nockerl abstechen. In kochendes Salzwasser legen und ca. 8 Minuten ziehen lassen.

MONTAFONER KÄSESUPPE

3 EL Butter
3 EL Mehl
1 l Rind- oder
Gemüsesuppe
200 g geriebener
Emmentaler
Pfeffer aus der Mühle
1 Schuss Weichselbrand
1 Ei
1 EL Sauerrahm
4 Frühlingszwiebeln
1 Karotte
Butter zum Andünsten
2 Scheiben Weißbrot

In einem Suppentopf die Butter schmelzen lassen. Mehl einstreuen, kurz durchrösten und mit Suppe aufgießen. Unter wiederholtem Rühren gut aufkochen lassen. Geriebenen Käse einmengen und bei gemäßigter Hitze schmelzen lassen, währenddessen abermals gut mit dem Schneebesen umrühren. Mit frisch geschrotetem Pfeffer und einem kleinen Schuss Weichselbrand abschmecken. Topf vom Feuer nehmen, das Ei mit Sauerrahm versprudeln und die Suppe damit vollenden. | **Währenddessen in einer Pfanne** die geviertelten Frühlingszwiebeln und die sehr dünn geschnittene Karotte in etwas Butter knackig andämpfen. Weißbrot in Würfel schneiden und ohne Fett knusprig rösten. | **Die fertige Käsesuppe in vorgewärmte Suppenteller füllen,** Gemüse und Weißbrotcroûtons hineingeben und sofort servieren, damit das Weißbrot nicht aufweicht.

TIPP: *Noch cremiger gerät diese Suppe, wenn man statt Hartkäse „Eckerlkäs" (Schmelzkäse) verwendet.*

BREGENZERWÄLDER MILCHSUPPE

1 l Milch
Salz, Muskat
1/2 Ei
50–80 g Mehl

Milch aufkochen, würzen. Das versprudelte Ei mit Mehl verbröseln, dass Riebele entstehen. Kurz in der Milch aufkochen.

TOPFENSUPPE

1 l Milch
250 g Topfen
1/8 l Obers
1 EL Mehl
evtl. 1 Ei
Salz
1 TL Kümmel
Dill
2–3 Erdäpfel

Topfen und Milch verrühren, salzen, fein gehackten Kümmel und Dill dazugeben und 1/4 Stunde kochen. Obers und Mehl (eventuell auch ein Ei) versprudeln und in die Suppe einrühren. Einmal aufkochen lassen, sofort servieren.

TIPP: *Man kann klein geschnittene Erdäpfel mitkochen.*
VARIATION: *Anstelle von Süßmilch kann Sauermilch genommen werden.*

GAILTALER KIRCHTAGSSUPPE

für ca. 20 Portionen

6 l Wasser
1 großes Huhn
1,5 kg Rindfleisch (weißes
Scherzl oder Tafelspitz)
500–750 g Lammfleisch
2 Zwiebeln mit Schale
Muskatblüte
1/2 Muskatnuss
1–2 Paradeiser
3 Knoblauchzehen,
geschält
1 großer Bund Basilikum
ganze Pimentkörner
etwas Anis
grüner Ingwer
Salz
1/8 l Weißwein
1 Zimtrinde
Zitronenschale
3 Pkg. Safran
2- bis 3-mal 1/8 l Wasser

Wurzelwerk:
2–3 Karotten
1 Petersilwurzel
mit etwas Blatt
1 mittlere Sellerieknolle
mit etwas Blatt
1 Stange Porree

Zum Binden:
1 1/2 l Sauerrahm
1 l Süßrahm
6–8 Eidotter
100 g Mehl

Das Wasser mit den Knochen, dem Wurzelwerk und den Gewürzen zum Kochen bringen, das Fleisch im Stück einlegen und langsam kochen lassen. | **Das Fleisch herausnehmen,** sobald es weich ist (nach ca. 1 Stunde das Huhn, Rind und Lamm entsprechend später). Die Suppe soll insgesamt mindestens 2 Stunden kochen. | **Inzwischen Sauerrahm, Schlagobers, Mehl und Eidotter** mit dem Schneebesen glatt verrühren und 1 Stunde rasten lassen. | **Die Suppe abseihen.** Die halbe Suppenmenge nochmals zum Kochen bringen und das Rahm-Dotter-Mehl-Gemisch mit dem Schneebesen kräftig einschlagen. Nur einmal kurz aufkochen lassen und mit der restlichen Suppenmenge vermischen. Die Suppe darf nun nicht mehr kochen, soll aber 2–3 Minuten lang knapp unter dem Siedepunkt gehalten werden. | **Den Safran kurz einweichen** und dann mit 1/8 Liter Wasser aufkochen. Die Flüssigkeit abseihen und behutsam in die fertige Suppe einrühren. Diesen Vorgang ein- bis zweimal wiederholen, solange die Safranfäden Farbe abgeben. | **Das Hühnerfleisch enthäuten,** von den Knochen lösen und ebenso wie Rindfleisch und Lammfleisch kleinwürfelig schneiden. Das Fleisch in die Suppe geben.

TIPP: *Extra dazugereicht werden etwas breiter geschnittene Suppennudeln, Backerbsen oder Kärntner Reindling.*

PAPRIKARAHMSUPPE

2 große rote
Paprikaschoten
1 Schalotte
1 Knoblauchzehe
1 scharfe rote Chilischote
1 EL Öl
400 ml Rindsuppe
2 EL Tomatenmark
Salz, Zucker, Pfeffer
Paprikapulver, edelsüß
400 g Schlagobers
1 Dotter

Paprika und Chili in Würfel schneiden, kleine Rauten von Paprika als Einlage aufheben. Öl in Topf erhitzen, Zwiebel mit Paprika anschwitzen, mit Suppe aufgießen und weichkochen. Zusammen mit Tomatenmark pürieren und kräftig abschmecken. 2 Esslöffel Schlagobers mit Dotter verrühren, restliches Schlagobers steifschlagen, Suppe mit Obers-Dotter-Gemisch aufkochen lassen. Schlagobers einrühren. In vorgewärmten Tellern anrichten, mit Paprikarauten servieren.

KÜRBISSUPPE MIT ÄPFELN

1 kg Kürbis, kochfertig
1 1/4 l Wasser
1 mittlere Zwiebel,
fein gehackt
2 Äpfel, würfelig
geschnitten
2 Paradeiser, würfelig
geschnitten
2 EL Öl
1 Bund Petersilie,
fein gehackt
1/8 l angesäuerter Rahm
Würzgemüse
(s. Rezept auf S. 350)
oder Suppenwürze
Salz, wenig Pfeffer

Die Zwiebel in heißem Öl anlaufen lassen. Die Äpfel und Paradeiser dazugeben und rühren, bis die Äpfel glasig sind. Aufgießen, Kürbis und Gewürze beifügen und alles weichkochen. | **Dann die Suppe pürieren,** den Rahm unterrühren und mit gerösteten Weißbrotwürfeln servieren.

TIPP: *Für den angesäuerten Rahm 1/8 l handwarmes Schlagobers mit 1 Kaffeelöffel Sauerrahm vermischen und über Nacht bei Raumtemperatur stehen lassen.*

GERSTENSUPPE

100 g Rollgerste
40 g Bohnen
2–3 Zwiebeln
1 Karotte
wenig Sellerie und
Petersilienwurzel
Meersalz, Suppenwürze
Speck oder Selchfleisch

Gerste und Bohnen werden über Nacht eingeweicht, dann mit dem Einweichwasser zugestellt und halbweich gekocht. | **Dann gibt man klein geschnittene Zwiebeln** und Wurzelwerk bei, kocht alles weich, würzt mit Salz und Suppenwürze und verbessert mit würfelig geschnittenem Selchfleisch.

TIPP: *Die Suppe wird besonders geschmackvoll, wenn man Geselchtes im Ganzen oder Schweins- bzw. Kalbsfüße mitkochen lässt.*

KLACHELSUPPE
(SCHWEINSHAXLSUPPE)

1/2 l Wasser
40 g Mehl
40 g Fett
1 kg Schweinshaxen
Suppengrün
Schwarten
Salz
1 Zwiebel
1 Lorbeerblatt
Majoran, Wacholder-
und Pfefferkörner
(oder Knoblauch,
Pfeffer, Salz, Kümmel)
etwas Essig

In Scheiben gehackte Schweinshaxen mit den gewünschten Gewürzen, Suppengrün und Zwiebelscheiben weichkochen (im Druckkochtopf etwa 45 Minuten), dann mit Essig säuern und abseihen. Eine lichte Einbrenn aus Fett und Mehl mit der abgegossenen Suppe vergießen und das von den Knochen gelöste Fleisch hineingeben (oder das Mehl mit kaltem Wasser versprudeln, in die heiße Kochbrühe einkochen und das Fleisch hineingeben).

TIPP: *Man kann die Suppe auch extra essen und die Haxln gesalzen und gepfeffert mit frisch geriebenem Kren anrichten.*

TIROLER FASTENSUPPE

4–5 Scheiben hartes
Schwarzbrot
etwas Butter
1 Zwiebel
1 l Suppe
Petersilie, Schnittlauch
Salz, Pfeffer
1 EL Sauerrahm
150 g Käse

Die zerkleinerte Zwiebel und die Brotscheiben mit etwas Butter anrösten, mit der Suppe ablöschen und aufkochen lassen. Dann das Ganze pürieren und mit Salz, Pfeffer, Schnittlauch und Petersilie abschmecken. Schließlich noch mit Sauerrahm und Käsewürfeln verfeinern.

BREZENSUPPE

6 Brezen
50 g Butter
ca. 1/4 l Wasser
200 g Käse
Schnittlauch

Brezen würfelig aufschneiden, mit heißem Wasser aufgießen und kurz ziehen lassen. Butter in einem Reindl zergehen lassen, abwechselnd eingeweichte Brezen und geriebenen Käse einschichten, erwärmen, mit Schnittlauch bestreuen und eventuell mit brauner Butter abschmelzen.

TIPP: *Ideale Verwendung von altbackenen Brezen!*

RAHMSUPPE MIT GERÖSTETEN SCHWARZBROTWÜRFELN

1 l Rindsuppe oder
Gemüsebrühe
1 Sellerieknolle
(mittelgroß)
1 Zwiebel
Butter
Kümmel, Lorbeerblatt
Salz, Pfeffer
1/8 l Schlagobers
1/8 l Sauerrahm
1 EL Maizena

Sellerieknolle und Zwiebel würfelig schneiden und in etwas Butter farblos anschwitzen, Kümmel und Lorbeerblatt dazugeben, durchrühren und mit Rindsuppe aufgießen. Sellerie weichkochen, mit Mixstab fein pürieren, mit Salz und Pfeffer abschmecken. Obers dazugeben, Sauerrahm mit Maizena vermischen und mit der Suppe verquirlen, noch einmal abschmecken und kurz aufkochen lassen. In einem Suppenteller anrichten und die gerösteten Schwarzbrotwürfel darüberstreuen. Mit Petersilie oder Schnittlauch garnieren.

Gudrun Graf

· HÜHNERCREMESUPPE ·
MIT WALNUSSNOCKERLN

OBERÖSTERREICH

Zutaten

1 1/4 l Hühnersuppe
250 g Hühnerfleisch
50 g Butter
40 g Mehl
1/8 l Obers
1 Eidotter
1 Spritzer Weißwein
Salz
weißer Pfeffer
Muskat
Petersilie

Für die Walnussnockerl:
30 g Butter
1 kleines Ei
1 faschierte Semmel
Salz
Muskat
30 g geriebene Walnüsse

Das Hühnerfleisch in der Hühnersuppe weichkochen. *Aus Butter und Mehl eine lichte Einmach bereiten, mit der Suppe aufgießen, glattrühren und 30 Minuten leicht kochen lassen. Mit Obers und Dotter legieren, würzen, evtl. mit Weißwein und Butter abschmecken. Hühnerfleisch schneiden und in die fertige Suppe geben.* **Für die Walnussnockerl Butter schaumig rühren,** *Ei dazurühren und alle weiteren Zutaten unterheben. Mindestens 30 Minuten rasten lassen, dann Nockerl formen und in Salzwasser 10 Minuten ziehen lassen. In der Suppe servieren.*

Gudrun Graf hat für **Österreichische Bäuerinnen backen Strudel** und **Österreichische Bäuerinnen kochen Knödel** Rezepte zur Verfügung gestellt.

LAUCHCREMESUPPE

2 kleine Lauchstangen
1 EL Butter
1 EL Schlagobers
1 Eidotter
Salz, Pfeffer
Muskat
geriebener Käse

Den Lauch waschen und einen Teil in grobe Stücke schneiden, in ca. 1/2 Liter Suppe garkochen und pürieren. Den restlichen Lauch in dünne Scheiben schneiden, Butter in einer Pfanne schmelzen und die Lauchscheiben 1/4 Stunde dünsten. Mit der restlichen Suppe aufgießen, mit Salz, Pfeffer und Muskat würzen. Mit der pürierten Suppe mischen. Schlagobers mit Eidotter verrühren und die Suppe legieren. | **Vor dem Servieren** mit geriebenem Käse bestreuen.

SERBISCHE BOHNENSUPPE

für 6 Portionen

500 g große
weiße Bohnen
1 KL Majoran
2 Lorbeerblätter
500 g Kaiserfleisch
(Schweinsbauch,
frisch geselcht)
1 1/2 l Wasser
150 g Speck
1 Zwiebel
1 EL Öl
2 Knoblauchzehen
1 KL Paprika, edelsüß
1 Msp. Piment
1 Msp. Nelkenpulver
2 Pfefferoni
Salz, Pfeffer
3 KL Tomatenmark

Die Bohnen über Nacht einweichen und am nächsten Tag mit Majoran, Lorbeerblättern und dem Kaiserfleisch weichkochen. Das Fleisch kleinwürfelig schneiden und wieder zu den Bohnen geben. Die fein gehackte Zwiebel in heißem Öl gelb anlaufen lassen, den kleinwürfelig geschnittenen Speck dazugeben, anrösten und zu den Bohnen geben. Mit dem zerdrückten Knoblauch und den übrigen Gewürzen abschmecken und gut verkochen lassen.

TIPP: *Wer die Serbische Bohnensuppe sämiger liebt, kann dem gerösteten Speck ein bis zwei Kaffeelöffel Mehl beigeben, dieses kurz anlaufen lassen und mit Bohnenwasser aufgießen.* | *Zu diesem Eintopf schmeckt am besten kräftiges Schwarzbrot.*

BOHNENSUPPE

200 g Bohnen
1 l Wasser
Salz
20 g Butter
1/2 Zwiebel
20 g Mehl

Bohnen über Nacht einweichen und mit diesem Wasser kochen, bis sie durch sind. Zwiebel in Butter einlaufen lassen, Mehl anbräunen, mit etwas Wasser aufgießen, gut versprudeln. In die Suppe einkochen, abschmecken und mit Schnittlauch bestreut servieren.

VARIANTE: *Gekochte Bohnen mit Äpfelschnitz vermischen, mit Zucker und Zimt bestreuen, mit Butter abschmalzen.*
TIPP: *Passt gut zu Schmalzgebackenem.*

GEMÜSESUPPE

2 Tassen fein
gewürfeltes Gemüse
1,5 l Wasser
2 EL Dinkelgrieß
Salz, Pfeffer
Petersilie und andere
Bio-Gewürze nach Wahl

Gehen Sie durch den Garten, Keller oder Vorratsraum und nehmen Sie von verschiedenen zusammenpassenden Gemüsearten ein wenig (Karotten und Kartoffeln passen überall dazu). Dann das Gemüse fein schneiden, in etwa zwei Tassen voll. **In einem Topf die Butter erwärmen,** darin kurz ein wenig Mehl erwärmen und mit Wasser aufgießen. Anschließend die Gewürze und das geschnittene Gemüse dazugeben. Sobald die Suppe eine Weile gekocht hat, den Dinkelgrieß dazurühren und weiterkochen lassen, bis alles gar ist.

TIPP: *Wenn es schnell gehen soll, einfach Karotten und Kartoffeln nehmen und sie fein raspeln, dann sind sie in wenigen Minuten gar.*

KÜRBISCREMESUPPE

ca. 1 kg Kürbisfleisch
(Muskat, Hokkaido,
Butternuss, Langer von
Neapel etc.)
1 Zwiebel
2 EL Öl
Wasser
1 Becher Schlagobers
Salz, Pfeffer, Ingwer,
Gemüsewürfel
20 g Kürbiskerne
1 Schuss Kürbiskernöl

dazugeben und auch anschwitzen lassen, mit Wasser aufgießen, bis das Kürbisfleisch gut bedeckt ist. Salz, Pfeffer, Gemüsewürfel und Ingwer dazugeben und so lange kochen, bis das Kürbisfleisch weich ist. | **Suppe vom Herd nehmen** und mit dem Pürierstab mixen, gleichzeitig Schlagobers dazupürieren und nochmals kurz aufköcheln lassen. Wenn Sie frischen Ingwer verwenden, vor dem Pürieren aus der Suppe nehmen, ansonsten wird er zu intensiv. | **Kürbiskerne kurz anrösten,** klein hacken und gemeinsam mit einem Tropfen Kernöl in die angerichtete Suppe geben.

Kürbis schälen und in große Würfel schneiden, Zwiebel klein hacken und in Öl anschwitzen lassen, den gewürfelten Kürbis

KUKURUZCREMESUPPE MIT EIERSCHWAMMERLN

50 g Butter
1 kleine Zwiebel
130 g frische
Kukuruzkörner
(aus dem Kolben
ausgebrochen)
1/8 l Weißwein
1 großer Erdapfel
3/4 l Gemüsefond oder
leichte Rindsuppe
30 g Butter
100 g Eierschwammerl
Salz, weißer Pfeffer
gehackte Petersilie
1/8 l Obers

Zwiebel würfelig schneiden und in Butter zusammen mit den Kukuruzkörnern kurz durchrösten. Mit Weißwein ablöschen und mit Suppe aufgießen. | **Den rohen, geriebenen Erdapfel beigeben,** alles weichkochen und im Mixer fein pürieren. Schwammerl putzen und in Scheiben schneiden, in Butter zusammen mit Petersilie kurz anrösten und zur Suppe geben. Mit Obers verfeinern und pikant abschmecken.

VARIATION: *Statt Eierschwammerln kann man auch Steinpilze verwenden.*

MOSTSUPPE

50 g Butter
40 g Mehl
1 kleine Zwiebel
120 g Wurzelwerk
3/8 l Most
3/4 l leichte Rindsuppe
oder Wasser
1/8 l Schlagobers
Salz, Pfeffer, Muskat
4 Scheiben Weißbrot
40 g Butter
Schnittlauch

Feinwürfelig geschnittene Zwiebel und würfelig geschnittenes Wurzelwerk in Butter kurz anrösten, mit Mehl stauben, mit Most ablöschen und mit Suppe aufgießen. Die Suppe leicht kochen lassen, bis das Gemüse weich ist, im Mixer pürieren und mit Obers verfeinern. Abschmecken und vor dem Servieren mit in Butter gerösteten Weißbrotwürfeln und frischem Schnittlauch bestreuen.

PARADEISERSUPPE

3 EL Rapsöl
2 Knoblauchzehen
1/2 kg Paradeiser
2 EL gehackte Kräuter
(Oregano, Liebstöckel,
Petersilie)
1/2 Zwiebel
1 l Rindsuppe
2 EL Mehl
Salz, Pfeffer

Zwiebel und Knoblauch fein hacken und in heißem Öl anlaufen lassen, mit Mehl stauben. Blanchierte und enthäutete Paradeiser würfelig schneiden, zu den anderen Zutaten geben und mit Rindsuppe aufgießen. **Suppe 10 Minuten köcheln lassen,** mit dem Mixstab pürieren und mit den gehackten Kräutern, Salz und Pfeffer abschmecken.

KARTOFFELCREMESUPPE MIT STEINPILZEN

750 g mehlige Kartoffeln
Salz, Pfeffer, Kümmel
30 g getrocknete Steinpilze
1 Becher Sauerrahm
1 EL Mehl

Kartoffeln schälen, würfelig schneiden und mit 1 1/2 Liter Wasser zum Kochen bringen, salzen, pfeffern und Kümmel dazugeben. Die getrockneten Steinpilze kurz in warmem Wasser aufquellen lassen und dann in die langsam kochende Suppe geben, kurz mitkochen lassen. | **Ein paar Steinpilzstücke für die Garnitur auf die Seite geben,** Suppe pürieren, am Ende auch den mit Mehl verquirlten Sauerrahm mitpürieren, nachwürzen. Mit gerösteten Brotwürfeln servieren.

FISCHBEUSCHELSUPPE

Kopf, Schwanzstück, Gräten und Rogen eines frischen Karpfens
1 1/2 l Wasser
2 EL Essig
Salz
1 Zwiebel
1/2 Lorbeerblatt
6 Pfefferkörner (leicht zerdrückt)
Thymian
Butter (nussgroß)
1 TL Zucker
40 g Fett
40 g Mehl
100 g Wurzelwerk (mit der Küchenreibe gerissen)
1/16 l Rotwein

Die einzelnen Fischstücke, kalt gewaschen, mit Wasser, Essig, Salz, Zwiebel, Lorbeerblatt, Pfefferkörnern und Thymian ansetzen und langsam weichkochen, dann abseihen, das Fischfleisch von den Knochen lösen, grob hacken und warm stellen. Den Rogen, mit wenig Wasser und Essig knapp bedeckt, mit etwas Salz und Zucker

langsam kochen, bis er hart und gelblich wird, dann mit einer Gabel zerdrücken und mit der Schneerute zerschlagen. | **Inzwischen eine braune Einbrenn aus Fett, etwas Zucker und Mehl bereiten,** das fein gerissene Wurzelwerk beigeben, kurz mitrösten und mit Rotwein und etwas Essig ablöschen. Mit der geseihten Fischsuppe aufgießen. Das Ganze etwa 30 Minuten langsam und gleichmäßig kochen. | Mit Salz, Rotwein und Essig abschmecken. Zum Schluss das Karpfenfleisch und den Rogen mit dem Essigsud beigeben. Abschmecken und einmal aufkochen. | **Die Suppe** soll einen pikant-säuerlichen Geschmack haben, mit einem ganz leichten Anklang zur Süße. Man reicht dazu Vorschussbrot oder Weißbrot.

ROTE RÜBENSUPPE MIT KRENKNÖDERLN

50 g weiche Butter
1 Ei, Kräutersalz
Pfeffer
gemahlener Kümmel
80 g Weizengrieß
1 KL frisch geriebener Kren
1 EL Obers

Für die Suppe:
400 g Rote Rüben
1 Zwiebel
30 g Butter
1 EL glattes Mehl
Saft von 1/2 Zitrone
1 EL Weißwein
1 l klare Gemüsesuppe
3 EL Crème fraîche
Kräutersalz
weißer Pfeffer
Kümmel

Butter schaumig rühren, die restlichen Zutaten dazugeben, kleine Knödel formen und mindestens 1/2 Stunde rasten lassen. | **Für die Suppe rohe Rüben schälen** und dünn raspeln. Zwiebel in Butter anschwitzen, mit Mehl stauben, Rote Rüben, Zitronensaft, Salz, Pfeffer, Kümmel, Weißwein und Gemüsesuppe dazugeben und so lange kochen, bis die Rüben weich sind. Nun mit einem Mixstab pürieren und mit Crème fraîche verfeinern. | **Die Suppe aufkochen lassen,** die Krenknöderl einlegen und 3 Minuten kochen, danach noch 10 Minuten ziehen lassen. Oder Knöderl getrennt kochen, dann bleibt ihre Farbe erhalten.

BRENNSUPPE

50 g Butter
50 g Mehl
1 l Wasser
1/8 l Rotwein
1 Lorbeerblatt, Kümmel
2–3 rohe Kartoffeln
Ziegerkäse

Mehl in Butter anrösten, bis es leicht braun wird, mit Wasser aufgießen. Gewürze und Wein dazugeben. Kartoffeln blättrig schneiden und mitkochen. Mit geriebenem Zieger servieren.

VARIANTE: *Würfelig geschnittenen Bergkäse statt Zieger dazugeben.*

KRAUTSUPPE

2 Frühlingszwiebeln
1 Dose gewürfelte
Tomaten oder frische
1 kleiner Kopf Weißkraut
1 grüner Paprika
Petersilie, gehackt
1 l Gemüsebrühe
oder Wasser
1 Stangensellerie
Salz, Pfeffer
Curry
Chili oder etwas Tabasco
nach Geschmack

Das Gemüse in kleine Würfel schneiden, in den Topf geben und mit Gemüsebrühe oder Wasser überdecken, aufkochen lassen und mit den Gewürzen abschmecken. Weiterköcheln lassen, bis das Gemüse gar ist.

TIPP: *Diese Suppe ist sehr gut zum Entschlacken geeignet und kann mit einem Stück Schwarzbrot auch als Hauptgericht gegessen werden.*

SCHWARZWURZELSUPPE

500 g Schwarzwurzeln
(frisch oder aus dem Glas)
Wasser
Essig
Salz, Pfeffer
1/4 l Milch
Suppenwürfel
2 TL Maisstärke
2 EL Weißwein
2 Eckerl Rahmkäse
gehackte Petersilie

Schwarzwurzeln mit Essig und Salz weichkochen oder aus dem Glas geben. 2/3 der Schwarzwurzeln passieren (pürieren) und mit Wasser auf 1 l ergänzen. Mit Milch und Suppenwürfel aufkochen, mit Maisstärke binden und die restlichen, in Scheiben geschnittenen Schwarzwurzeln dazugeben. Die Suppe mit Weißwein und Käse verfeinern, abschmecken und mit Petersilie servieren.

FEINE KNOBLAUCHSUPPE

30 g Butter
1 kleine Frühlingszwiebel
5 Knoblauchzehen
1 l Suppe
1/4 l Sauerrahm
Salz, Schnittlauch

Geschnittene Zwiebel und Knoblauch in Butter anlaufen lassen, mit Suppe aufgießen und kochen. Passieren, würzen und zuletzt Sauerrahm dazugeben.

BRENNNESSEL-
KARTOFFEL-SUPPE

1 Lauchstängel
2 Karotten
2–3 Kartoffeln
1 Bündel
gemischte Kräuter
1 Büschel junge
Brennnesseln
1 Stückchen Butter
1,5 l Wasser
1 EL Gemüsebrühe
Muskat, Paprikapulver
einige EL Sahne
Schnittlauch

Lauch, Karotten und Kartoffeln putzen bzw. schälen und klein schneiden. Kräuter wie z.B. Bärlauch, Petersilie, Zwiebelrohr, Dill, eine Spur Thymian, etwas Liebstöckel und Brennnesseln ebenfalls klein schneiden und alles mit Butter und wenig Wasser andünsten. Die ganze Wassermenge zugießen, Brüheextrakt zugeben und ca. 10 Minuten garkochen. | **Die Suppe vermixen** oder durch ein Sieb passieren. Fein abschmecken und mit Sahne legieren. Vor dem Servieren Schnittlauch darüberstreuen.

DINKELFLÄDLE IN KLARER GEMÜSESUPPE

70 g Dinkel
1/8 l Milch
1 Ei
Kräutersalz, Muskat
1 l Gemüsesuppe
2 EL Schnittlauch,
fein geschnitten

Dinkel frisch auf feinster Stufe mahlen und mit Milch, Ei und Gewürzen zu einem Teig verarbeiten. Nach 15 Minuten Ruhezeit in Butterschmalz Flädle (= Palatschinken) backen und in dünne Streifen schneiden. Die Flädle zum Servieren in die heiße Gemüsesuppe geben und mit fein geschnittenem Schnittlauch bestreuen.

KLARE RINDSUPPE – GEKOCHTES RINDFLEISCH

2 l Wasser
1 kg Rindfleisch
(am besten Hieferscherzl,
Tafelspitz oder
Weichrippe)
1 Bund Wurzelwerk
500 g Rindsknochen
1 kleine Zwiebel
6 Pfefferkörner
2–3 Stück Muskatblüte
(Macis)
1 Prise Anis
1 Zweig Liebstöckel
1 kleines Krautblatt
1 Tomate
1 kleines Büschel
Gundelrebe
1–2 Knoblauchzehen,
geschält
Salz

Die zerkleinerten Rindsknochen, das gewaschene und geputzte Wurzelwerk und die Gewürze in kaltem Wasser zustellen. Das Rindfleisch erst dazugeben, wenn das Wasser kocht. Fest aufwallen lassen, dann zurückschalten und die Suppe zugedeckt leicht weiterkochen lassen (auf Stufe 1/2–1). Wenn die Suppe zu stark kocht, wird sie trüb. Die Suppe durch ein Sieb seihen und nachwürzen. | **Rindsuppe eignet** sich für Bouillon mit Ei, für Suppen mit Einlagen (Milzschnitten, Frittaten usw.), aber auch als Grundlage für legierte Suppen. | **Das in der Suppe gekochte Rindfleisch** serviert man am besten mit Gemüse, Saucen, Salat, gerösteten Erdäpfeln usw. Reste vom Rindfleisch kann man feinblättrig schneiden, mit Essig, Öl und fein gehackter Zwiebel abmachen und als Rindfleischsalat servieren. Größere Mengen kann man faschieren und zum Füllen von Strudeln oder Knödeln verwenden.

TIPP: *Je größer das Stück Fleisch ist, umso saftiger bleibt es.*

RINDSUPPE MIT GEBACKENEM LEBERKNÖDEL

Für die Rindsuppe:
1 l Wasser
Suppenfleisch
1 Bund Wurzelwerk
Suppengewürze
(Lorbeerblätter,
schwarze Pfeffer-
körner, Piment,
Wacholderbeeren,
Liebstöckel)
Salz, Muskatnuss

Für die Leberknödel:
250 g faschierte Rinds-
oder Kalbsleber
600 g Knödelbrot
3/8 l Milch
6 Eier
1 Zwiebel
50 g Butter
2 Knoblauchzehen
Salz, Pfeffer
1 KL Majoran, Petersilie
Fett zum Backen

Wasser zum Kochen bringen, Suppenfleisch waschen und in das kochende Wasser vorsichtig einlegen. Ca. 2 Stunden sieden lassen. Nach der Hälfte der Kochzeit das geputzte Suppengemüse und die Suppengewürze hinzugeben. Die Suppe durch ein feines Haarsieb durchsieben. | **Für die Leberknödel** kleinwürfelig geschnittene Zwiebel in Butter braun anrösten. Die Milch erhitzen. Knödelbrot würzen mit Salz, Pfeffer, fein gehackter Petersilie und Majoran, Knoblauch schälen, pressen und ebenfalls dazugeben. Jetzt die heiße Milch und die geröstete Zwiebel in das Knödelbrot geben, gut durchmischen. Eier und die fein faschierte Leber untermischen. | **Rasten lassen.** Sollte die Masse zu weich sein, etwas Semmelbrösel untermischen. Knödel formen und in heißem Fett goldbraun backen.

TIPP: *Gebackene Leberknödel kann man sehr gut einfrieren.*

BRÖSELKNÖDEL IN HÜHNERKRAFTSUPPE

1 1/2 Semmeln
1 Ei
1/2 kleine Zwiebel
Petersiliengrün
30 g Butter
ca. 80 g Semmelbrösel
Salz, Pfeffer

**Für die Hühner-
kraftsuppe:**
Hühnerinnereien
(Magen, Leber, Herz)
Hals und Füße vom Huhn
Wurzelwerk, Suppengrün
Salz

Semmeln in Wasser aufweichen und in der Küchenmaschine mit dem Ei pürieren. Zwiebel und Petersiliengrün klein schneiden und in Butter anschwitzen, zur Semmelmasse geben. Mit Salz und Pfeffer abschmecken. Semmelbrösel unterrühren, bis eine weiche Knödelmasse entsteht. | **Für die Hühnerkraftsuppe** alle Zutaten in 1 1/2 Liter Wasser 1 Stunde kochen, abseihen und abschmecken. | **Aus der Knödelmasse** kleine Knödel formen und in der Hühnerkraftsuppe 10 Minuten kochen. Hühnerinnereien klein schneiden und wieder in die Suppe geben.

NUDELSUPPE MIT WÜRSTELN

300 g Beinfleisch
3–4 Markknochen
1,5 l Wasser
2 Lorbeerblätter
Pfefferkörner
Sellerie, Karotten
1/2 Zwiebel
Suppennudeln
Würstel

Beinfleisch, Markknochen, Wasser, Lorbeerblätter, Pfefferkörner, Sellerie, Karotten und Zwiebel in einen Topf geben und ca. 90 Minuten langsam köcheln lassen (damit sie nicht trüb wird). Eventuell im Druckkochtopf zubereiten (entsprechend kürzere Kochzeit). | **Nudeln bissfest kochen.** Würstel kochen und mit den Nudeln in die Suppe geben.

TIPP: *In der Umgebung von Innsbruck gibt es diese Suppe traditionell am Heiligen Abend.*

WILDKRAFTBRÜHE

1 kg Wildfleisch
(mit Knochen)
Salz, Pfefferkörner
Lorbeerblätter
Wacholderbeeren
2 Zwiebeln
2 Knoblauchzehen
etwas Sellerie
1/2 Stange Lauch
1 Karotte
Wildgewürz
1/4 l Rotwein
etwas Weinbrand
etwas Koch-Madeira
Öl zum Anbraten

Wildfleisch/Knochen anrösten. Würfelig geschnittenes Wurzelwerk dazugeben und mit Rotwein, Weinbrand und Madeira ablöschen. Mit Wasser aufgießen und 2 Stunden köcheln lassen. Vorsichtig abschöpfen und mit einer Suppeneinlage wie z.B. Fasanknödeln (*s. Rezept auf S. 57*) servieren.

TOPFENSCHÖBERL MIT FRÜHLINGSKRÄUTERN

2 Eier
50 g Mehl
125 g Topfen
1 Msp. Backpulver
Salz
2 EL gehackte
Frühlingskräuter
(Sauerampfer, Kerbel,
Schnittlauch,
Petersilie, Bärlauch)

Eiklar mit Salz zu steifem Schnee schlagen und Dotter mit Topfen und Kräutern verrühren. | **Das mit Backpulver versiebte Mehl** gemeinsam mit der Dotter-Topfen-Masse vorsichtig unter den Eischnee heben. Die Masse auf ein befettetes Blech geben und bei 200 °C goldgelb backen. In beliebige Formen schneiden.

SCHLICKKRAPFERL

Für die Fleischfülle:
200 g Fleisch
1 Ei
50 g Fett
etwas Zwiebel
Petersilie
Salz, Pfeffer

Für den Nudelteig:
200 g Mehl
1 Ei

Den Nudelteig nicht zu fest anmachen, evtl. etwas Wasser beigeben. Dünn ausrollen, in einer Reihe kleine Fleischbällchen 6–8 cm weit auseinander daraufgeben. Zwischenräume mit Eiklar bestreichen, Teig darüberschlagen. Krapferl ausstechen, in die Suppe einkochen. | **Für die Fleischfülle Zwiebel und Petersilie anrösten,** Fleisch dazugeben, mit Ei binden und mit Salz und Pfeffer abschmecken.

PINZGAUER KASPRESSKNÖDEL

300 g Erdäpfel
300 g Pinzgauer Käse
300 g Mehl
1 EL Petersilie
2 KL Salz
Milch nach Bedarf
Butterschmalz
zum Backen

Am Vortag gekochte Erdäpfel grob reiben, würfelig geschnittenen Pinzgauer Käse, Salz, fein gehackte Petersilie und Mehl untermischen. Milch nach Bedarf (ca. 1/4 l) beigeben. Es soll ein fester Teig entstehen. Laibchen formen, in heißem Butterschmalz auf beiden Seiten braun backen. In Salzwasser aufkochen und mit Schnittlauch bestreut servieren.

VARIATION: *Die „Kasnudel" kann man auch gleich nach dem Backen mit Salat essen.*
TIPP: *Die Kaspressknödel sind sehr gut zum Einfrieren geeignet.*

TIROLER KNÖDEL

250 g Knödelbrot
ca. 1/8 l Milch
Kräutersalz, Petersilie
50 g Butter
1 Zwiebel
100 g Speck
100 g Braunschweiger
3 Eier

Knödelbrot mit heißer Milch übergießen und würzen. Zwiebel und Speck fein würfeln und in Butter glasig anrösten, gemeinsam mit der fein gewürfelten Wurst und den Eiern zur Knödelmasse geben. Wenn die Masse zu weich ist, mit etwas Mehl und 1 EL Grieß festigen. Dann Knödel formen und in heißem Wasser ca. 20 Minuten garziehen lassen bzw. über Dampf garen. In Rindsuppe servieren.

TIPP: *Tiroler Knödel isst man auch gerne einfach mit Salat oder Sauerkraut. Wenn Ihnen noch Knödel übrig bleiben (oder als heißer Tipp: machen Sie gleich die doppelte Menge!), dann empfehlen wir eine „Restlverwertung" à la Geröstete Knödel: Die gekochten Knödel halbieren und in Scheiben schneiden, portionsweise in Butter anrösten und ein Ei darüberschlagen, würzen, stocken lassen. Dazu knackig frischen grünen Salat servieren.*

SPECKFARFERL

200 g Speck
50 g Wurst
1 Zwiebel
2 große Erdäpfel
3 Eier
200 g Mehl
Salz, Pfeffer
Petersilie

Kleinwürfelig geschnittene Zwiebel und würfelig geschnittenen Speck anrösten. Gekochte Erdäpfel (am besten vom Vortag) grob reiben, Zwiebel und Speck, Salz, Pfeffer, gehackte Petersilie untermengen, Eier einmengen und so viel Mehl beigeben, dass ein fester Teig entsteht. Mit einem Löffel Nockerl formen und in Salzwasser kochen. Die Farferl in Rindsuppe mit Schnittlauch bestreut servieren.

TIPP: *Diese Suppe wird meist als Hauptspeise gegessen. Dazu reicht man Salat oder auch gedünstetes Sauerkraut.*

LUFTSTRUDEL

Strudelteig

100 g Butter
150 g Zwiebeln
Petersilie
Salz

Zwiebeln und Petersilie hacken und in Butter anrösten. Überkühlen lassen. Strudelteig ausziehen, füllen und eng einrollen. Hellbraun backen und in heißer Suppe servieren.

TIPP: *100 g geriebenen Käse in die Fülle geben!*

GRIESSNOCKERL

1 Ei
30 g Butter
70 g Grieß
Salz
Muskat, gerieben

Butter schaumig rühren, mit Salz und geriebener Muskatnuss würzen und mit Grieß und Ei gut verrühren. Aus der Masse mit der Teigkarte ein glattes Häufchen formen und mindestens 1 Stunde rasten lassen, dabei nicht umrühren. Dann mit einem kleinen nassen Löffel Nockerl formen, in kochendes Salzwasser einlegen und zugedeckt ca. 45 Minuten in leicht kochendem Wasser ziehen lassen.

OFENTOMMERL

Milch
glattes Mehl
Salz
3 Eier
1 EL Schmalz

Mit Milch, Mehl, Salz und Eiern einen Tropfteig bereiten. Inzwischen eine Kasserolle mit 1 EL Schmalz im Rohr bei 240 °C, besser noch im Holzofenrohr, erhitzen. Tropfteig hineingeben und 1/2–3/4 Stunde backen. Bekommt große Blasen und geht gut auf. | **Auskühlen lassen** und fein schneiden.

VARIATION: *„Ofentommerl" kann man auch als Nachspeise zubereiten. Das Ganze aufs Blech geben und mit halbierten, entkernten frischen Zwetschken belegen und backen, anschließend mit Zucker bestreuen.*

HIRNSCHÖBERL

1 Schweinshirn
40 g Butter
1 kleine Zwiebel
Petersiliengrün
60 g Mehl
2 Dotter
Salz, Pfeffer
3 EL Milch
1 Eiweiß
Butter und Brösel
zum Backen

Zwiebel und Petersiliengrün anrösten und klein gehacktes Hirn mitrösten. Mehl, Dotter, Pfeffer, Salz, Milch und Eischnee dazurühren. In eine runde Form geben und zugedeckt im Wasserbad ca. 1/2 Stunde langsam kochen. In kleine Stücke schneiden und zur Suppe reichen.

FASANKNÖDEL

200 g fein faschiertes
Fasanfleisch
50 g fein faschierter roher
Schweinsrückenspeck
50 g Karotten
30 g Sellerie
1 Semmel
Salz, Pfeffer
Petersilie, Majoran

Semmel einweichen. Karotten und Sellerie fein raffeln, Semmel ausdrücken und mit Gemüse dem Faschierten beifügen. Die Masse würzen, Knödel formen und in Wildsuppe ca. 15 Minuten ziehen lassen.

TIPP: *Normalerweise sollte man Suppenknödel nicht in der Suppe, sondern in einem eigenen Topf mit Salzwasser kochen – hier sollte man jedoch eine Ausnahme machen, denn die Knödel geben der Wildsuppe beim Kochen einen besonders intensiven Geschmack.*

BUTTERNOCKERL

100 g Butter
2 Eier
140 g Mehl
Salz
1 EL Milch

Butter, Dotter, Mehl, Salz und Milch gut verrühren und Schnee unterheben. Nockerl formen und einkochen.

FRITTATEN

2 Eier
80 g Mehl
1/8 l Milch
Salz
Öl zum
Herausbacken

Alle Zutaten glatt mit der Schneerute oder dem Handmixer verquirlen. In einer Omelettenpfanne 1 Kaffeelöffel Öl heiß werden lassen, mit einem Schöpfer den flüssigen Teig dünn verteilen und die Palatschinken goldgelb backen. Die erkalteten Palatschinken aufeinanderlegen, einrollen und dünn-nudelig schneiden. In der heißen Suppe servieren.

KÄSESCHNITTEN

1 Ei
50 g Butter
100 g Käse
Salz, Pfeffer
Petersilie
Toastbrot

Butter und Ei schaumig rühren, Käse fein reiben und untermengen. Würzen, fein gehackte Petersilie untermengen und auf Toastbrot streichen. Im heißen Rohr bei 180 °C backen und mit heißer Suppe servieren.

GOLDWÜRFEL

3 Semmeln
2 Eier
1/16 l Milch
Salz

Semmeln in 1 cm große Würfel schneiden, mit Eiermilch übergießen und in kleinen Partien schwimmend in heißem Fett herausbacken, dabei häufig umdrehen. Abtropfen lassen.

NIGALAN

250 g Mehl
1/8 l Milch
10 g Germ
1 EL Zucker
Salz
Schweinefett

Einen Germteig aus Mehl, Milch, Germ, Zucker und einer Messerspitze Salz herstellen und an einem warmen Ort gehen lassen. Dann auf der Arbeitsfläche zu Strängen mit ca. 1 cm Durchmesser formen, von diesen wieder 1 cm dicke Stücke abschneiden und zu kleinen Kugeln formen. In heißem Schweinefett schwimmend herausbacken. **Nigalan passen als Einlage** zu beinahe jeder Suppe – in Kärnten werden sie gerne zur Kirchtagssuppe gereicht.

TIPP: *Nigalan sind nicht nur eine Suppeneinlage, sondern sind auch eine gute Nascherei für zwischendurch.*

LEBERREIS

120 g Rinds- oder
Schweinsleber
1 Semmel
20 g Fett
1 Zwiebel
Petersilie
1 EL Mehl
1 Ei
Salz, Pfeffer, Majoran

Semmel in Wasser aufweichen, gut ausdrücken und mit der Leber faschieren. Klein geschnittene Zwiebel und Petersilie in Fett rösten, zur Semmel-Leber-Masse geben. Ei, Mehl, Salz, Pfeffer und Majoran unterrühren. Die Masse durch ein Reibeisen oder Nudelsieb direkt in die kochende Suppe eindrücken. Einmal aufwallen lassen.

MANGOLDROLLE

250 g Mangold
250 g Knödelbrot
1/4 l Milch
2 Eier
1 Zwiebel
1 EL Öl
3 Knoblauchzehen
Salz, Muskat

Die Milch mit den verquirlten Eiern über das Knödelbrot gießen und ziehen lassen. Inzwischen beim Mangold den Stiel entfernen und das grüne Blatt klein schneiden. Die Zwiebel und den Knoblauch feinwürfelig schneiden und in Öl glasig dünsten. Anschließend alle Zutaten gut miteinander vermischen und mit Salz und Muskat abschmecken. Mit nassen Händen auf eine Frischhaltefolie geben, zu einer Rolle formen, die Enden verknoten und in leicht siedendem Salzwasser für ca. 20 Minuten ziehen lassen. In Scheiben schneiden und in klarer Suppe, evtl. mit ein paar gegarten Karottenstiften, servieren.

TIPP: *Bei diesem Rezept muss der Mangold nicht vorblanchiert werden, sodass die Vitamine besser erhalten bleiben.*

EIERSTICH

3 Eier
1/8 l Milch
Salz
Petersilie

Alle Zutaten gut verrühren. In einer befetteten, bemehlten, gut verschließbaren Puddingform ca. 30 Minuten im Wasserbad garen.

MILZSCHNITTEN

Weißbrotscheiben
Milz
Knoblauch
Salz, Pfeffer
Petersilie, Thymian
50 g Butter
1 Ei
2–3 EL Semmelbrösel
Butterschmalz
zum Ausbacken

Milz ausstreifen und fein wiegen. Butter abtreiben, Milz, Ei, Gewürze und Kräuter dazugeben und mit Semmelbröseln binden. Masse auf Weißbrotscheiben aufstreichen und in Butterschmalz ausbacken. In Schnitten schneiden und in Suppe mit Schnittlauch servieren.

MILZROLLE

40 g Butter
2 Eier
2 Semmeln
1/8 l Milch
100 g passierte Milz
1 EL gehackte Petersilie
Salz, Muskat, Majoran
2 EL Semmelbrösel

Eier trennen, die Dotter mit Butter flaumig rühren. Die Semmeln in Milch einweichen, gut ausdrücken, eventuell passieren und mit Butter, Salz, Muskat und Petersilie vermischen. Das Eiklar zu steifem Schnee schlagen und unterheben. | **Die passierte Milz mit Majoran und Salz vermengen** und unter die Hälfte der Semmelmasse geben, dann beide Massen mit Semmelbröseln festigen. Die Milzmasse rechteckig ca. 1 cm hoch auf eine befeuchtete Stoffserviette streichen, die helle Masse zu einer Rolle formen, auf das dunkle Rechteck legen und das Ganze zusammenrollen. An beiden Enden gut verknoten und in siedendem Salzwasser ca. 20 Minuten ziehen lassen. Nach dem Überkühlen in Scheiben schneiden und zur Suppe servieren.

TIPP: *Anstelle von Milz kann man auch Leber verwenden.*

KNOBLAUCH-KÄSE-NOCKERL

30 g Butter
2 EL Schnittknoblauch
1 Ei
80 g Käse
(Holländer, Gouda)
1 Semmel
30 g Mehl
Salz, Pfeffer
Rapsöl zum Ausbacken

Zimmerwarme Butter mit den restlichen Zutaten gut vermengen. Mit zwei Kaffeelöffeln Nockerl formen und in heißem Rapsöl ca. 5 Minuten goldgelb backen. | **Diese Nockerl** sind eine wunderbare Einlage für Rindsuppen.

KRÄUTERSCHÖBERL

3 Eier
80 g Mehl
Salz, Kräuter

Eiklar zu steifem Schnee schlagen und Dotter, Mehl, Salz und fein gehackte Kräuter vorsichtig unterheben. Auf ein befettetes Backblech fingerdick aufstreichen und bei 180 °C backen. Rautenförmig schneiden und mit heißer Suppe servieren.

Reinanke auf buntem Gemüsebett | Seite 68

Fisch

FORELLE AUF MÜLLERIN-ART

4 Forellen
Salz
Zitronensaft
Mehl
Öl
Butter
Zitrone
Petersilie

Die Forellen gut salzen, mit Zitronensaft beträufeln, in Mehl wälzen und in heißem Öl oder Butter auf beiden Seiten knusprig braten. Auf eine gewärmte Platte legen, mit dünn geschnittenen, geschälten Zitronenscheiben belegen und mit gehackter Petersilie bestreuen. **Dem Bratensaft ein Stück frische Butter beigeben,** aufschäumen lassen und die angerichteten Fische damit übergießen.

TIPP: *Mit Salzkartoffeln servieren.*

PAPRIKAKARPFEN

1 kg Karpfen
2 Zwiebeln
100 g Butter
2 TL Paprikapulver
1 TL Tomatenmark
Knoblauch
Zitronenschale
1/8 l Sauerrahm
1 EL Mehl
Salz

Fein geschnittene Zwiebeln in Butter rösten, Paprika dazugeben, mit Wasser aufgießen, salzen. Tomatenmark, Knoblauch und fein gehackte Zitronenschale beigeben. In diesen Sud den portionierten Karpfen legen, leicht kochen lassen (15 Minuten). Fisch herausnehmen, entgräten und enthäuten, beiseite stellen. Mehl und Sauerrahm verrühren, Fischsud damit binden, passieren und über die Fischstücke gießen.

UNGARISCHES FISCHGULASCH

1/2 kg Weißfisch
1 kg Fisch gemischt
(Karpfen, Fogosch,
Hecht und Wels)
3 Zwiebeln
Wurzelwerk
2 EL Tomatenpüree
150 g Fett
1 EL Paprikapulver
Pfeffer, Salz
Knoblauch
Zitrone
2 grüne Paprika
4 Tomaten
1/8 l Weißwein
1 kg Kartoffeln

Die Fische putzen, in Stücke schneiden, mit Paprika bestreuen, salzen und pfeffern. Zwiebeln und Wurzelwerk klein hacken, in heißer Butter rösten. Paprika, Tomatenpüree dazugeben, mit Weißwein ablöschen und mit Wasser aufgießen. **Die würfelig geschnittenen Tomaten,** den Knoblauch und die fein geschnittenen Paprika dazugeben, 30 Minuten kochen lassen. Die Fischstücke einlegen, aufkochen und garziehen lassen. Mit Zitrone und Salz abschmecken. **Kartoffeln in Stücke schneiden** und extra kochen. Wenn sie weich sind, in die Sauce einlegen, ca. 15 Minuten ziehen lassen. Nicht mehr umrühren, die Kasserolle nur durchschütteln. Mit nudelig geschnittenem Paprika bestreuen.

TIPP: *Mit Salat servieren.*

KRÄUTERFORELLE

6 Forellen
Rosmarin, Salbei,
Petersilie, Estragon und
andere Kräuter nach
Geschmack
Salz, Zitronensaft
Butter
etwas Mehl

Forellen säubern, mit Zitronensaft einreiben, leicht salzen. Bauch mit etwas Butter und Kräutern füllen, in Mehl tauchen und in Butter braten. Mit Zitronenscheiben und Petersilie servieren.

BEILAGE: *Petersilerdäpfel, Salat*
GETRÄNK: *Ein gutes Glas Weißwein, denn „ein Fisch muss beim Essen schwimmen".*

PARMESANFISCH

Fisch (z.B. Karpfen)
Salz
Zitronensaft
Sardellenfilets
oder -paste
Butter
Semmelbrösel
Parmesan
Erdäpfel

Den ausgenommenen (ca. 1,80 kg schweren) Fisch schröpfen, säuern und salzen. In die Einschnitte kommen in Streifen geschnittene Sardellenfilets oder Sardellenpaste und Butter. Dann den Fisch mit dem Rücken nach oben in die Bratpfanne stellen, am besten auf eine umgedrehte Kaffeeschale oder große abgeschnittene Erdäpfel. Semmelbrösel vermischt mit geriebenem Parmesankäse und zuletzt noch Butterflocken über die rundherum aufgelegten Erdäpfelscheiben streuen. Erdäpfel vorher etwas salzen! | **Dann 1 Stunde im heißen Rohr braten,** bis eine schöne braune Kruste entsteht.

BODENSEEZANDER IN ARDETZENBERGER SAUCE

◆

4 Zanderfilets à 180 g
Salz, Pfeffer
Zitronensaft
Mehl zum Wenden
2–3 EL Butter
2 Frühlingszwiebeln
1 gepresste
Knoblauchzehe
1 EL Mehl
ca. 200 ml Ardetzen-
berger Riesling-Sylvaner
(oder anderer
kräftiger Weißwein)
1–2 EL Crème fraîche
Muskatnuss
gehackter Kerbel oder
Estragon zum Bestreuen

Zanderfilets mit einer Küchenpinzette sorgfältig entgräten, mit Salz und Pfeffer würzen und mit Zitronensaft beträufeln. Beidseitig in Mehl wenden und in heißer Butter auf beiden Seiten braten, herausheben und warm stellen. ⎸ **Noch etwas frische Butter erhitzen** und die gehackten Frühlingszwiebeln darin nicht zu dunkel anrösten. Zerdrückte Knoblauchzehe untermengen, Mehl darüberstauben, durchrühren und mit Wein aufgießen. Nun die Sauce so lange einkochen lassen, bis sie sämig geworden ist. Sauce passieren, nochmals erhitzen, Crème fraîche einrühren und abermals einkochen lassen. Mit etwas Zitronensaft und Muskatnuss abschmecken. ⎸ **Zanderfilets auf vorgewärmten Tellern anrichten,** mit der fertigen Sauce übergießen und vor dem Servieren mit den gehackten Kräutern bestreuen.

BEILAGEN: *Dazu passen heurige Kartoffeln in Kräuterbutter geschwenkt.*

ZANDER AUF SAUERKRAUT

◆

1 kg Zander
Zitronensaft
750 g Sauerkraut
30 g Schmalz
1 Zwiebel
1 Lorbeerblatt
einige Wacholderbeeren
etwas Mehl
50 g Butter
etwas Paprika
1/8 l Sauerrahm

Zwiebel fein hacken, in Schmalz leicht anrösten und Sauerkraut dazugeben. Lorbeerblatt und Wacholderbeeren dazugeben, mit Wasser oder Suppe aufgießen. Gesäuberten Fisch salzen, mit Zitronensaft einreiben und mit Paprika bestreuen. In Mehl wenden und in Butter beidseitig kurz anbraten. Wenn das Kraut fast weich ist, Fisch darauflegen und mit dem Kraut zugedeckt im Rohr bei ca. 200 °C noch 15 Minuten dünsten. Kurz bevor er fertig ist, mit Rahm übergießen und nochmals 5 Minuten ohne Deckel überbacken.

LACHSFORELLE AUF RUCOLASCHAUM

4 Lachsforellenfilets
Salz, Pfeffer
3 EL Butterschmalz
Zitrone
1 Knoblauchzehe
1/8 l Suppe
50 g Butter
Rucola

Lachsforellenfiletstücke mit Salz und Pfeffer gut würzen, in Butterschmalz rasch anbraten und warm stellen. | **Suppe aufkochen,** kalte Butter einrühren und kräftig aufschlagen. Rucola und fein gehackten Knoblauch zugeben und gut abschmecken.

BEILAGE: *heurige Erdäpfel, Blattsalat*

GEBRATENER KARPFEN MIT RAHM

1 Karpfen (ca. 1 1/2 kg)
100 g Butter
1/4 l Rahm
1 Zitrone
Salz, Pfeffer
1 TL Mehl
Dill

Karpfen abschuppen und in Portionsstücke teilen. Mit Salz, Pfeffer und Zitronensaft einreiben und 30 Minuten durchmarinieren lassen. Butter in einer Bratpfanne erhitzen, Fischstücke in die Bratpfanne legen und mit der Hälfte des Rahms übergießen. 30–35 Minuten im Rohr backen. Den Saft, der sich beim Backen bildet, durchpassieren. Den restlichen Rahm mit Mehl verrühren, in den Bratensaft einrühren und kurz aufkochen lassen. Abschmecken und mit gehacktem Dill verfeinern. Fisch mit dieser Sauce anrichten.

WALDVIERTLER KARPFEN IM MOHNMANTEL

4 mittelgroße
Karpfenfilets
Salz, Pfeffer
Zitrone
Mehl
2 Eier
Semmelbrösel
3 EL Mohn
Fett zum Ausbacken

Karpfenstücke mit Zitronensaft beträufeln und kurz ziehen lassen. Mit Salz und Pfeffer würzen und in Mehl und zerklopftem Ei wenden. Semmelbrösel mit Mohn vermengen und Karpfenfilets darin wenden. Sofort in heißem Fett langsam ausbacken.

BEILAGE: *Erdäpfelsalat, Blattsalat*

REINANKE AUF BUNTEM GEMÜSEBETT

Pro Person 2 Stück
Fischfilet à ca. 80–100 g
Salz, Pfeffer
Zitronensaft
Thymian
Olivenöl
Butter
Weißwein
150 g Karotten
150 g Gelbe Rüben
150 g Jungzwiebel
150 g Sellerie
speckige Erdäpfel für
die Beilage
Petersilie zum Bestreuen

Das Gemüse schälen, Jungzwiebel waschen und den dunkelgrünen Teil entfernen. Das Wurzelwerk in dünne, 6 cm lange Streifen schneiden, Jungzwiebel halbieren. | **Fischfilet säubern, säuern, salzen** und mit frisch gemahlenem Pfeffer bestreuen, mit frischem Thymianzweig belegen. In die mit Olivenöl erhitzte Pfanne die Filets mit der Hautseite nach unten vorsichtig einlegen und nicht zu lange garen. Der Fisch soll noch glasig sein. Den Fisch herausnehmen und warm stellen. | **Das Gemüse jetzt in einer heißen Pfanne mit Olivenöl schwenken,** Gemüse sollte noch knackig sein. Abschmecken mit Salz, Zitronensaft und etwas Weißwein. Mit Butter vollenden und auf einem warmen Teller anrichten, das Fischfilet daraufsetzen, mit frisch gehackter Petersilie bestreuen und Erdäpfel als Beilage servieren.

VARIATION: *Anstelle der Reinanke kann man auch sehr gut ein Forellen- oder Saiblingsfilet verwenden.*

GRATINIERTE FELCHENFILETS MIT APFEL-KREN-SAUCE

8–12 Felchenfilets
Salz, Pfeffer, Zitronensaft
Butter zum Bestreichen

Zum Gratinieren:
1 nicht zu saurer Apfel
1 Schuss Zitronensaft
125 ml Crème fraîche
2 EL frisch
gerissener Kren
Salz, Pfeffer

Die Felchenfilets entgräten, salzen, pfeffern und mit Zitronensaft beträufeln. Eine feuerfeste Form mit Butter gut ausstreichen, die Felchenfilets einlegen, mit flüssiger Butter bestreichen und im vorgeheizten Backrohr bei 180 °C 3–5 Minuten garen. | **Währenddessen den Apfel auf dem Reibeisen reiben** und sofort mit Zitronensaft vermischen. Crème fraîche mit dem geraspelten Apfel sowie frisch gerissenem Kren vermengen, mit Salz und Pfeffer würzen und auf die Filets streichen. Nun bei großer Oberhitze noch einige Minuten gratinieren.

FORELLE IM WURZELBETT

1 Forelle
Salz, Zitronensaft
40 g Butter
Petersilie, Schnittlauch
150 g Karotten
150 g Kartoffeln
150 g Frühlingszwiebeln
Butterflocken
Kräutersalz

Forellen waschen, salzen, säuern. 1 Stück Kräuterbutter in die Bauchöffnung legen. Forelle in Butterschmalz auf allen Seiten anbraten und auf Alufolie legen. Fein geraspeltes Gemüse in Butter kurz dünsten, rings um den Fisch verteilen, mit Folie verschließen und bei 200 °C ca. 35 Minuten garen.

AAL IN PIKANTER SAUCE

1 kg Aalstücke
Salz
80 g Öl

Für die Sauce:
1 mittlere Zwiebel
50 g Fett
1/8 l Rotwein
2–3 Knoblauchzehen
Thymian, Salz, Pfeffer
Petersilie, fein gehackt
1 roter Paprika
1 EL Essig

Die Aalstücke häuten, salzen und in heißem Öl zugedeckt garen. | **Für die Sauce** die fein gehackte Zwiebel in heißem Fett leicht anrösten, mit Rotwein aufgießen und würzen. Den sauber geputzten, in dünne Streifen geschnittenen Paprika dazugeben und weichdünsten. Den gegarten Aal in die Sauce legen. Mit Erdäpfeln servieren.

LACHSFORELLE MIT HONIG-KÜRBIS-KRUSTE IN BACKPAPIER GEBACKEN

Für die Lachsforelle:
4 Lachsforellenfilets
Salz, Pfeffer
Zitronensaft
10 EL trockener Weißwein
oder Gemüsebrühe
4 Bögen Backpapier

Für die Honig-Kürbis-Kruste:
7 EL gehackte Kräuter
2 Knoblauchzehen,
fein gehackt oder
gepresst
2 EL Kürbiskerne, gehackt
2 EL Senf
1 EL Honig
3 EL gutes Öl (Olivenöl
oder Sonnenblumenöl)

Den Fisch salzen, leicht pfeffern und mit Zitronensaft beträufeln. Das Backpapier mit Olivenöl bestreichen und den Fisch in die Mitte setzen. | **Für die Honigkürbiskruste** Kräuter, Knoblauch, Senf, Kürbiskerne, Honig und Öl zu einer Paste verrühren. | **Die Lachsforellenfilets** damit gleichmäßig bestreichen und den Wein oder die Gemüsebrühe darüberträufeln. Das Papier über dem Fisch zusammenschlagen und die offenen Enden einschlagen. Zu kleinen, gut verschlossenen Paketen formen, eventuell mit einer Heftmaschine fixieren. | **Im vorgeheizten Rohr** bei 180 °C ca. 15–20 Minuten garen.

TIPPS: *Besonders appetitlich sieht die Lachsforelle aus, wenn man sie zusätzlich mit Salat anrichtet.* | *Die Vorteile der Garmethode: Alles lässt sich gut vorbereiten. Durch die kurze Garzeit und die schonende Zubereitung bleiben die Aromen im Gericht! Zusätzlich werden Geschirr und Zeit gespart.* | *Verwenden Sie gewöhnliches Backpapier. Spannen Sie das Papier nicht zu straff über das Gargut. Es soll so viel Spielraum sein, dass sich die Papillote während des Garens „aufblasen" kann.* | *Im Backpapier Gegartes sieht sehr attraktiv aus, wenn es gleich im Papier serviert wird: Das Gericht auf vorgewärmten Tellern anrichten und die Hülle mit einer Schere aufschneiden.*

SCHOLLE IM KÄSEBETT

6 Schollenfilets
Salz
Zitronensaft
Mehl
Butterschmalz

Für das Käsebett:
30 g Butter
1 EL Mehl
1/8 l Sauerrahm
Salz
1 Becher Crème fraîche
100 g geriebener Tilsiter
Brösel

Scholle salzen, säuern und in Mehl wenden. Beidseitig in Butterschmalz anbraten. | **Mehl in Butter anlaufen lassen,** Rahm und Crème fraîche dazugeben, geriebenen Käse und Salz daruntermischen. Scholle in eine Auflaufform legen, mit Sauce übergießen und mit Brösel abdecken. Im Rohr 10 Minuten gratinieren.

PARADEISER MIT REIS-FISCH-FÜLLE

4 große Fleischparadeiser
Öl, Salz, Pfeffer

Für die Fülle:
200 g frisches
Kabeljaufilet
Öl
1 Zwiebel
Basilikum
1/8 l Reis
100 g Parmesan
1 Ei
1/2 Becher Crème fraîche

Fein gehackte Zwiebel in Öl anrösten, klein geschnittenes Kabeljaufilet dazugeben, salzen, mit gehacktem Basilikum bestreut kurz in der Pfanne ziehen lassen und zum Auskühlen wegstellen. Reis kochen. Paradeiser waschen, oberes Viertel abschneiden und Rest aushöhlen. Für die Fülle Reis mit Fisch, Zwiebel, Crème fraîche, dem Ei und etwas Parmesan in einer Schüssel gut vermischen und damit die Paradeiser füllen. Paradeiser mit Parmesan bestreuen, mit Öl beträufeln und ca. 15 Minuten bei 200 °C überbacken.

Salzburger Bratl | Seite 77

BÄUERINNEN KOCHEN

Festtagsbratl

VANILLEROSTBRATEN VOM PINZGAUER JUNGRIND

4 Scheiben Rostbraten
vom Pinzgauer
Jungrind à 150 g
10 Knoblauchzehen,
geschält und gepresst
Salz, Pfeffer
Senf
Öl
Butter
Süßrahm
Mehl zum Stauben
ca. 1/4 l Rindsuppe

Rostbraten klopfen, mit Salz, Pfeffer, Senf und der Hälfte vom Knoblauch würzen. In Mehl wenden, jede Seite in Öl scharf anbraten, Fleisch herausnehmen, Bratenfett abgießen, in die gleiche, nicht zu heiße Pfanne Butter geben und den restlichen Knoblauch darin anschwitzen. |
Mit Rindsuppe aufgießen, aufkochen lassen, Fleisch beigeben und mitdünsten lassen. Das Fleisch anrichten. Die Sauce mit Salz und Pfeffer abschmecken, mit Rahm und etwas Butter vollenden.

BEILAGE: *Dazu reicht man am besten Butterspätzle oder Braterdäpfel.*
TIPP: *Anstelle von Rindsuppe kann auch Rotwein zum Aufgießen verwendet werden.* | *Knoblauch war früher die Vanille des „armen Mannes", daher auch der Name Vanillerostbraten.*

SCHWEINSLUNGENBRATEN IM SPECKHEMD

1 Lungenbraten
8 Scheiben Speck
Salz, rosa Pfeffer
30 g Mehl
30 g Butter
125 ml Wasser
oder Suppe
125 ml Schlagobers

Aus dem Lungenbraten acht dicke Medaillons schneiden, jedes mit einer Speckscheibe umwickeln, mit Zahnstocher feststecken, salzen und mit rosa Pfeffer einreiben. In heißem Fett auf beiden Seiten je 3–4 Minuten braten, Fleisch warm stellen. | **Bratrückstand mit Mehl bestauben,** mit Wasser oder Suppe ablöschen und mit Schlagobers verfeinern.

BÜRGERMEISTERFILET

Für das Filet:
5 Stück Hühnerfilet
150 g Champignons
150 g Speck
1 mittelgroße Zwiebel
100 g Gouda-Käse
(in kleine Würfel
geschnitten)
Salz, Pfeffer
Mehl
2 Eier
Brösel (gemischt mit
ca. 50 g Mandelblättchen
oder gehackten
Kürbiskernen)
Zitronenspalten
(zum Garnieren)

Für das Kürbisgemüse:
300 g Kürbis
Salz
Majoran, Kümmel
Paprikapulver
1 EL Sauerrahm
20 g Paprika
1 Paradeiser

Für die Fülle Champignons, Speck und Zwiebel kleinwürfelig schneiden und in Öl anbraten. Das Ganze kurz auskühlen lassen. | **Die Schnitzel klopfen,** mit Salz und Pfeffer würzen. Eine Hälfte mit der Fülle bestreichen und Käsewürfel darüber streuen. Dann die Schnitzel mit Zahnstochern zusammenstecken. | **Zuerst in Mehl,** dann in den verschlagenen Eiern und zum Abschluss im Brösel-Mandel- oder Brösel-Kürbiskern-Gemisch wenden. Beidseitig in heißem Fett knusprig braun frittieren. | **Für das Kürbisgemüse** den Kürbis würfelig schneiden und mit den angegebenen Gewürzen ohne Wasserzusatz dünsten. | **Zum Schluss Sauerrahm,** klein geschnittene Paradeiser und Paprika dazugeben. Die Schnitzel mit den Zitronenspalten garnieren und zusammen mit dem Kürbisgemüse servieren. Dazu schmeckt besonders gut Vogerlsalat, vermischt mit Kartoffeln.

TIPP: *Geben Sie den versprudelten, leicht gesalzenen Eiern ein paar Tropfen Öl bei. Die Panier wird dadurch resch und locker. Die Eier auf keinen Fall mit Wasser verdünnen!*

ESTERHÁZY-ROSTBRATEN

4 Rostbraten
Salz, Pfeffer
50 g Butter
250 g Wurzelwerk
1 Zwiebel
Paprikapulver
1 EL Mehl
1/2 Zitrone
1/8 l Sauerrahm

Rostbraten klopfen, an den Rändern einschneiden, salzen und pfeffern. Auf beiden Seiten rasch anbraten und herausnehmen. | **Die gehackte Zwiebel** und das feinnudelig geschnittene Wurzelwerk in der selben Pfanne anrösten, mit Paprika würzen, mit Mehl stauben und aufgießen. Rostbraten einlegen, weichdünsten, mit Zitronensaft würzen. Sauerrahm einrühren und kurz aufkochen lassen.

TIPP: *Als Beilage Bandnudeln reichen.*

HUSARENSCHNITZEL MIT BUTTERKARTOFFELN

1 kg Schweinskarree
250 g Selchfleisch
15 Pfefferoni
1 große Zwiebel
3 Knoblauchzehen
Salz, Pfeffer
Suppe zum Aufgießen
1 1/2 kg Kartoffeln
2 EL Butter

Das Fleisch in Scheiben schneiden, klopfen, mit Salz und Pfeffer würzen. Das Selchfleisch, Pfefferoni, Zwiebel und Knoblauch fein schneiden und in einer Pfanne kurz anbraten. Die Schnitzel mit dieser Mischung füllen, einrollen und mit zwei Zahnstochern befestigen. Kurz anbraten und warm stellen. | **Den Bratrückstand mit Suppe aufgießen** und über das Fleisch geben. 45 Minuten miteinander dünsten. | **Die Kartoffeln schälen,** vierteln, in Salzwasser weichkochen. In Butter schwenken.

BEIRIED MIT PILZKRUSTE

1 kg Beiried
1 Zwiebel, 200 g Pilze
2 EL Schmalz, 2 Eier
Salz, Pfeffer
Petersilie
Majoran, Thymian
Basilikum, Salbei

Beiried in 3 cm dicke Scheiben schneiden, mit Salz und Pfeffer würzen und auf beiden Seiten ca. 10 Minuten anbraten. Fein gehackte Zwiebel und Pilze in Schmalz anrösten, überkühlt mit fein gehackten Kräutern vermengen. Eier untermengen und abschmecken. Die Beiriedscheiben mit der Masse bestreichen und bei starker Oberhitze überbacken.

BEILAGE: *Schnittlauchbutter, gedünstetes Gemüse*

SALZBURGER BRATL

1 1/2 kg Schweineschopf
Salz, Pfeffer
Knoblauch
Kümmel, ganz
Majoran
Senf
Thymian
Karotte
Sellerie
Zwiebel
2 Lorbeerblätter
6 Wacholder
6 Pimentkörner
10 Pfefferkörner
Öl zum Braten
Weißwein zum Ablöschen
etwas Olivenöl
1/2 l Suppe oder Wasser
1 kg Erdäpfel

Den Schweineschopf am Vortag marinieren: Etwas Senf, Salz, gemahlenen Pfeffer, den geschälten, zerdrückten Knoblauch, Kümmel, Majoran und Thymian einmassieren. Karotten, Sellerie, Zwiebel schälen, in 1 cm große Würfel schneiden und mit dem Schopf in eine Kasserolle geben. Lorbeerblätter, Wacholder, Piment, Pfefferkörner dazugeben, den Schopf mit etwas Olivenöl übergießen und alles gut abgedeckt über Nacht im Kühlschrank ziehen lassen. | **Den Schweinebraten in einem Topf scharf von allen Seiten anbraten,** herausnehmen. Das Wurzelwerk ebenfalls anrösten, mit Weißwein ablöschen und mit Suppe oder Wasser aufgießen. Den Schweineschopf mit etwas Bratensaft übergießen und im vorgeheizten Rohr ca. 4 Stunden bei 120 °C schmoren lassen. Zwischendurch immer wieder mit Saft übergießen und so viel aufgießen, dass genügend Bratensaft entsteht. | **Nach ca. 3 1/2 Stunden die geschälten, geviertelten Erdäpfel zum Fleisch geben,** im Rohr bei 160 °C ca. 30 Minuten schmoren, dabei öfter wenden. Fleisch in Scheiben schneiden, mit dem Wurzelwerk und den mitgebratenen Erdäpfel in einer Kasserolle servieren. Dazu reicht man Semmelknödel und einen Krautsalat oder gedünstetes Sauerkraut.

OSTERSCHINKEN IM SPINATMANTEL MIT KNOBLAUCHSAUCE

1 kg gekochter
Selchroller
Blätterteig
Mehl zum Ausarbeiten
1 Eidotter zum
Bestreichen

Für den Spinatmantel:
200 g passierter Spinat
(tiefgekühlt)
4 Eier
50 g griffiges Mehl
2 zerdrückte
Knoblauchzehen
Salz, Pfeffer aus der
Mühle
1 Prise Muskat

Für die Knoblauchsauce:
1 Zwiebel
30 g Butter
1 EL Mehl
1/4 l Suppe
1/8 l Schlagobers
6 Knoblauchzehen
Salz, Pfeffer

Für den Spinatmantel den aufgetauten Spinat durch ein Sieb gut abtropfen lassen. Eier trennen, Eiklar mit einer Prise Salz zu steifem Schnee schlagen. Dotter mit Spinat und Mehl glattrühren und mit Knoblauch, Salz, Pfeffer und Muskat kräftig würzen. Spinat-Dotter-Masse vorsichtig unter den Eischnee heben. | **Die Masse gleichmäßig auf ein mit Backpapier ausgelegtes Blech streichen** und bei 180 °C ca. 10 Minuten backen. Spinatbiskuit auf ein mit Mehl bestreutes Back-trennpapier stürzen und auskühlen lassen. | **Selchfleisch mit dem Spinatbiskuit eng einrollen** und mit dem Blätterteig umhüllen. Auf ein mit Backpapier ausgelegtes Blech legen und mit verquirltem Dotter bestreichen. Bei 200 °C ca. 30 Minuten backen, nach 20 Minuten Backzeit mit Alufolie abdecken. | **Für die Knoblauchsauce Zwiebel schälen,** klein hacken und in Butter anrösten. Das Mehl beifügen, kurz durch-rühren und mit Suppe und Schlagobers aufgießen. Mit Knoblauch, Salz und Pfeffer würzen und bei geringer Hitze etwa 10 Minuten kochen. Mit dem Pürierstab pürieren. | **Fertigen Osterschinken in Scheiben schneiden** und mit der Sauce anrichten. Als Beilage eignet sich Gemüse jeglicher Art.

RINDSBRATEN MIT POLENTASTERZ

2 kg weißes Scherzel
Salz, Pfeffer
Senf
1 Zwiebel
2 Karotten
Schlagobers zum
Verfeinern

Für den Polentasterz:
500 g Polenta
1/2 l Milch
1 EL Schmalz
2 Eier
Salz

Das Fleisch waschen, würzen und mit Senf einreiben. Pfanne 2 cm hoch mit Wasser füllen, Fleisch hineingeben, grob geschnittene Zwiebel und Karotten dazugeben und bei 200 °C gute 2 Stunden braten, dazwischen wenden und evtl. aufgießen. Wenn das Fleisch gar ist, Gemüse für die Sauce pürieren und mit Schlagobers verfeinern. | **Für den Polentasterz Milch salzen und aufkochen lassen,** Polenta einkochen, etwas abkühlen lassen. Eier einrühren, die Masse in heißem Schmalz anbraten und immer wieder wenden bzw. rösten.

REHRÜCKEN IN WURZELSAUCE

1 kg Rehrücken
60 g Speck
Salz, Pfeffer
3 Wacholderbeeren
50 g Schweinefett oder Öl
Wurzelwerk
(1/2 mittelgroße
Petersilwurzel,
1/2 mittelgroße Karotte,
1/4 mittelgroße
Sellerieknolle)
1 kleine Zwiebel,
grob gehackt
Thymian, Lorbeerblatt
20 g Butter
10 g Mehl
Wasser zum Aufgießen

Rehrücken abhäuten, mit sehr kaltem, in Streifen geschnittenem Speck spicken, salzen, pfeffern und mit gestoßenen Wacholderbeeren einreiben. Den Rehrücken im heißen Fett auf allen Seiten gut anbraten. Das nudelig geschnittene Wurzelwerk und die Zwiebel dazugeben, leicht anschwitzen lassen, mit wenig Wasser aufgießen. Im vorgeheizten Rohr bei 220 °C weichdünsten. Herausnehmen und warm stellen. | **Den Bratensaft entfetten,** mit einem Butter-Mehl-Teigerl aufkochen, abschmecken und über das angerichtete, in Scheiben geschnittene Fleisch gießen.

TIPP: *Als Beilagen schmecken sehr gut Erdäpfelkrapferl, Preiselbeeren, Salate.*

FILETSTEAK FLAMBIERT MIT DIJON-SAUCE

4 Filetsteaks
1 EL Butterschmalz
oder Öl
Salz, Pfeffer

Für die Sauce:
3 EL trockener Weißwein
1 EL Butter
1 EL Dijon-Senf
1 Knoblauchzehe
1 EL gehackter Estragon
4 EL Sauerrahm oder
Crème fraîche
Salz

Weinbrand zum
Flambieren

Das Filetsteak in 4 cm dicke Scheiben schneiden. Diese in heißem Butterschmalz rasch 1 Minute pro Seite anbraten, vor dem Wenden salzen und pfeffern. Unter mehrmaligem Wenden auf mittlerer Flamme fertig garen bis zum gewünschten Garpunkt. Fertiges Steak in Alufolie 10 Minuten rasten lassen. | **Für die Sauce** den Bratenansatz mit Weißwein ablöschen, die Butter darin schmelzen, gepressten Knoblauch, Estragon, Senf und Rahm unterrühren, salzen. | **Anschließend mit Weinbrand flambieren,** das heißt, 3 EL in einer Schöpfkelle über einer Gasflamme erwärmen, bis er sich von selbst entzündet (Vorsicht vor möglicher Stichflamme). Dann über die Steaks gießen und noch brennend servieren!

MEDAILLONS IN SPECK UND WEINBRANDSAUCE

8 kleine
Lungenbratenfilets à 70 g
Pfeffer aus der Mühle
16 Scheiben
Hamburgerspeck (150 g)
4 EL Öl

Für die Weinbrandsauce:
1/16 l Weinbrand
1/4 l Bouillon
Salz
20 g kalte Butter

Medaillons pfeffern und mit jeweils zwei Speckscheiben kreuzweise umwickeln. In heißem Öl auf jeder Seite etwa 1 Minute lang braten, aus der Pfanne nehmen und warm stellen. | **Für die Sauce** Bratrückstand mit Weinbrand und Bouillon aufgießen und etwa 5 Minuten einkochen. Mit Salz und Pfeffer abschmecken. Klein geschnittene Butter mit dem Schneebesen einrühren und die Pfanne von der Hitze nehmen. | **Medaillons mit Sauce anrichten.** Als Beilagen eignen sich blanchiertes Gemüse und Prinzesserdäpfel.

HEURIGENBRATEN

1 kg Bauchfleisch
Salz, Pfeffer, Kümmel
1 EL Mehl

Für die Fülle:
250 g Bratwürste
100 g Schinken
100 g Speck
100 g Rindszunge
Knoblauch

Bauchfleisch so einschneiden, dass eine Tasche entsteht. Die Fülle in das Fleisch hineindrücken und mit Garn zunähen. In eine Bratpfanne fingerhoch Wasser einfüllen, das mit Gewürzen gut eingeriebene Bauchfleisch mit der Schwarte nach unten einlegen und 1/2 Stunde zugedeckt braten. Das Fleisch mit Mehl stauben, wenden und die Schwarte einschneiden (schröpfen). Nochmals mit Salz und Kümmel bestreuen. Fertig braten, bis die Schwarte schön knusprig ist, dabei öfter aufgießen. ǀ **Für die Fülle die Bratwürste aus der Haut drücken,** mit kleinwürfelig geschnittenem Schinken, dem Speck und der Zunge vermengen und mit Knoblauch würzen.

TIPP: *Der Braten schmeckt warm oder kalt serviert.*

TAFELSPITZ MIT SCHNITTLAUCHSAUCE

1 1/2 kg Tafelspitz
1 Zwiebel mit Schale
Wurzelwerk (Karotte,
Sellerie, Lauch, Petersilie)

Für die Krensauce:
2 Äpfel
Kren
Salz, Pfeffer
Zitronensaft

**Für die
Schnittlauchsauce:**
2 Eier
4 EL Mayonnaise
2 Bund Schnittlauch
1 Becher Sauerrahm
Salz, Pfeffer
1 Spritzer Tabascosauce

Wasser mit Wurzelwerk aufkochen, Fleisch dazugeben und leicht köcheln lassen. Schaum immer wieder abschöpfen. ǀ **Für die Krensauce** die Äpfel schälen und klein raspeln, mit Salz und Pfeffer abschmecken, geriebenen Kren und etwas Zitronensaft dazugeben. ǀ **Für die Schnittlauchsauce** die Eier hartkochen, abschrecken, klein schneiden und in eine Schüssel geben. Mayonnaise, Sauerrahm, Schnittlauch und Gewürze dazugeben, abschmecken.

WILDBRATEN
MIT KASTANIENKNÖDERLN
IM ERDÄPFELMANTEL

150 g Kastanienpüree
Rahm, Kräutersalz

Für die Erdäpfelmasse:
300 g mehlige Erdäpfel
3 EL griffiges Mehl
1 EL Grieß
30 g Butter
1 Ei
Salz, Muskat

Mehl, Ei
Suppennudeln
Backfett

Für den Wildbraten:
Wildfleisch (vom Schlögel
oder von der Schulter)
Kräutersalz
Lorbeer, Wacholder
Rosmarin, Thymian
Olivenöl
Wurzelwerk
1 Zwiebel
1 Knoblauchzehe
etwas Rotwein

etwas Kastanienpüree
und Rahm

Für die Kastanienmasse Kastanienpüree mit Rahm und Kräutersalz vermengen, daraus kleine Kugeln formen. | **Für die Erdäpfelmasse** Erdäpfel kochen, schälen und noch warm passieren. Die Butter zerlassen und alle Zutaten rasch zu einem geschmeidigen Teig verarbeiten. Daraus eine Rolle formen, Stücke abstechen und die Kastanienkugeln damit einhüllen. Die Knödel mit Mehl, Ei und Suppennudeln panieren und schwimmend in Fett herausbacken. | **Für den Wildbraten** das Fleisch mit den Gewürzen und etwas Olivenöl einreiben und in den Römertopf geben. Geputztes Wurzelwerk, Zwiebel und Knoblauch dazugeben, mit Rotwein aufgießen und im Rohr zugedeckt ca. 2 Stunden garen (Gardauer hängt vom Fleisch ab). | **Dann die Sauce in einen Topf geben** und mit Kastanienpüree und Rahm aufmixen.

ZWIEBELROSTBRATEN

4 gut gereifte
Rindsschnitzel
1 EL Schweineschmalz
Salz, Pfeffer
Senf zum Bestreichen
Rindsuppe zum
Aufgießen

Für die Sauce:
2 große Zwiebeln
1 EL Schweineschmalz
1 Prise Zucker
1/8 l Rotwein

Für die Sauce Zwiebeln schälen und nicht zu fein schneiden, Schmalz erhitzen, Zwiebeln zu schöner brauner Farbe anrösten, Zucker zugeben, karamellisieren lassen und mit Rotwein ablöschen. Nun die Zwiebeln möglichst lange offen köcheln lassen, mindestens aber 1 Stunde – sie werden so leichter verdaulich und die Sauce gewinnt außerdem an Geschmack und Konsistenz. ⏐ **In einer Pfanne Schmalz erhitzen,** Rindsschnitzel beidseitig würzen und auf einer Seite mit Senf bestreichen. Mit der bestrichenen Seite zuerst anbraten, wenden, zweite Seite schön anbraten und dann mit Rindsuppe aufgießen, langsam weichdünsten. Etwa nach halber Garzeit Zwiebeln zu den Schnitzeln geben und miteinander weiterdünsten lassen. ⏐ **Zu diesem herrlichen Schmorgericht** schmecken Bratkartoffeln und frischer Salat sehr gut.

GRINZINGER BRATEN

700 g Rindfleisch
zum Braten
50 g Selchspeck
Salz, Pfeffer
4 Scheiben Emmentaler
100 g dünne
Speckscheiben
Senf
40 g Fett
1 Zwiebel
120 g Wurzelwerk
Brotrinde von einer
Scheibe Schwarzbrot
1/4 l Rindsuppe
2 EL Schlagobers
2 EL Mehl
1/8 l Blauer Burgunder

Das Fleisch spicken, salzen, pfeffern und mit Senf einreiben. Mit Käse und Speckscheiben umwickeln, in heißem Fett rundherum anbraten und herausnehmen. ⏐ **Im Bratrückstand** klein geschnittenes Wurzelwerk und Zwiebel rösten. Fleisch und Brotrinde beigeben und mit Suppe und Wein aufgießen. Zugedeckt unter öfterem Wenden und Begießen weichbraten. Den Saft mit Obers und Mehl binden und nochmals aufkochen.

LAVANTTALER MOSTBRATEN

für 5 Portionen

1 kg Rindfleisch
100 g Bauchspeck
Salz, Pfeffer
frisches Basilikum
2 Zwiebeln
3 Karotten
1/2 l Most oder Apfelsaft
1 Lorbeerblatt
3–4 grob gemahlene
Pfefferkörner
60 g geriebener Kren

Das Fleisch mit den Gewürzen einreiben. Backrohr auf höchste Stufe vorheizen. Den gewürfelten Speck in der Pfanne glasig anlaufen lassen, kleinwürfelig geschnittene Zwiebeln und Karotten dazugeben, mit Most ablöschen, den gewürzten Braten mit Lorbeerblatt in die Pfanne legen und zugedeckt ca. 1 Stunde bei 180 °C braten. Den Deckel abnehmen, 20–30 Minuten offen braten lassen, mehrfach begießen. | **Den Saft passieren,** mit geriebenem Kren verfeinern und über das aufgeschnittene Fleisch geben. Frisches Basilikum hinzufügen, garnieren und zu Tisch bringen.

GEFÜLLTE KALBSBRUST

1 kg untergriffene
Kalbsbrust
50 g Butter
4 eingeweichte Semmeln
3 Eier
1 Apfel
Salz, Muskatnuss
Petersilie

Butter schaumig rühren und die gut ausgedrückten Semmeln dazumischen. Eier und kleinwürfelig geschnittenen Apfel dazugeben, Gewürze beifügen und gut durchmischen. Die Kalbsbrust damit füllen und zustecken oder zunähen. Im Rohr bei 180 °C etwa 1 1/2 Stunden unter öfterem Begießen braten.

GEFÜLLTES SELCHKARREE MIT KRÄUTERKRUSTE

1 Selchkarree
100 g Wurstreste
1 Zwiebel
1 Knoblauchzehe
Pfeffer
Petersilie

Für die Kruste:
1 EL Senf
Öl
2 EL gemischte Kräuter

1/8 l Rotwein
1/8 l Obers

Aus der Mitte des Selchkarrees ein Stück herausschneiden, mit Wurst faschieren. Gehackte Zwiebel, Knoblauch und Petersilie dazumischen, würzen und in das Fleisch füllen. Auf Alufolie legen, Senf, Öl und Kräuter vermischen, das Karree damit bestreichen und die Folie schließen. 30 Minuten im Rohr braten, 10 Minuten ruhen lassen. | **Bratensaft** mit Wein und Obers aufbessern.

STEIRISCHES KÜRBISKERNSCHNITZEL

4 Schnitzel vom Styria
Beef (Nuss, Schale
oder Hüferl)
200 g Topfen
100 g Kürbiskerne
4 Scheiben Geselchtes
Salz, Knoblauch, Pfeffer
1 Ei
Eier, Mehl, Brösel zum
Panieren

Schnitzel dünn klopfen und wenig salzen. Aus Topfen, Salz, einem
Ei, etwas Pfeffer, Knoblauch und den geriebenen Kürbiskernen einen
Abtrieb machen. | **Jedes Schnitzel mit einer Scheibe Geselchtem
belegen** und einen Löffel voll Topfenabtrieb daraufgeben. Die Schnitzel
zuklappen und an den Rändern etwas anklopfen. Nun die Schnitzel
panieren und in Öl ausbacken.

BROKKOLI-STEAK

4 dünne, doppelt
geschnittene
Schweinesteaks
Öl zum Anbraten

Für die Fülle:
100 g Brokkoli
50 g Schinken
1 Eidotter
150 g Kalbsbrät
Salz, Pfeffer
1/2 TL Paprika edelsüß

Für die Fülle in einer Pfanne den klein gewürfelten Schinken leicht
anbraten. In der Zwischenzeit Brokkoli ebenfalls kleinwürfelig
schneiden, in eine Schüssel geben, mit Brät und Eidotter mischen.
Schinken dazugeben, mit Paprikapulver würzen und gut vermengen. |
Die gewürzten Schweinesteaks auseinanderklappen, mit der
Fülle ca. 1 1/2 cm dick bestreichen, mit einem Zahnstocher verschließen
und in der Pfanne braten.

GANSL IM BIER-HONIG-SAFT

1 burgenländische
Weidegans
2 Äpfel
1 Orange, geachtelt
120 g Honig
4 EL Rapsöl
Salz, Pfeffer
Thymian, Majoran
1 Flasche Bier
1 Zweig frischer Thymian
etwas Stärkemehl

Äpfel und Orangenachtel mit den Gewürzen gut vermischen, danach in die Gans füllen. Die Gans auch außen gut würzen und im vorgeheizten Backrohr bei 220 °C 30 Minuten braten lassen. Immer wieder mit Honig einpinseln und mit etwas Bier übergießen. | **Danach auf 180–190 °C zurückschalten** und mit etwas Wasser ablöschen. Ca. 2 Stunden lang fertig braten. Den Bratensaft abseihen und mit etwas Stärkemehl verdicken.

BEILAGE: *Rotkraut und Semmel- oder Kartoffelknödel*

MASCHINROSTBRATEN

4 Scheiben Rostbraten
Salz, Pfeffer
Mehl
Schmalz
100 g Bauchspeck
1 Zwiebel
Petersilie
1 Essiggurkerl
Kapern
1 TL Sardellenpaste
Zitronenschale
Suppe
Senf

Rostbraten klopfen und mit Salz und Pfeffer würzen. Eine Seite in Mehl tauchen, in heißem Schmalz rasch anbraten und warm stellen. | **Würfelig geschnittenen Speck** und fein gehackte Zwiebel im Bratrückstand anrösten, mit Mehl stauben und gut durchrösten. Mit Suppe aufgießen, restliche Zutaten und Fleisch einlegen und zugedeckt dünsten. Kurz vor dem Anrichten Saft mit etwas Senf verfeinern.

BEILAGE: *Erdäpfelknödel, Blattsalat*

REHBRATEN IN ZWEIGELTSAUCE

800 g Rehschulter oder
-keule (ohne Knochen)
Salz, Pfeffer
Wurzelgemüse
1 Zwiebel
1 EL Tomatenmark
etwas Suppenwürze
1/4 l Rotwein (Zweigelt)
Lorbeer, Wacholder
100 g Speckabschnitte
Preiselbeeren

Das Fleisch würzen und scharf anbraten, aus der Pfanne geben. Zwiebel und Wurzelgemüse in den Bratenfond geben und braun rösten, Tomatenmark dazugeben und mit Rotwein ablöschen, mit Wasser oder Suppe aufgießen und würzen. Speckabschnitte dazugeben, das angebratene Fleisch zu Gemüse und Speck geben und 2 1/2 Stunden zugedeckt bei schwacher Hitze fertig garen lassen. Sauce mit Preiselbeeren verfeinern.

BEILAGE: *Spätzle, Knödel, Kroketten, Maroni, Rotkraut oder Sprossenkohl*

Anna Kölbl

· ENTENBRUST ·
MIT AHORNSIRUP
UND WIRSING

WIEN

Zutaten

4 Entenbrüste
600 g Wirsing
2 EL Öl
1 Apfel
1 EL Butter
etwas Zucker
Salz
weißer Pfeffer
Chilischoten nach Geschmack
Ahornsirup zum Bestreichen

Die Entenbrüste mit Salz und Pfeffer würzen und in Öl braten. *Vor dem Anrichten mit Ahornsirup bestreichen und kurz knusprig grillen.* **Den Wirsing in ca. 2 cm breite Streifen schneiden** *und in Salzwasser blanchieren. Den Apfel schälen, in Spalten schneiden und in Butter mit etwas Zucker anbraten. Unter den Wirsing heben und mit Salz, Pfeffer und kleingeschnittenen Chilis abschmecken.*

Anna Kölbl hat für **Österreichische Bäuerinnen kochen mit Fleisch** Rezepte zur Verfügung gestellt.

GESPICKTE KALBSVÖGERL MIT PARADEISSAUCE

500 g Kalbsvögerl
(ausgelöstes Fleisch
von Kalbsstelzen)
30 g Selchspeck
2 EL Fett
Salz, Pfeffer
1/2 l Paradeismark
1 Zwiebel
20 g Mehl

Die Vögerl spicken und würzen. In heißem Fett von allen Seiten kurz anbraten und beiseitestellen. Fein geschnittene Zwiebel rösten und mit Mehl stauben. Paradeismark zugießen, Fleisch zugeben und weich-dünsten. Öfter umrühren und mit Wasser oder Suppe aufgießen.

KALBSBRATEN MIT RAHMSAUCE

800 g Kalbsschlegel
50 g Speck
50 g Schweinefett oder Öl
30 g Käse
1/8 l Sauerrahm
Salz, Ingwer
evtl. Muskatnuss,
fein gerieben

Das Fleisch abhäuten, mit dem sehr kalten, in Streifen geschnittenen Speck spicken, würzen. Fett in einer Bratpfanne oder Kasserolle erhitzen, den Braten hineingeben und im vorgeheizten Backrohr bei 220 °C braun braten. Mit Käse bestreuen, mit Rahm übergießen, die Sauce abschme-cken und kurz aufkochen lassen.

LAMMKARREE IN KRÄUTERKRUSTE

Für das Karree:
1 kg Lammkarree
(ohne Knochen)
3 EL Olivenöl
Kräutersalz, Pfeffer
Thymian, Rosmarin
Estragonsenf

Für die Kruste:
70 g Butter
60 g Semmelbrösel
1 Eidotter
frische, gehackte Kräuter
Salz, Pfeffer, Knoblauch

Das Lammkarree kräftig würzen. Beidseitig im heißen Fett gut anbraten und im Backrohr bei 220 °C fertig garen (ca. 30 Minuten). Dabei öfters mit eigenem Saft begießen. Aus dem Rohr nehmen und 5 Minuten rasten lassen. | **Inzwischen für die Kruste** Butter schaumig rühren, Dotter, Gewürze und Kräuter wie Estragon, Thymian, Minze, Petersilie etc. untermengen, Brösel einkneten und eine Rolle formen, die so lang wie das Karreestück ist. | **Das Karree mit Senf bestreichen** und die Kruste daraufpressen. Bei starker Oberhitze kurz knusprig überbacken.

LAMMBRUST GEROLLT

900 g ausgelöste
Lammbrust vom
steirischen Schafbauern
100 g Kohl- oder
Spinatblätter
(vorgekocht)
Salz, Pfeffer
Senf
Knoblauch
Rosmarin
200 g Rollgerste
200 g Gemüse
(Erbsen, Mais)
ca. 6/10 l Rind- oder
Lammsuppe
Schweineschmalz
zum Anbraten

Die ausgelöste Lammbrust mit Salz, Pfeffer, Senf, Knoblauch und Rosmarin würzen. Mit Kohl- oder Spinatblättern belegen, einrollen und binden. Im heißen Schweineschmalz kurz anbraten und im vorgeheizten Rohr bei ca. 170 °C ca. 2 1/2 Stunden unter öfterem Begießen braten. | **Die über Nacht eingeweichte Rollgerste** abseihen und mit Suppe weichkochen. Erbsen und Mais einrühren und mit Salz und Pfeffer abschmecken. Lammbrust in Scheiben schneiden und mit Rollgerste und Natursaft anrichten.

GEFÜLLTE HÜHNERBRUST MIT DÖRRZWETSCHKENFÜLLE UND POLENTA-KRÄUTER-ROLLE

Für die gefüllte Hühnerbrust:
1 Brathendl
100 g Semmelwürfel
1 Ei
Salz
Petersilie
Schweinszunge
(geräuchert)
100 g Dörrzwetschken
100 g Äpfel
Salz, Paprika

Für die Polenta-Kräuter-Rolle:
125 ml Polenta
1/2 TL Salz
250 ml Wasser
2 Eiklar
80 g Butter
50 g Mehl
Kräuter

Für die Fülle Ei versprudeln, salzen und die Semmelwürfel hinein-geben. Petersilie fein hacken und dazugeben. Schweinszunge und Dörrpflaumen fein schneiden und zu den Semmelwürfeln geben. Äpfel grob raspeln. Alles zusammenmischen und den Hohlraum des Hendls damit füllen. | **Das Hendl außen salzen** und mit wenig Paprika einreiben. Knusprig braten. | **Polenta mit Salz weich-kochen.** Eiklar zu Schnee schlagen. Mit Butter und Mehl einen Abtrieb machen und mit der Polenta verrühren. Schnee unter-heben. Die Masse auf ein Blech, das mit Backtrennpapier ausgelegt ist, streichen. Bei 200 °C fast fertig backen. Kräuter daraufstrei-chen, rollen und noch einmal für 5 Minuten ins Rohr schieben.

HÜFERSCHERZL IM ZWEIGELTSAFT

1 kg Hüferscherzl
2 Karotten
1/4 Sellerieknolle
1/2 Stange Lauch
1 kleine Zwiebel
Fett zum Anbraten
20 g Paradeismark
1/4 l Rotwein (Zweigelt)
1/4 l Suppe
Salz, Pfeffer
Senf
evtl. Stärkemehl

Gemüse putzen und würfelig schneiden. Fleisch waschen und mit Salz und Pfeffer würzen. Mit Senf bestreichen und in heißem Fett von allen Seiten kräftig anbraten, herausnehmen und warm stellen. ⏐ **Gemüse im Bratensaft anrösten und Paradeismark mitrösten.** Mit Suppe und Wein aufgießen, Fleisch zugeben und zugedeckt dünsten lassen. Ist das Fleisch weich, aus der Sauce heben und diese passieren, evtl. mit Stärkemehl binden. Fleisch in Scheiben schneiden und mit Sauce servieren.

SONNTAGSSPIESS

200 g Rindslungenbraten
200 g Kalbsnieren
200 g Kalbsleber
100 g Räucherspeck
2–3 Zwiebeln
2 Paradeiser
2 Paprikaschoten
Salz, Pfeffer
Salbei
Bier

Fleisch und Innereien in etwa 3/4 cm dicke, 4 cm große Scheiben schneiden, ebenso Zwiebeln und Paradeiser. Speck dünner, aber genau so groß schneiden. Paprikaschoten blanchieren, dann ebenfalls passend zuschneiden. ⏐ **Alle Zutaten abwechselnd auf Spieße stecken,** mit Öl bepinseln, bei großer Hitze rundum grillen, nach 2 Minuten würzen. Nochmals kurz grillen und knapp vor dem Fertigwerden mit einem Schuss Bier übergießen.

Geschmorte Keule vom Berglamm | Seite 112

Fleischgerichte

KRAUTFLEISCH MIT SEMMELKNÖDELN

1 kg Schweinefleisch
2 mittelgroße Zwiebeln
2 EL Schmalz
1 kg Sauerkraut
Salz, Paprikapulver

Für die Semmelknödel:
7 harte Semmeln
4 Eier
1/2 l Milch
Salz
1–2 EL gehackte
Petersilie
1/2 Zwiebel
2 EL Semmelbrösel
etwas Mehl

Die kleinwürfelig geschnittenen Zwiebeln in Schmalz goldgelb rösten, Fleisch würfelig schneiden und mitrösten, mit Salz und Paprikapulver würzen. Mit Wasser aufgießen, bis das Fleisch bedeckt ist, 1 Stunde köcheln lassen. Dann Sauerkraut hinzugeben, nochmals 1/2 Stunde köcheln lassen. | **Für die Semmelknödel** Eier, Milch, Salz und Petersilie gut verrühren, Semmeln in Würfel schneiden und einrühren, ziehen lassen. Klein geschnittene Zwiebel glasig werden lassen, zur Masse hinzugeben und mit Semmelbröseln und etwas Mehl vermischen. Knödel formen und in siedendem Salzwasser mindestens 1/2 Stunde gut ziehen lassen.

BETTELMANDLGULASCH

1 EL Butterschmalz
2 Zwiebeln
Salz, Pfeffer
Paprikapulver
1 Lorbeerblatt
Majoran, Kümmel
5 Erdäpfel
1 l Wasser
300 g Braunschweiger
oder sonstige
würzige Wurst
1 EL Mehl zum Binden

Würfelig geschnittene Zwiebeln in Butterschmalz anrösten, würfelig geschnittene Erdäpfel dazugeben, aufgießen, würzen und kochen, bis die Erdäpfel weich sind. Nun gibt man die würfelig geschnittene Wurst dazu und bindet das Gulasch mit einem Mehlteigerl.

VARIATION: *Anstatt der Wurst kann man auch 2 Paar Frankfurter, blättrig geschnitten, und 2 Essiggurken nehmen.*

RAHMSCHNITZEL MIT KNOBLAUCHNUDELN

1 1/2 kg Schweinsschale
Schmalz
Salz, geschroteter Pfeffer
Mehl
3 Knoblauchzehen
1 Becher Sauerrahm
500 g Knoblauchnudeln
(fertig gekauft aus dem
Bauernladen)
etwas Butter zum
Schwenken

Das Fleisch schneiden, klopfen, salzen, pfeffern, mit einer Seite ins Mehl tauchen, im heißen Schmalz anbraten, herausnehmen und warm stellen. | **Die Knoblauchzehen fein schneiden,** in die Pfanne zum Bratrückstand geben und kurz mitrösten. Rahm mit etwas Mehl verrühren, dazugeben und die Sauce über das Fleisch gießen. 1/2 Stunde vorsichtig köcheln lassen. | **Knoblauchnudeln** in kochendes Salzwasser geben, al dente kochen, abseihen und in etwas Butter schwenken.

GESPICKTES RINDSHERZ IN WURZELSAUCE

750 g Rindsherz
Salz, Ingwer
70 g Speck
50 g Öl
Wurzelwerk (Porree,
Sellerie, Möhren,
evtl. Petersilwurzel)
1 mittlere Zwiebel
ca. 1/2 l Wasser
1/8 l Süßrahm
1 EL Mehl

Das Rindsherz von der Fettschichte und der dicksten Haut befreien, mit Salz und Ingwer einreiben, mit dem Speck spicken und im heißen Öl rundherum anbraten. Aus der Pfanne nehmen und in dem Öl das nudelig geschnittene Wurzelwerk und die grob gehackte Zwiebel anrösten. Mit Wasser aufgießen, das Herz hineingeben und weichdünsten. | **Nach dem Fertiggaren den Saft entfetten,** stauben, aufgießen, gut verkochen lassen, passieren, Süßrahm einrühren, abschmecken und durchziehen lassen. Das Herz in dünne Scheiben schneiden und in die Sauce legen.

TIPP: *Dazu schmecken ausgezeichnet Serviettenknödel und Preiselbeeren.*

SAUTANZ

200 g Schweinsschulter
2 Zwiebeln
3 EL Öl
400 g Leber
2 EL Öl
Salz, Pfeffer, Majoran
2 EL Mehl

Klein geschnittene Zwiebeln in Öl Farbe annehmen lassen, klein-würfelig geschnittenes Fleisch dazugeben, würzen, mit Wasser bis schwach bedeckt aufgießen und weichdünsten. | **Die klein geschnittene Leber** in Öl anrösten, würzen und unter das gedünstete Fleisch rühren. Den Saft mit Mehl binden. Dazu isst man gekochte Kartoffeln oder frische Semmeln.

GESCHNETZELTES MIT CHAMPIGNONS

500 g Schweinsfilet
2 Zwiebeln
250 g Champignons
2 EL Öl
1 EL Butter
1/4 l Weißwein
1/8 l Schlagobers
1 EL Mehl
Salz, Cayennepfeffer
Zitronensaft

Filet in feine Streifen schneiden und in Öl unter mehrmaligem Wenden kurz anbraten. Herausheben und warm stellen. | **Butter in der Pfanne aufschäumen lassen** und die würfelig geschnittenen Zwiebeln hell anbraten. Blättrig geschnittene Champignons dazugeben und kurz dünsten. Mit Weißwein aufgießen und einkochen lassen. Schlagobers mit Mehl verrühren und zusammen mit dem Fleisch untermischen. Mit Salz, Cayennepfeffer und Zitronensaft abschmecken.

BEILAGE: *Reis, grüner Salat*

CURRYSCHNITZEL

4 Schweinsschnitzel
Salz, Pfeffer, Curry
1 Zwiebel
Schmalz
1/8 l Sauerrahm
Mehl
Suppe

Schnitzel klopfen, würzen und beidseitig in Schmalz anbraten. Zwiebel fein hacken und im Bratrückstand anrösten und mit Suppe ablöschen. Schnitzel darin weichdünsten und herausnehmen. Saft mit Mehl stauben, würzen und mit Sauerrahm zu einer cremigen Sauce einkochen.

BEILAGE: *Reis, Salat*

ÜBERBACKENE SCHWEINSKOTELETTS MIT GEFÜLLTEN TOMATEN

4 Schweinskoteletts
1 EL Senf
Pfeffer, Knoblauch
Kümmel, gemahlen
1 EL Dinkelmehl
40 g Butterschmalz
1/8 l Gemüsesuppe
4 Tomaten
1 Stange Lauch
2 EL Butter
1/8 l Sauerrahm
1 Prise Kräutersalz
Pfeffer, Muskat
1/8 l Rahm
100 g Bergkäse

Die Koteletts klopfen, die Ränder einschneiden, würzen und mit Mehl bestäuben. In Butterschmalz beidseitig anbraten und das Fleisch in eine feuerfeste Form geben. | **Bratensatz mit Gemüsesuppe aufgießen** und über die Koteletts gießen. Im Backrohr zugedeckt ca. 15–20 Minuten dünsten. | **Tomaten aushöhlen.** Lauch nudelig schneiden, in Butter dünsten, Sauerrahm hinzugeben und würzen. Lauchgemüse in die Tomaten einfüllen und in die Form zu den Koteletts setzen. | **Rahm steifschlagen.** Käse fein reiben und unter den Schlagrahm ziehen, anschließend über die Koteletts gießen und gemeinsam mit den Tomaten ca. 10–15 Minuten bei 180 °C überbacken. Zum Schluss die Sauce evtl. noch salzen.

DEBREZINERFLEISCH

400 g Schweinsschulter
2 Paar Debreziner
500 g Champignons
2 Zwiebeln
4 EL Öl
Salz, Pfeffer
Paprika, Chili
2 EL Mehl

Die klein geschnittenen Zwiebeln und das würfelig geschnittene Fleisch in Öl anrösten, die Gewürze (Chili nach Belieben) dazugeben, mit Wasser bis schwach bedeckt aufgießen und weichdünsten. | **Die Champignons putzen und in Scheiben schneiden,** in etwas Öl andünsten. Debreziner in Scheiben schneiden und mit den Champignons unter das fertige Fleisch mengen. Zum Schluss den Saft mit Mehl binden. Als Beilage passen Nockerl sehr gut.

HOLZHACKERFLEISCH

1 kg Gulaschfleisch
Schmalz
1 Zwiebel
100 g durchzogener
Speck
Suppe
1 Knoblauchzehe
2 Paradeiser
500 g Wurzelwerk
Majoran, Salz, Pfeffer
Lorbeerblatt
Mehl

Zwiebel und Speck würfelig schneiden und in Schmalz anrösten. Würfelig geschnittenes Fleisch dazugeben, gut durchrösten und mit Suppe aufgießen. Gewürze und zerdrückte Knoblauchzehe zugeben, ca. 1 Stunde dünsten. Würfelig geschnittenes Wurzelgemüse und Paradeiser zugeben und weiterdünsten, bis das Gemüse gar ist. Mit Mehl stauben und abschmecken.

GESELCHTE HONIGRIPPERL MIT SPECKLINSEN UND HAFERFLOCKENKNÖDELN

1 kg Selchripperl
1 EL Honig
1/8 l Wasser

Für die Specklinsen:
1 Dose braune Linsen
1 mittelgroße Zwiebel
100 g Bauchspeck
2 EL Mehl
2 cl Essig
1/4 l Rindsuppe
Salz, schwarzer Pfeffer
2 EL gehackte Petersilie

Für die Knödel:
2 Semmeln
100 g Haferflocken
1 EL Butter
1 EL gehackte Petersilie
2 Eier
1/4 l warme Milch
3 EL Mehl
Salz, Muskat

Selchripperl mit Wasser im Rohr bei 180 °C zugedeckt 50 Minuten braten, dann mit Honig bestreichen und noch 15 Minuten ohne Deckel knusprig braten. **| Für die Specklinsen Bauchspeck würfeln** und in einem Topf glasig anrösten, dann klein geschnittene Zwiebel mitrösten, Mehl dazugeben und mit Rindsuppe und Essig ablöschen. Die Linsen abseihen, einrühren und aufkochen lassen, mit Salz, Pfeffer und Petersilie abschmecken. **| Für die Knödel** Milch, Salz, eine Messerspitze Muskat, Eier und Butter versprudeln. Semmeln würfeln und gemeinsam mit Haferflocken dazugeben. Mindestens 10 Minuten ziehen lassen. Dann mit Mehl vermengen, Knödel formen und in Salzwasser 10 Minuten kochen.

BREITENLEER SCHNITZEL

6 Kalbsschnitzel
Salz, Pfeffer
30 g Mehl
40 g Butter
1/8 l Rheinriesling
200 g Marillen

Schnitzel salzen und pfeffern. Mit einer Seite in Mehl tauchen und mit dieser Seite zuerst in heißem Fett beidseitig anbraten. Mit Wein aufgießen und weichdünsten. 10 Minuten vor dem Servieren Marillenhälften im Bratensaft erhitzen und kurz mitköcheln lassen.

STEIRERKOTELETTS MIT KÜRBISKERNSAUCE UND KARTOFFELPÜREE

Für die Steirerkoteletts:
4 Schweinskoteletts
à 180 g
60 g Lauch
40 g Kürbiskerne
2 EL Öl
120 g Topfen (20 % Fett)
2 EL Kürbiskernöl
2 Knoblauchzehen
Salz, Pfeffer

Für die Kürbiskernsauce:
125 ml Sauerrahm
125 ml Joghurt
40 g Kürbiskerne, gehackt
2 EL Kürbiskernöl
Salz, Pfeffer

Für das Kartoffelpüree:
1 kg Erdäpfel
Milch
Butter
Salz, Muskatnuss

In die Schweinskoteletts eine Tasche schneiden. Mit Salz und Pfeffer aus der Mühle würzen. | **Lauch der Länge nach halbieren,** waschen und in dünne Scheiben schneiden. Kürbiskerne hacken, zusammen mit dem Lauch im Öl etwa 3 Minuten rösten und in eine Schüssel füllen. | **Die Lauch-Kürbiskern-Röstung** mit Topfen, Kürbiskernöl und zerdrückten Knoblauchzehen vermengen, salzen und pfeffern. Die Koteletts mit der Topfenmasse füllen und die Öffnung mit kleinen Metallspießchen verschließen. In der Pfanne Öl erhitzen, Koteletts einlegen und auf beiden Seiten bei mittlerer Hitze jeweils etwa 4 Minuten braten. | **Für die Kürbiskernsauce** Sauerrahm, Joghurt, Kürbiskerne und Kürbiskernöl verrühren, salzen und pfeffern. Koteletts mit der Rahmsauce anrichten. | **Für das Püree** Kartoffeln schälen, kochen, Wasser abseihen. Mit Milch und Butter pürieren. Zuletzt mit Salz und Muskatnuss würzen.

GRAMASTETTNER MOSTPFANDL

ca. 1/2 kg Schnitzelfleisch
1 Zwiebel
1 Knoblauchzehe
1 Suppenwürfel
1/8 l Most
Salz, Pfeffer
Kräuter (Liebstöckel,
Thymian, Petersilie,
Majoran)
100 g durchzogener
Speck
1 Stange Porree
150 g Schwammerl
ca. 1/8 l Schlagobers

Fleisch nudelig schneiden und braun anbraten, herausnehmen und warm halten. | **Im Bratrückstand** würfelig geschnittene Zwiebel und zerdrückten Knoblauch glasig dünsten, mit Suppe und Most ablöschen. Fleisch dazugeben, würzen und ca. 30 Minuten dünsten. | **Speck in Streifen schneiden,** mit klein geschnittenem Porree und Schwammerln anrösten und zum Fleisch geben. Mit Schlagobers verfeinern.

TIPP: *Dazu eignen sich auch andere Fleischarten.*
BEILAGEN: *Spätzle, Nudeln oder Semmelknödel*

BÖHMISCHES RINDFLEISCH

500 g Rindfleisch
(Schulterscherzel)
50 g Speck
3 Essiggurkerl
150 g eingelegte
Perlzwiebeln
2 EL Sauerrahm
Salz, Pfeffer, Paprika
Petersilie

Klein geschnittene Speckwürfel in Fett anbraten, würfelig geschnittenes Fleisch dazugeben und würzen. Mit Wasser oder Suppe aufgießen und weichdünsten. Vor dem Servieren streifig geschnittene Essiggurkerl und die Perlzwiebeln dazugeben. Mit Sauerrahm verfeinern und mit fein gehackter Petersilie bestreuen.

RÄUBERFLEISCH

600 g Rindfleisch
(hinteres Ausgelöstes)
2 EL Öl
Salz, Pfeffer
2 Zwiebeln
1/8 l Rotwein
200 g rote
Paprikaschoten
150 g Gewürzgurken
1/8 l Sauerrahm
1 TL Senf
1 EL Mehl
Petersilie

Fleisch in etwa 3 cm große Würfel schneiden und in heißem Fett anbraten, dann salzen und pfeffern. Fein geschnittene Zwiebeln zum Fleisch geben und weiterrösten. Mit Rotwein ablöschen, mit Suppe oder Wasser aufgießen und etwa 3 Minuten dünsten. | **Grob gewürfelten Paprika** dazugeben und mitdünsten. Wenn das Fleisch weich ist, Sauerrahm mit Senf und Mehl glattrühren und den Saft damit binden. Blättrig geschnittene Gewürzgurken beigeben und mit fein gehackter Petersilie bestreuen.

KATZENG'SCHROA

350 g Schweinefleisch
350 g Kalbfleisch
2 kleine Zwiebeln
80 g Fett
2 EL Mehl
etwas Rindsuppe
geriebene Zitronenschale
fein gehackter Kümmel
Muskat
1 TL Senf
1 Spritzer Essig
3 EL Sauerrahm
Schnittlauch

Fleisch dünnblättrig schneiden und Zwiebel in Ringe schneiden. Beides in Fett gut anrösten, mit Zitronenschale, Kümmel, Muskat und Senf würzen, mit Mehl stauben und mit etwas Rindsuppe aufgießen. Fleisch in dieser Sauce dünsten und einen kleinen Schuss Essig zugeben. Mit Sauerrahm verfeinern und mit Schnittlauch bestreut servieren.

VARIATION: *Man kann dieses Gericht auch mit Gulaschsaft servieren.*

BAUERNEINTOPF
(RUSTIKALER EINTOPF)

2 Zwiebeln
40 g Butter
800 g Selchkarree
3 Karotten
500 g Kartoffeln
1/4 l Gemüsebrühe
Kräutersalz, Pfeffer
frische Kräuter
(Liebstöckel, Rosmarin,
Bohnenkraut, Salbei,
Schnittlauch, Petersilie)

Zwiebeln fein schneiden und in erhitzter Butter goldgelb werden lassen. Selchfleisch würfelig schneiden und kurz mitrösten. In Würfel geschnittene Karotten und Kartoffeln dazugeben, mit Gemüsesuppe aufgießen und dünsten lassen. Mit Salz und Pfeffer würzen und mit gehackten Kräutern abschmecken.

BEIRIED AUS DEM WOK MIT SPARGELREIS

400 g Rindfleisch
(Lungenbraten,
Hüferl, Beiried)
250 g Langkornreis
500 g grüner Spargel
1 gelbe Paprika
1 Zwiebel
4 EL Öl
2 Knoblauchzehen
Salz
Pfeffer aus der Mühle
etwas Zitronensaft
4–5 EL Sojasauce
2 EL Korianderblättchen
oder Petersilie zum
Bestreuen

Als Vorbereitung den Reis kochen. Inzwischen Spargel in ca. 3 cm lange Stücke schneiden und in Salzwasser maximal 2 Minuten blanchieren, abseihen, mit kaltem Wasser abschrecken und gut abtropfen lassen. Paprika in mundgerechte Streifen schneiden, Zwiebel fein würfeln und Rindfleisch in dünne Scheiben schneiden. ⏐ **Wok bei hoher Temperatur erhitzen,** Öl hineingießen und schwenken. Fleisch portionsweise anbraten, Knoblauch dazupressen. Das bereits gegarte Fleisch am Rand hochschieben und rohe Scheiben in die Mitte geben. Spargel, Paprika und Zwiebel hinzufügen und alles einige Minuten unter Rühren braten. ⏐ **Dann die Sojasauce, Salz, Pfeffer und Zitronensaft** unter die Fleisch-Gemüse-Mischung rühren, Reis hinzufügen und alles erneut kurz erhitzen. Das Gericht mit Korianderblättchen oder Petersilie bestreuen.

RINDSGULASCH VOM HOCHLANDRIND

500 g Zwiebeln
4 EL Öl
4 EL Tomatenmark
1/4 l Suppe
3 EL Paprikapulver
edelsüß
Salz, Pfeffer
750 g Rindfleisch
(Wadschinken,
hohe Rippe)
evtl. 1 Knoblauchzehe

Zwiebeln in kleine Würfel schneiden, in Öl goldbraun andünsten, nach Bedarf Knoblauchzehe hinzufügen. Würfelig geschnittenes Fleisch dazugeben und ebenfalls scharf anbraten. Mit Tomatenmark, Salz und Pfeffer würzen, zuletzt das Paprikapulver hinzufügen, damit es nicht bitter wird. Mit Suppe aufgießen und 1 Stunde dünsten lassen.

TIPP: *Dazu passen Petersilkartoffeln oder Polenta.*

BEUSCHL

800 g Schweinsbeuschl
(Lunge und Herz)
Salz, 2 Lorbeerblätter
etwas Zitronenmelisse
Pfefferkörner
1 Büschel Thymian
1 mittelgroße Karotte
1 Porreestange
1/2 kleine Selleriewurzel
1/2 Zwiebel
50 g Fett
30 g Mehl
1/2 Zwiebel
Zitronensaft nach
Geschmack
Zitronenschale
1 Bund grüne Petersilie

Das Beuschl mit den Gewürzen, dem Wurzelwerk und einer halben Zwiebel in gesalzenem Wasser weichkochen, abseihen, kalt stellen und erkaltet nudelig schneiden. | **Eine halbe, fein gehackte Zwiebel** in heißem Fett goldgelb rösten, Mehl dazugeben und anlaufen lassen. Mit dem durchgeseihten Beuschlsud aufgießen, das Beuschl hineingeben und mit Zitronensaft und -schale und fein gehackter grüner Petersilie abschmecken. | **Ca. 7 Minuten** unter mehrmaligem Umrühren leicht kochen lassen.

TIPP: *Zum Beuschl schmecken am besten Serviettenknödel.*

SURSCHNITZEL

4 Surschnitzel à 120–150 g
Mehl
1–2 Eier
Brösel
Schmalz, Öl oder
Pflanzenfett

Schnitzel am Rand einschneiden, damit sie sich nicht krümmen. Leicht klopfen, zuerst in Mehl, dann in das versprudelte Ei tauchen und abgetropft in den Bröseln wenden. | **Das Fleisch ins heiße Fett legen** und bei mittlerer Hitze goldbraun fertig backen. | **Die Schnitzel mit Zitronenscheiben anrichten.** Dazu serviert man Reis und verschiedene Salate wie z.B. Kartoffel-, Gurken- oder grünen Salat.

GERÖSTETE KALBSLEBER

200–250 g Kalbsleber
1/2 Zwiebel
etwas Öl
Salz, Pfeffer, Muskatnuss
1/8 l Rotwein
etwas Kalbsfond
oder Bratensauce

Die Leber fein schneiden. Zwiebel fein hacken und in etwas Öl goldgelb anbraten, Leber dazugeben und rasch braten, öfters umrühren, damit es schnell geht und die Leber nicht trocken wird. Mit Salz, Pfeffer und Muskatnuss würzen und mit dem Rotwein ablöschen. Etwas Kalbsfond oder Bratensauce dazugeben, einmal aufkochen, abschmecken und anrichten.

CHAMPIGNONSCHNITZEL GEDÜNSTET

4 Rindsschnitzel à 120 g
Salz, Pfeffer aus
der Mühle
Mehl zum Wälzen
etwas Öl
1/2 Zwiebel
160 g frische
Champignons
Maizena zum Binden
Bouillon zum Aufgießen
120 ml Schlagobers
Zitronensaft und Peter-
silie zum Abschmecken

Rindsschnitzel würzen, in Mehl wälzen und gut abklopfen. Champignons putzen und in Scheiben schneiden, Zwiebel feinwürfelig schneiden. Schnitzel 3–7 Minuten in Öl anbraten, Zwiebel und Champignons mitbraten. Vom Herd nehmen und Maizena dazugeben. Mit Bouillon aufgießen, mit Zitronensaft und Petersilie abschmecken, evtl. nachwürzen und mit Schlagobers verfeinern.

LANDBAYRISCHE ROULADE

4 Rindsschnitzel
Salz, Pfeffer
50 g Wurzelwerk
1 Zwiebel
60 g Fett
Mehl zum Stauben
Senf
Zitronensaft, Muskat
1/8 l Süß- oder Sauerrahm

Für die Fülle:
60 g Butter
1–2 Eier
100 g gekochtes
gehacktes Selchfleisch
100 g gekochte
gewürfelte Erdäpfel

Für die Fülle flaumig gerührte Butter mit den Eiern verquirlen und mit Selchfleisch und Erdäpfeln vermischen. | **Die Rindsschnitzel salzen,** pfeffern, mit der Fülle bestreichen und einrollen. | **Das zerkleinerte Wurzelwerk** mit fein gehackter Zwiebel in Fett glasig anlaufen lassen, die Rouladen darin von allen Seiten anbraten, herausnehmen. Den Saft mit Suppe oder Wasser ablöschen, evtl. stauben, zu einer molligen Konsistenz aufkochen. Das Wurzelwerk nach Belieben im Saft belassen oder passieren. Mit Salz, Pfeffer, Senf, Zitronensaft und Muskat abschmecken. Rahm hinzufügen und die Sauce über die angerichteten Rouladen geben.

LEBERPUNKEL

300 g Leber
200 g Schweinefleisch
5 Semmeln
3 Eier
1/4 l Milch
1 Zwiebel
3 Knoblauchzehen
Salz, Pfeffer, Muskat
Majoran, Curry
1/2 Schweinsnetz
100 g Schmalz

Milch mit Eiern versprudeln und über die in Streifen geschnittenen Semmeln gießen. Fleisch und Leber faschieren, mit den Gewürzen und der Semmelmasse vermengen. Die Masse ins Netz einschlagen, Schmalz in eine Bratpfanne geben, Punkel hineinlegen und bei 180 °C ca. 30 Minuten im Rohr braten.

BEILAGE: *Salat*

SCHNELLES HASCHEE

600 g gemischtes
Faschiertes
1 kleine Zwiebel
2 EL Öl
Salz, Pfeffer
Petersilie
Majoran
Paprikapulver

Klein geschnittene Zwiebel in Öl anrösten, Faschiertes untermengen und mit den Gewürzen kurz dünsten.

TIPP: *Passt gut zu Kartoffelpüree. Man kann es aber auch unter gekochte Hörnchennudeln mischen oder mit 1 Tasse Reis und 1 1/2 Tassen Wasser fertig dünsten und zu Tomatensauce (s. Rezept auf S. 185) essen.*

FASCHIERTER BRATEN MIT KARTOFFEL-ENDIVIEN-SALAT

1 kg Faschiertes
Salz, Pfeffer
2 Knoblauchzehen
4 Eier
Petersilie
5–6 EL Semmelbrösel
Suppe zum Aufgießen

**Für den Kartoffel-
Endivien-Salat:**
1 1/2 kg Kartoffeln
1 Kopf Endiviensalat
1 Zwiebel
Kürbiskernöl, Essig
Salz, Senf, Zucker

Für den Braten das Faschierte mit Gewürzen und Eiern gut vermengen, Semmelbrösel hinzugeben, mit der Masse einen länglichen Laib formen und in die vorbereitete Bratenform geben. Im vorgeheizten Backrohr bei 200 °C ca. 1 Stunde braten. Zwischendurch mit Suppe aufgießen. | **Für den Kartoffel-Endivien-Salat** die Kartoffeln kochen, schälen, in Scheiben schneiden, kleinwürfelig geschnittene Zwiebel dazugeben, mit Essig, Salz, Zucker und Senf abschmecken. Den Endiviensalat waschen, grobnudelig schneiden, zum Kartoffelsalat hinzugeben und mit reichlich Kürbiskernöl verfeinern.

FASCHIERTE LAIBCHEN MIT CHINAKOHLGEMÜSE

600 g Faschiertes
50 g klein geschnittene
Zwiebeln
gehackte Petersilie
2 TL Senf
Salz, Pfeffer
etwas Zitronensaft
2 Karotten
2 Eier
Rapsöl zum Anbraten

Für das Gemüse:
500 g Chinakohl
etwas Butter
Knoblauchpfeffer
Kümmelpulver, Salz
1 Becher Crème fraîche

Zitronenscheiben
zum Garnieren

Faschiertes in einer Schüssel mit Gewürzen und Eiern vermischen, die fein geriebenen Karotten als Bindung einkneten. Kleine Laibchen formen und in Öl bei mittlerer Hitze auf beiden Seiten anbraten. | **Für das Gemüse den Chinakohl waschen,** Strunk entfernen, den Rest nudelig schneiden. In einem Topf etwas Butter erhitzen, das Gemüse dazugeben. Gewürze sowie Crème fraîche beifügen und zugedeckt 15 Minuten dünsten. | **Faschierte Laibchen** mit Zitronenscheibe garnieren und mit dem Gemüse anrichten.

KALBFLEISCHBÄLLCHEN MIT SALBEI-RAHMSAUCE

500 g faschiertes
Kalbfleisch
100 g Semmelbrösel
2 Eier
Salz, Muskat
Schweinefett

Für die Sauce:
1 Zwiebel
1 EL Öl
1 EL glattes Mehl
1/2 l Gemüsebrühe
10 Blätter frischer Salbei
1/8 l Schlagobers
Salz, Pfeffer

Das faschierte Kalbfleisch mit den Semmelbröseln und den Eiern verkneten und mit Salz und Muskat gut abschmecken. Aus der fertigen Fleischmasse kleine Knöderl mit ca. 3 cm Durchmesser formen und in Schweinefett rundherum anbraten. In einer feuerfesten Auflaufform im Backrohr bei 130 °C warm stellen. | **Für die Sauce die fein geschnittene Zwiebel in Öl glasig dünsten,** mit dem Mehl stauben und mit der Gemüsebrühe ablöschen. Die Salbeiblätter dazugeben und alles für ca. 20 Minuten leicht köcheln lassen. Danach die Salbeiblätter herausnehmen und die Sauce fein passieren. Rahm zufügen, die Salbeiblätter wieder in die Sauce geben, fertig abschmecken und über die Bällchen gießen. Alles zusammen für ca. 15 Minuten im Backrohr fertig garen lassen.

BEILAGE: *Grüne Bandnudeln*

LAMMEINTOPF

800 g Lammfleisch
(Schulter)
50 g Butter
50 g Karotten
50 g Sellerie
1 TL Tomatenmark
2 Knoblauchzehen
1 EL Basilikum
1/2 TL Kümmel, gemahlen
1 Prise Thymian
Pfeffer, Kräutersalz
1/2 l Lammfond, braun,
oder Rindsuppe
250 g Kartoffeln,
festkochend
250 g Gemüse
nach Saison

Lammfleisch würfelig schneiden, in Butter anrösten, Karotten- und Selleriewürfel mitrösten. Tomatenmark beifügen und mit den Gewürzen abschmecken. Mit vorbereitetem Lammfond oder der Rindsuppe aufgießen und zugedeckt weichdünsten. Kurz bevor das Fleisch weich ist, würfelig geschnittene Kartoffeln und das Gemüse (je nach Garzeit) beigeben.

TIPP: *Die Gemüsearten nur kernig kochen, damit das frische Aussehen erhalten bleibt.*

GEBRATENE REHLEBER MIT WALDORFSALAT

500 g Rehleber
3 EL Butter
Salz, Pfeffer
Balsamico zum
Ablöschen

Für den Waldorfsalat:
250 g Knollensellerie
150 g säuerliche Äpfel
40 g gehackte Walnüsse
150 g Mayonnaise
2 EL Sauerrahm
Salz, Pfeffer
Zitronensaft

Die Rehleber in Scheiben schneiden, mit Salz und Pfeffer würzen und in Butter braten. Mit Balsamico ablöschen. **Für den Waldorfsalat** Sellerie und Äpfel in feine Streifen schneiden (oder raffeln) und mit den übrigen Zutaten vermischen. Mit Salz und Pfeffer abschmecken.

BEILAGE: *Geröstete Toastbrotscheiben*

GESCHMORTE KEULE VOM SALZBURGER BERGLAMM

1 kg Lammkeule
ohne Knochen
Wurzelwerk
Zwiebel
Thymian
Rosmarin
Olivenöl
Salz, Pfeffer
Rotwein

Lammkeule würzen, in Olivenöl scharf anbraten, Wurzelwerk, Zwiebel mitrösten. Mit Rotwein ablöschen und mit Suppe oder Wasser aufgießen. | **Ca. 4–5 Stunden bei 80 °C im Rohr schmoren lassen.** Öfter mit Saft übergießen. Lammkeule herausnehmen, Saft abschmecken und passieren.

BEILAGE: *Als Beilage eignen sich besonders Erdäpfel und Gemüse. Sie können die Erdäpfel gemeinsam mit dem Fleisch braten.*

WILDERERRAGOUT

500 g Rehfleisch von
der Schulter
2 Zwiebeln
100 g Karotten
100 g Sellerie
80 g Schweineschmalz
1 Lorbeerblatt
1/8 l Rotwein
1 EL Tomatenmark
1/16 l Schlagobers
1 EL Mehl
Salz, Pfeffer
Fond zum Aufgießen

**Fleisch und Zwiebeln klein-
würfelig schneiden.** Schmalz
erhitzen, Zwiebeln anrösten,
Tomatenmark dazugeben und gut
durchrösten. Mit Rotwein ablöschen, Fleisch dazugeben und würzen. Wurzelgemüse grob geraffelt
zugeben, mit Fond aufgießen.
Etwa 45 Minuten köcheln lassen,
vor dem Servieren mit Rahm und
Mehl binden und abschmecken.

GESCHNETZELTES
KANINCHEN IN BIERSAUCE

750 g geschnetzeltes
Kaninchenfleisch von
Keule oder Rücken
Öl zum Braten
Salz, Pfeffer
gemahlener Kümmel
Rosmarin
100 g Zwiebeln, klein-
würfelig geschnitten
100 g Karotten
und Sellerie
1 EL Mehl
1/4 l Bier
1/8 l Obers

Kaninchenfleisch und Zwiebeln in heißem Öl gut durchrösten,
würzen, kleinwürfelig geschnittenes Gemüse dazugeben, mit Mehl
stauben und mit Bier ablöschen. Gut einkochen lassen und dann mit
Schlagobers vollenden.

BEILAGE: *Dazu kann man überbackene oder geröstete Erdäpfel servieren.*

TRUTHAHNSCHNITZEL MIT MANDELKRUSTE

4 Truthahnschnitzel
Salz
2 EL Mehl

Für die Kruste:
1 Ei
3 EL Mehl
2 Scheiben Schinken
2 EL gestiftelte Mandeln
oder Mandelblätter
1 EL Öl
ca. 1/4 l Bier
Butterschmalz
zum Backen

Dotter, Mehl, nudelig geschnittenen Schinken, gestiftelte Mandeln und Salz mit Bier zu einem dicken Teig verrühren. Zum Schluss steifgeschlagenen Schnee und Öl untermengen. Die geklopften und gesalzenen Schnitzel in Mehl tauchen, durch den Backteig ziehen und in heißem Fett goldgelb backen.

BEILAGE: *Dazu serviert man Petersilerdäpfel und grünen Salat.*

PAPRIKAHUHN

1 Huhn
Salz, Kümmel
1 KL Paprika
Essig
1 Zwiebel
1 EL Fett
1 l Wasser
1/4 l Sauerrahm
1 EL Mehl

Das Huhn zerteilen. Die Zwiebel klein hacken und im Fett rösten, Paprika dazugeben und mit Essig ablöschen. Die Hendlstücke dazugeben, mit Wasser aufgießen, mit Salz, Pfeffer und Kümmel würzen. Ca. 1 Stunde garen. | **Sauerrahm, Mehl und etwas Wasser versprudeln,** zum gekochten Huhn geben und kurz aufkochen lassen.

GEFÜLLTE PUTENSCHNITZEL MIT TOASTBROTSTERNEN UND KAROTTENHERZEN

Für die Füllung:
300 g Toastbrot
40 g Butter
2 Knoblauchzehen, zerdrückt
1 Bund Petersilie
1/16 l Obers
4 Eidotter
125 ml Milch
Salz, Pfeffer aus der Mühle
Muskat
etwas Petersilie, gehackt

Weitere Zutaten:
4 Putenschnitzel
Salz, Pfeffer aus der Mühle
2 EL Öl
375 ml Bouillon (Würfelsuppe)
3 EL Sauerrahm
Salz
Karotten

Für die Toastbrotsterne aus den Toastbrot-Schnitten mit Keksausstecher Sterne ausstechen (pro Portion 3–4 Sterne). Toastbrotabfälle für Schnitzelfülle in kleine Würfel schneiden. Wenig Butter in Pfanne zergehen lassen und Toastbrotsterne rösten. | **Für die Füllung** Toastbrotwürfel in heißem Fett mit Knoblauch knusprig rösten, vom Herd nehmen und überkühlen lassen. Die Petersilblättchen abzupfen, kurz blanchieren und mit Obers pürieren. Mit den anderen Zutaten vermengen und würzen. | **Putenschnitzel klopfen** und mit Salz und Pfeffer würzen. Füllung auftragen, Fleisch eng einrollen und mit Spagat umwickeln. In heißem Fett rundum anbraten, mit Suppe aufgießen und etwa 20 Minuten bei geringer Hitze zugedeckt dünsten. Rouladen aus der Sauce nehmen, Spagat entfernen und Fleisch

warm stellen. Sauce passieren, Sauerrahm mit einer Schneerute unterrühren und Sauce noch einmal aufkochen lassen, salzen. Rouladen in Scheiben schneiden und mit Sauce anrichten. | **Die Karotten der Länge nach** mit der Brotmaschine in 3 mm dicke Schnitten schneiden. Mit kleinem Herzausstecher Herzerl ausstechen und in Butter dünsten.

GEFÜLLTES HUHN AUF BÖHMISCHE ART

1 Brathuhn
2 Semmeln
1/8 l Schlagobers
30 g Butter
1 Dotter
1 Ei
20 g Mandeln
20 g Zucker
20 g Rosinen
40 g Butter

Das Huhn vom Hals aus mit den Fingern untergreifen, dass sich die Haut vom Brustfleisch loslöst, möglichst die ganze Brust untergreifen. Semmeln fein reiben, mit Schlagobers und Butter zu einem Panadel (feiner Brei) verkochen und überkühlen lassen. Mit den restlichen Zutaten gut verrühren, damit die untergriffene Hühnerbrust füllen und die Haut am Hals zustecken. Das Huhn gut salzen, mit geklärter Butter bepinseln und im Rohr braten. | **Vor dem Servieren so zerteilen,** dass in jedem Stück etwas Fülle sichtbar ist.

HUHN NACH FÖRSTERART

1 Huhn
300 g Schalotten
250 g Champignons
250 g durchzogener
Speck
ca. 1/2 l Suppe
Schmalz
Brathuhngewürz
Salz, Thymian

Das Huhn mit den Gewürzen einreiben und in heißem Schmalz rundum anbraten. Schalotten und Speck in Würfel, Champignons in Viertel schneiden und im Bratrückstand anrösten. Huhn darauflegen und mit Suppe aufgießen. Bei 180 °C ca. 90 Minuten braten, dabei öfters mit Suppe aufgießen.

BEILAGE: *Butterbohnen, Salat, Reis*

PUTENROULADEN MIT GEMÜSE

6 Putenschnitzel
Salz

Für die Fülle:
150 g gekochter Naturreis
100 g fein geriebene
Karotten
100 g geriebene Kohlrabi
4 EL Kräutermischung

Suppe zum Aufgießen
Butterschmalz zum
Anbraten

Die Schnitzel klopfen und salzen. Die Zutaten für die Fülle gut mischen, die Schnitzel füllen und einrollen, mit Zahnstochern fixieren. Rundum anbraten, aufgießen und 30 Minuten dünsten. Die Rouladen in Scheiben schneiden und mit Gemüse garnieren.

PUTENBRUST IM ERDÄPFELMANTEL

600 g frische Putenbrust
(in Form eines
Schweinslungenbratens
zurechtgeschnitten)
3 EL Mehl zum Wälzen
400 g Erdäpfel
40 g glattes Mehl
2 Eier
Salz, Pfeffer
etwas Rosmarin
3/4 l Öl zum Backen

Pute mit Salz, Pfeffer und Rosmarin würzen. In Mehl wenden. |
Rohe Erdäpfel schälen, grob raspeln, salzen, mit Eiern und Mehl
vermengen. Masse rundherum auf das Fleisch streichen. Im heißen Öl
schwimmend goldgelb ausbacken. | **In gefällige Scheiben aufschneiden**
und mit Kräutersauce und bunten Blattsalaten anrichten.

WIENER BACKHENDL

1 1/2–2 küchenfertige
Backhendl (etwa 1,10 kg)
Salz
3 Eier
200 g Mehl
300 g Brösel
Backfett

Backhendl halbieren und Rückgrat entfernen (kann für eine Suppe
verwendet werden). Hendl in Viertel teilen, kräftig salzen und auf
Wiener Art panieren (zuerst in Mehl, dann in zerklopftem Ei und
dann in Bröseln wälzen). In mäßig heißem Fett langsam knusprig
goldgelb herausbacken. Auf Küchenkrepp abtropfen lassen und mit
Zitronenscheiben garniert servieren.

TIPP: *Schneller ist das Hendl gar, wenn die Hendlviertel nochmals geteilt werden.*

Krautspätzle mit gebratenem Bauernschinken Seite 125

BÄUERINNEN KOCHEN

Pikante
Alltagskost

ERDÄPFELROLLE

Für den Erdäpfelteig:
1 kg mehlige Erdäpfel
200 g Mehl
60 g Grieß
1 Ei
Muskat, Salz
Butter

Für die Fülle:
300 g Braunschweiger
2 Zwiebeln, fein gehackt
Salz, Pfeffer
Majoran, Petersilie
50 g Butter
80 g Brösel
1 EL Petersilie

Erdäpfel kochen, heiß schälen, passieren und mit den übrigen Zutaten rasch zu einem Teig verkneten, sofort weiter verarbeiten. | **Während die Erdäpfel kochen,** für die Fülle Zwiebeln in der Butter leicht anrösten, klein geschnittene Wurst dazugeben, würzen, überkühlen lassen. | **Den Teig** auf einem gut bemehlten Tuch zu einem 1 cm dicken und 20–25 cm breiten Rechteck ausrollen, mit Fülle bestreuen, andrücken. Mit Hilfe des Tuches einrollen, in das Tuch binden, 45 Minuten in Salzwasser kochen. | **Rolle aus dem Tuch nehmen** und in gerösteten Bröseln wälzen, mit Petersilie bestreuen und portionieren.

TIPPS: *Den Strudel ohne Tuch mit Butter oder verquirltem Ei bestreichen und im Rohr bei Mittelhitze ca. 45 Minuten backen.* | *Dieser Erdäpfelteig kann selbstverständlich auch mit Gemüse gefüllt werden, z.B. mit blanchiertem Spargel, Sauerrahm, Ei und Kräutern, dann kräftig würzen.*

LUNGENSTRUDEL

Strudelteig
250 g Schweins- oder Kalbslunge
Salz, Pfeffer
1 Bund Petersilie
1 Zwiebel
50 g Butter
2 EL Öl
Majoran
2 Knoblauchzehen
2 Eier
Butter zum Bestreichen

Die Lunge in reichlich Salzwasser 20 Minuten kochen. Die erkaltete Lunge von Häutchen und groben Röhren befreien und fein faschieren. Zwiebel fein hacken und in Butter goldgelb rösten, faschierte Lunge dazugeben und mitrösten. Mit Knoblauch und den restlichen Gewürzen abschmecken. Masse überkühlen lassen und dann die Eier unterrühren. | **Strudelteig ausziehen,** füllen und im vorgeheizten Backrohr bei 200 °C etwa 30 Minuten lang zu schöner, goldbrauner Farbe backen. Den Strudel portionieren und auf den Tellern anrichten.

BLUNZENSTRUDEL

Strudelteig
600 g Blutwurst
1 Zwiebel
100 g Knödelbrot
2 Eier
1/8 l Milch
etwas Öl
Salz, Pfeffer
Majoran
Knoblauch

Knödelbrot mit Milch und Eiern einweichen. Blutwurst enthäuten und klein schneiden. Zwiebel hacken und anrösten, Brät mitrösten, Knödelbrot und Gewürze zugeben. Abschmecken und überkühlen lassen. | **Strudelteig ausziehen** und mit Butter bestreichen. Füllen und eng einrollen. Bei 200 °C ca. 30 Minuten backen.

FLEISCHSTRUDEL

Topfenmürbteig
300 g gemischtes
faschiertes Fleisch
1 kleine Zwiebel
50 g Fett
1 Ei
1 EL Mehl
Salz, Pfeffer
Majoran, Knoblauch

Zwiebel schälen, kleinwürfelig schneiden und in heißem Fett goldgelb anrösten. Das faschierte Fleisch dazugeben und gut durchrösten. Die Fleischmasse auskühlen lassen, dann 3/4 vom Ei, Mehl und die Gewürze untermengen. | **Fülle auf den ausgerollten Topfenmürbteig streichen,** einrollen, mit dem restlichen Ei bestreichen und im vorgeheizten Rohr bei 180 °C backen.

TIPP: *Mit gemischten Salat zu Tisch bringen, schmeckt hervorragend.*

ERDÄPFELSTRUDEL

Topfenmürbteig
1 kg Erdäpfel
250 g Speck
1 Zwiebel
1 Ei
Salz, Pfeffer

Erdäpfel kochen, schälen, auskühlen lassen und grob reiben. Zwiebel fein hacken, Speck würfelig schneiden, beides anrösten und mit den Erdäpfeln vermengen. Das Ei unterrühren, würzen und nochmals gut durchrühren. | **Topfenmürbteig ausrollen,** mit der Fülle bestreichen und einrollen. Den Strudel auf ein befettetes Backblech legen, mit Ei bestreichen und im vorgeheizten Rohr bei 180 °C etwa 35 Minuten backen.

BUNTER STRUDEL

Plunderteig
3 kleine Paprika
(gelb, grün und rot)
1 kleine Stange Lauch
200 g Schinken
200 g Bergkäse
1 Becher Sauerrahm
Gewürze nach
Geschmack und Saison
1 Ei zum Bestreichen

Paprika, Lauch und Schinken feinwürfelig schneiden. Geriebenen Bergkäse, Sauerrahm und Gewürze dazugeben, alles gut mischen. | **Den Teig rechteckig ausrollen,** kleine Streifen abschneiden (zum Verzieren), mit der Fülle bestreichen und einrollen. Links und rechts mit einer Gabel die Teigenden abstreifen und die kleinen Streifen zickzackförmig auflegen, mit der Gabel den Teig leicht einstechen (damit der Dampf entweichen kann) und mit Ei bestreichen. Ein paar Wasserspritzer darübergeben und bei ca. 180 °C backen.

WÜRZIGER KÄSESTRUDEL

Strudelteig
200 g Bergkäse in
Scheiben
100 g Schwammerl
200 g gemischtes
Faschiertes
50 g Butter
1 Ei
1 roter und
1 grüner Paprika
1 Zwiebel
3 Knoblauchzehen
Salz, Pfeffer

Paprika in Streifen schneiden, Zwiebel fein würfeln, Schwammerl putzen und in Stücke schneiden. Alles zusammen in Butter kurz anrösten. Faschiertes anrösten, kurz dünsten und mit dem Ei vermengen. Mit Salz, Pfeffer und fein gehacktem Knoblauch würzen und unter die Schwammerlmasse mengen. | **Strudelteig ausziehen.** Die Bergkäsescheiben auf 2/3 des Strudelteiges auflegen und darüber die Fülle verteilen. Den Strudel mit Hilfe des Tuches einrollen und auf ein befettetes Backblech legen. Bei 200 °C 35 Minuten backen.

PIKANTER BIRNEN-
KÜRBIS-STRUDEL

Topfenblätterteig
500 g Kürbis, entkernt
und geschält
300 g reife Birnen
3 EL Öl
Salz, Pfeffer
Majoran
3 Knoblauchzehen
60 g ungeschälte,
geriebene Mandeln
300 g Schinken
flüssige Butter zum
Bestreichen

Kürbisfleisch in etwa 1 cm große Würfel schneiden. Die Birnen waschen, vierteln, entkernen und in 1 cm große Stücke schneiden. Schinken würfelig schneiden. In einer Pfanne 2 EL Öl erhitzen, Kürbis beifügen, mit Salz, Pfeffer, Majoran sowie fein gehacktem Knoblauch würzen und bei großer Hitze unter öfterem Wenden etwa 5 Minuten rösten. | **Die Kürbisstücke gleichmäßig auf einem Backblech verteilen.** Restliches Öl zum Bratrückstand gießen und die Birnenstücke sowie den Schinken unter öfterem Wenden etwa 2 Minuten rösten. | **Birnen und Schinken ebenfalls auf dem Backblech verteilen** und zusammen mit den Kürbisstücken vollständig auskühlen lassen. Kürbis- und Birnenstücke mit den Mandeln vermengen. Den Topfenblätterteig auf einer bemehlten Arbeitsfläche ausrollen, mit etwas flüssiger Butter bestreichen und die Fülle darauf verteilen. Strudel fest einrollen, mit flüssiger Butter bestreichen und bei 200 °C 35 Minuten backen.

TIPP: *Es ist besonders wichtig, dass die Kürbis- und Birnenstücke zum Auskühlen gleichmäßig auf dem Backblech verteilt werden, damit die Feuchtigkeit gut entweichen kann.*

PIKANTE FLECKERL
MIT FASCHIERTEM

1 Zwiebel
Fett
500 g Faschiertes
Salz, Pfeffer
1 EL Butter
1 EL Mehl
1/4 l Milch
Suppenwürfel
200 g geriebener Käse
250 g Fleckerl
Schnittlauch

Zwiebel anrösten, Faschiertes, Salz, Pfeffer dazugeben und fertig rösten. | **Aus Butter, Mehl und Milch eine Bechamelsauce bereiten,** geriebenen Käse dazugeben, schmelzen lassen und mit Suppenwürfel würzen. Über das geröstete Faschierte geben und gut durchrühren. Alles über die gekochten Fleckerl geben, mit Schnittlauch bestreuen, abschmecken und mit grüner Petersilie verfeinern.

SCHINKENFLECKERL MIT KRÄUTERSAUCE

300 g gekochter Schinken
1/2 kg Fleckerl
1 EL Schmalz
1 Zwiebel
1 gelbe Paprika
1 Becher Sauerrahm
3 Eier
200 g geriebener Käse
Petersilie
Salz
Butter und Semmelbrösel
für die Form

Für die Kräutersauce:
1 Becher Sauerrahm
Salz, bunter Pfeffer
Schnittlauch, Dill

Die Fleckerl in kochendes Salzwasser geben, weichkochen. Zwiebel und Paprika kleinwürfelig schneiden, in Schmalz kurz anrösten, Schinken ebenso kleinwürfelig schneiden, hinzugeben und etwas mitrösten. Den Sauerrahm mit Eiern, Salz und Petersilie gut verrühren, mit gekochten Fleckerln und der Schinken-Zwiebel-Paprika-Mischung vermengen. | **Das Ganze in eine befettete und bebröselte Auflaufform geben.** Mit geriebenem Käse bedecken. Im vorgeheizten Backrohr bei 180 °C 1 Stunde durchbacken lassen. | **Für die Kräutersauce** den Sauerrahm mit Salz, Kräutern und geschrotetem Pfeffer gut verrühren.

ALLGÄUER MAULTASCHEN

Für den Teig:
400 g Mehl
3 Eier
etwas Wasser
1 Prise Salz

Für die Fülle:
150 g nicht zu
fetter Speck
200 g gekochtes
diegenes Fleisch
(= Geselchtes)
1 Semmel vom Vortag
Milch zum Weichen
3 Frühlingszwiebeln
1 EL Butterschmalz
2 EL Petersilie
200 g Bratwurstbrät
Salz, Pfeffer, Muskat
evtl. 1 Ei

Eiklar zum Bestreichen
4 EL gehackter Speck
Butterschmalz
zum Anrösten
gehackte Petersilie

Aus Mehl, Eiern, etwas Wasser und einer Prise Salz zunächst einen festen Nudelteig kneten und diesen zugedeckt rasten lassen. | **Für die Fülle** den Speck und das Geselchte in feine Würfel schneiden oder faschieren. Die Semmel in Milch einweichen und ausdrücken. In einer kleinen Pfanne die gehackten Frühlingszwiebeln in etwas Butterschmalz rösten, Petersilie zugeben und kurz mitrösten. Alle Zutaten mit dem Brät vermengen, mit Salz, Pfeffer und 1 Prise Muskat würzen und so lange abmischen, bis eine homogene Masse entsteht. Sollte sich die Masse nicht gut binden, noch ein Ei dazugeben. | **Teig auf einer bemehlten Arbeitsfläche dünn auswalken** und in gleichmäßige Rechtecke von etwa 10 × 12 cm Kantenlänge schneiden. Auf jedes Teigstück etwas von der Fülle auftragen, die Ränder mit Eiklar bestreichen, Taschen zusammenklappen und Enden fest andrücken. | **Salzwasser aufkochen,** die Maultaschen vorsichtig einlegen und 8–10 Minuten leicht wallend kochen. Wieder herausheben und mit dem inzwischen in reichlich Butterschmalz angerösteten Speck bestreuen. Vor dem Servieren mit gehackter Petersilie bestreuen.

KRAUTSPÄTZLE MIT GEBRATENEM BAUERNSCHINKEN

fertig gekochtes
Sauerkraut
500 g Spätzlemehl
5 Eier
Salz, Muskat
Aromat
300 g Bauernschinken
etwas Butter
etwas lauwarmes Wasser

Sauerkraut erwärmen. | **Spätzlemehl, Gewürze, Eier und lauwarmes Wasser zu einem Teig verrühren.** Den Spätzleteig mit einem Spätzler in kochendes gesalzenes Wasser hobeln, einmal aufkochen lassen und die Spätzle zum Sauerkraut geben. | **Bauernschinken in Würfel schneiden** und in Butter anbraten. Krautspätzle auf einem Teller anrichten und Schinkenwürfel darüberstreuen.

STEYRER HOCHZEITSKNÖDEL

200 g Butter
5 Eier
200 g Selchfleisch
50 g Emmentalerkäse
100 g Sauerkraut
8 Semmeln
Salz
Butter

Butter flaumig rühren, salzen und die Eier nach und nach einrühren. Das in Würfel geschnittene Selchfleisch, den geriebenen Käse, das geschnittene Sauerkraut und die in kleine Würfel geschnittenen Semmeln dazugeben und gut vermischen. Knödel formen und in Salzwasser 20 Minuten kochen lassen oder im Dampfgarer garen. Mit brauner Butter übergießen und mit gedünstetem Wintergemüse wie Kohlsprossen oder Wurzelgemüse anrichten und servieren.

TIPP: *Dieser Knödel wurde im Raum Steyr bei großen Bauernhochzeiten als Zwischengang serviert.*

HASCHEEKNÖDEL MIT HAUSRUCKVIERTLER STÖCKLKRAUT

für 12 Knödel

1 kg mehlige Erdäpfel
220 g griffiges Mehl
70 g Grieß
3 Eier
50 g Butter
Salz, Muskat

Für die Fülle:
300 g gebratene Schweinsschulter
100 g Bauchspeck
1 Zwiebel
1 Knoblauchzehe
Salz, Pfeffer
Schnittlauch

Für das Stöcklkraut:
1 Weißkrautkopf
Salz, Kümmel
Butter oder Bratlfett

Knödel kochen, schälen und noch warm pressen. Mit allen Zutaten in der Küchenmaschine zu einem glatten Teig kneten und kurz rasten lassen. | **Für die Fülle** Fleisch, Speck, Zwiebel und Knoblauch faschieren und mit den Gewürzen abschmecken. Falls die Fülle zu trocken ist, kann man ein bisschen Suppe zugeben. Dann aus der Fülle kleine Knöderl formen und mit dem Knödelteig umhüllen. | **Für das Stöcklkraut** den Krautkopf vierteln oder achteln. Wasser mit Salz und Kümmel aufsetzen und das Kraut darin 1 Stunde kochen. Dann abseihen und mit brauner Butter oder Bratlfett übergießen.

TIPP: *Hascheeknödel sind eine gute Möglichkeit, Bratenreste zu verwerten.*

KOHLKNÖDEL

750 g mehlige Erdäpfel
100 g griffiges Mehl
30 g Grieß
2 Eier, Salz

Für die Fülle:
150 g Bauernspeck
500 g Kohl
1 EL Rahm
Kümmel
Salz, Pfeffer
Knoblauch

Die Erdäpfel kochen, schälen und passieren. Mehl, Grieß, Eier und Salz daruntermischen, rasch zu einem glatten Teig verkneten und zu einer Rolle formen. | **Für die Fülle den Speck kleinwürfelig schneiden und auslassen.** Den Kohl blanchieren, hacken und zum Speck geben, würzen und mit Rahm binden. | **Aus dem Erdäpfelteig eine Rolle formen,** Scheiben abschneiden, auf der bemehlten Hand flachdrücken und füllen. Dann zu Knödeln formen und ca. 15–20 Minuten in Salzwasser wallend kochen.

TIPP: *Statt Kohl kann man auch Kraut verwenden.*

GRAMMELKNÖDEL MIT SAUERKRAUT

500 g mehlige Erdäpfel
220 g griffiges Mehl
80 g Weizengrieß
2 Eier
50 g Butter
Salz

Für die Fülle:
250 g Grammeln
1/2 Zwiebel
1 Knoblauchzehe
Petersilie, Majoran
Salz, Pfeffer

Butter
Sauerkraut

Erdäpfel in der Schale kochen, schälen und noch warm passieren. Mit den restlichen Zutaten zu einem glatten Teig verarbeiten und ca. 30 Minuten rasten lassen. | **Für die Grammelfülle Grammeln fein hacken,** mit 2 EL fein gehackter und gerösteter Zwiebel, gehackter Petersilie und zerdrückter Knoblauchzehe vermengen. Mit Salz, Pfeffer und Majoran abschmecken und kleine Kugeln formen. | **Den Erdäpfelteig zu einer Rolle formen,** Scheiben abschneiden und flachdrücken. Je eine Grammelkugel auf die Teigscheiben setzen, Knödel formen und in Salzwasser ca. 13 Minuten köcheln. | **Auf Sauerkraut anrichten** und mit brauner Butter beträufeln.

KLOSTERNEUBURGER KNÖDEL

5 Semmeln
1/16 l Milch
250 g gekochtes
Selchfleisch
4 Eier
150 g Margarine
1 Bund Petersilie
30 g Semmelbrösel
Salz

Semmeln kleinwürfelig schneiden, mit Milch übergießen, ziehen lassen, nach und nach die Eier, das würfelig geschnittene Selchfleisch und die gehackte Petersilie untermischen und salzen. Margarine cremig rühren und die Semmelmasse einmengen, mit Semmelbröseln festigen, in eine gut befettete Serviette einschlagen und zubinden. In Salzwasser ca. 1 Stunde kochen. Mit Salat servieren.

INNVIERTLER SPECKKNÖDEL

280 g Hausbrot
Salz, etwas Milch
1 Ei
griffiges Mehl

Für die Fülle:
250 g Surspeck
(„Kübelspeck", grüner
Speck) oder Selchfleisch
Salz, Pfeffer
gehackte Petersilie

Brot würfelig schneiden, mit Milch und Ei anfeuchten und salzen. Mit Mehl zu einem halbfesten Knödelteig vermengen. Aus der Masse eine Rolle formen und in gleichmäßige Stücke schneiden. Diese flachdrücken und mit Speckkugeln belegen, den Teig darüberschlagen und Knödel formen. In kochendem Salzwasser kochen. | **Für die Fülle** den Speck würfelig schneiden, mit Petersilie vermischen, würzen und daraus nussgroße Kugerl formen. Über Nacht in den Kühlschrank stellen.

VARIATION: *Man kann die Speckknödel auch aus Erdäpfelteig machen und im Rohr mit einem Überguss von 1/4 l Rahm und 1 Ei backen.*

BLUNZENKNÖDEL
IN DER SERVIETTE

300 g Semmelwürferl
ca. 1/4 l lauwarme Milch
200 g Blunzen (Blutwurst)
30 g Butter
1 Knoblauch
1 kleine Zwiebel
2 Eier
Salz, Pfeffer
Majoran
1 EL Mehl
2 EL Semmelbrösel

Knödelbrot mit Milch befeuchten. Blunzen häuten und klein schneiden, Zwiebel und Knoblauchzehe in Butter anschwitzen und dazugeben. Alle Zutaten mischen und gut abschmecken. | **Die Masse auf ein befeuchtetes Tuch geben und gut abbinden,** dann wie einen Serviettenknödel in Salzwasser garen. Aus der Serviette lösen und in Scheiben schneiden. Die Scheiben in einer Pfanne in etwas Butter braten. Als Beilage schmeckt Sauerkraut oder warmer Krautsalat.

WELSER KNÖDEL

6 Semmeln
40 g Fett
1 Zwiebel
2 Eier
ca. 1/4 l Milch
Petersilie
60 g Mehl
Salz

Für die Fülle:
50 g Speck
2 EL Zwiebeln
200 g Blunzen (Blutwurst)
50 g Selchfleisch
Knoblauch, Pfeffer
Thymian

Zwiebeln fein hacken und in Fett anrösten. Semmeln in Würfel schneiden und mit Zwiebeln und Mehl vermischen. Milch, Eier und Salz versprudeln, über die Semmelmasse gießen und ziehen lassen. Mit dieser Masse die Knödelfülle umhüllen. In kochendem Salzwasser 15 Minuten schwach kochen lassen. | **Für die Fülle** Speck und fein gehackte Zwiebel anrösten und Blunzen und Selchfleisch würfelig schneiden. Alles zusammenmischen, mit Knoblauch, Pfeffer und Thymian pikant abschmecken und daraus sechs Knödel formen.

UNGARISCHER SAUERKRAUTAUFLAUF

50 g Schmalz
750 g Sauerkraut
1/4 l Wasser
2 Lorbeerblätter
Salz, Pfeffer, Zucker
1 l Salzwasser
120 g Reis
1 Zwiebel
5 EL Wasser
30 g Schmalz
400 g Faschiertes
200 g Geselchtes
3/8 l Sauerrahm
4 EL Milch

Das Schweineschmalz zerlassen und das Sauerkraut kurze Zeit darin erhitzen. Wasser, Lorbeerblätter, Salz, Zucker und Pfeffer hinzufügen. Das Sauerkraut dünsten lassen (es darf keine Brühe mehr im Sauerkraut sein). **Salzwasser aufkochen,** den Reis dazugeben und weichdünsten. **Die Zwiebel klein schneiden,** in Schmalz rösten, das Faschierte dazugeben und mitrösten. Mit Salz und Pfeffer würzen und den Reis unterheben. **Das Geselchte in Streifen schneiden** und mit dem Sauerkraut und dem Faschierten abwechselnd lagenweise in eine gefettete Auflaufform füllen, als oberste Schicht Sauerkraut. Mit Sauerrahm und Milch übergießen und im Rohr garen.

GEBACKENE WURSTRÖLLCHEN

500 g Erdäpfel
150 g Mehl
Salz
2 Eier, 30 g Butter
300 g Pariser Wurst im Ganzen
Backfett

Erdäpfel kochen, schälen und noch heiß passieren. Mit Mehl, Salz, Eiern und zerlassener Butter rasch zu einem Teig verarbeiten. Eine Rolle formen und davon gleichmäßige Scheiben herunterschneiden. **Wurst in 2 cm dicke und 4 cm lange Stäbchen schneiden,** einzeln mit dem Erdäpfelteig umhüllen und zu einem Röllchen formen. In heißem Fett langsam goldgelb backen.

KRAUTROULADEN

8 Blatt Weißkraut
1 l Wasser, Salz

Für die Fülle:
50 g Butter
100 g Zwiebel
400 g faschiertes Fleisch
1 Knoblauchzehe
1 EL gehackte Petersilie
1 Semmel
1 Ei
Salz, Pfeffer
Öl
1 EL Mehl
1/2 l Wasser

Das Kraut blanchieren. **Für die Fülle** Butter erhitzen, kleinwürfelig geschnittene Zwiebel darin anrösten, das Fleisch mitrösten und auskühlen lassen. Knoblauch, würfelig geschnittene und eingeweichte Semmel und Ei dazugeben, mit Salz und Pfeffer würzen und gut vermischen. **Die Fülle auf die Krautblätter geben,** fest einrollen und im heißen Fett anbraten. Die Rouladen aus der Pfanne nehmen, den Saft mit Mehl stauben, mit Suppe aufgießen und abschmecken. Die Rouladen darin 1/2 Stunde dünsten.

BEILAGE: *Dazu serviert man Salzerdäpfel.*

PIKANTER WIRSINGKUCHEN

Für den Topfenölteig:
250 g Mehl
1 Pkg. Backpulver
125 g Magertopfen
2 TL Salz
2 Eier
3 EL Sonnenblumenöl

Für den Belag:
500 g Wirsing
Salz, 1 EL Butter
300 g Kasseler
Salz, Pfeffer, Kümmel
1/2 Becher Sauerrahm
1 Becher Crème fraîche
2 Eier
Kräuter der Saison
evtl. etwas Kräutersalz
Pfeffer
1/2 EL Maizena
100 g geriebener
Bergkäse

Für den Topfenölteig Mehl, Backpulver, Topfen, Salz und Eier mit dem Knethaken des Rührgerätes so lange kneten, bis ein geschmeidiger Teig entstanden ist. Den Teig mit den Händen nochmals durchkneten und zwischen zwei Backfolien auswalken. In eine Tortenform geben, den Rand ca. 3 cm hochziehen und andrücken. | **Für den Belag** Wirsing in feine Streifen schneiden, in Salzwasser blanchieren, abschrecken und abgetropft in heißer Butter dünsten. Kasseler in Würfel schneiden und zugeben, pikant abschmecken, etwas abkühlen lassen. Sauerrahm, Crème fraîche, Eier, Kräuter, Gewürze und Maizena mischen, gemeinsam mit dem Käse unterheben und auf den vorbereiteten Teig geben. Bei 180 °C Ober- und Unterhitze ca. 45 Minuten backen.

TIPP: *Lässt sich gut vorbereiten, wenn Gäste kommen.*

TOPFENHALUSCHKA

250 g Fleckerl
Salz, Wasser
50 g Butter
150 g Topfen
100 g Selchfleisch
50 g Grammeln
1 EL Fett

Die Fleckerl in Salzwasser kochen und abseihen. In Butter rösten und in einer Schüssel anrichten. Den Topfen, das angeröstete Selchfleisch und Grammeln darüberstreuen.

PFIFFERLINGGRÖSTL MIT SPECK UND BRUNNENKRESSE

300–400 g Pfifferlinge
1 Zwiebel
100 g nicht zu fetter
Speck
2 EL Butter oder
Butterschmalz
200 g gekochte Kartoffeln
4 Eier
2 EL frisch gehackte
Brunnenkresse

Die Pfifferlinge gut putzen, aber nicht waschen und in mundgerechte Stückchen schneiden. Zwiebel und Speck fein hacken und beides in heißer Butter bzw. Butterschmalz hell anrösten. Die gekochten Kartoffeln in Scheiben schneiden, zugeben und knusprig anrösten. Einige Minuten, bevor die Kartoffeln fertig sind, die Pfifferlinge beimengen und knackig rösten. Alles mit Salz und ausreichend viel frisch gemahlenem Pfeffer würzen. Eier versprudeln und über die Pilze gießen. Nur kurz stocken lassen, damit die Eier nicht zu trocken werden, dann einmal umrühren. | **Pfifferlinggröstl portionsweise anrichten,** mit frisch geschnittener Brunnenkresse bestreuen und mit knusprigem Weißbrot auftragen.

TIPP: *Wenn man unter die Eier noch 1–2 Esslöffel Rahm verrührt, wird das Gröstl noch feiner und cremiger.*

FRIGGA AUS DEM LESACHTAL

200 g trockener
Selchspeck,
klein gewürfelt
200 g Erdäpfel, gekocht
geschält und klein
gewürfelt
200 g Hartkäse
(z.B. Gailtaler Almkäse
oder Drautaler Käse),
klein gewürfelt

**Frigga mit Ei
(für 1 Person):**
50 g fetter Speck
50 g Hartkäse
1 Ei

**Frigga mit Apfel
(für 1 Person):**
50 g fetter Speck
50 g Hartkäse
50 g Apfel entkernt
(geschält und fein
geblättert)

Den Speck in einer Pfanne glasig werden lassen. Die Erdäpfel dazugeben und rühren, bis sie heiß sind. Zum Schluss den Käse unterrühren, bis er zerrinnt. Die Frigga wird sofort mit Schwarzbrot serviert. | **Für die Frigga mit Ei** Speck und Käse feinwürfelig schneiden. Den Speck in der Pfanne glasig werden lassen, den Käse dazugeben und rühren, bis er schmilzt. Das Ei darüberschlagen und rühren, bis es stockt. Die Frigga wird sofort zu frisch zubereitetem Türkensterz (*s. Rezept auf S. 159*) serviert. | **Für die Frigga mit Apfel** Speck feinwürfelig schneiden und Käse reiben. Den Speck in der Pfanne glasig werden lassen, den vorbereiteten Apfel dazugeben und so lange rühren, bis der Apfel weich ist. Polenta (= Türkensterz) anrichten, den geriebenen Käse darüberstreuen und das heiße Speck-Apfel-Gemisch daraufstürzen.

KÜRBISTARTE MIT SCHAFKÄSE UND SCHINKEN

Für den Teigboden:
200 g glattes Mehl
120 g Butter
2 EL kaltes Wasser
1 Prise Salz

Für den Belag:
600 g Kürbis
1 große Zwiebel
2 Knoblauchzehen
ca. 3 EL Öl
2–3 kleine rote Pfefferoni
100 g Schinkenspeck
150 g Schafkäse (Feta)
3 EL Kürbiskerne
Salz, Pfeffer
Rosmarin

Für den Überguss:
2 Eier
150 g Sauerrahm
Salz, Pfeffer

Mehl mit zerkleinerter Butter und Salz verbröseln, mit Wasser zu einem geschmeidigen Teig kneten. Teig zugedeckt etwa 30 Minuten rasten lassen. Kürbis schälen, entkernen und grob raspeln, mit ca. 1 TL Salz vermischen und ziehen lassen. | **Zwiebel und Knoblauch schälen** und kleinwürfelig schneiden. Pfefferoni in Ringe schneiden. In einer Pfanne Zwiebel- und Knoblauchwürfel in Öl etwa 5 Minuten anschwitzen. Kürbis ausdrücken, zu den Zwiebeln geben und kurz anbraten, Pfefferoni einrühren, mit Salz, Pfeffer und Rosmarin würzen und dann auskühlen lassen. Den Speck in feine Streifen und den Käse würfelig schneiden. | **Teig ausrollen und die Tarteform damit auslegen.** Gemüse auf dem Teigboden verteilen, mit Schinken und Käse bestreuen. Eier mit Sauerrahm verquirlen, salzen und pfeffern und über das Gemüse gießen. Tarte mit Kürbiskernen bestreuen und im vorgeheizten Rohr bei 180 °C etwa 40 Minuten backen.

TIPP: *Für eine fleischlose Kürbistarte wird einfach der Schinken weggelassen.*

UNGARISCHE PALATSCHINKEN
(HORTOBÁGY)

für 6–8 Palatschinken

Für die Fülle:
1/2 kg Faschiertes
etwas Würfelsuppe
1/2 Zwiebel
Knoblauch
1 EL Tomatenmark
Salz, Pfeffer
1 TL mildes Paprikapulver
1 TL glattes Mehl

Für den Überguss:
1/2 Zwiebel
einige Kapern
1 grüner Paprika
Salz, Pfeffer
50 g Butter
1 TL Tomatenmark
1/4 l Sauerrahm
1/2 TL scharfes
Paprikapulver oder
Cayennepfeffer
1 TL glattes Mehl
Streuwürze (Oregano,
Bohnenkraut etc.)
etwas Würfelsuppe
(Bouillon) zum
Verdünnen

Für die Fülle die klein geschnittene Zwiebel in heißem Fett glasig werden lassen, das Faschierte beigeben und gut durchrösten. Knoblauch, Paprikapulver, Tomatenmark und Mehl beigeben, vermischen und mit der Würfelsuppe aufgießen. Kurz kochen lassen, bis fast keine Flüssigkeit mehr vorhanden ist. Kalt stellen, am besten eine Nacht lang, damit die Fülle schön fest wird und die Gewürze ihr Aroma entfalten können. |
Für den Überguss die klein geschnittene Zwiebel leicht anrösten, den nudelig geschnittenen Paprika dazugeben und ebenfalls kurz anrösten, bis er glasig wird. Mehl, scharfen Paprika und Tomatenmark beimengen und vermischen. Sauerrahm dazugeben und zu einer sämigen Sauce verkochen. Die restlichen Gewürze untermischen und allenfalls mit Würfelsuppe oder Rindsbouillon verdünnen. Bei Bedarf kann der Überguss mit einem Mixstab püriert werden. | **Schöne, dünne Palatschinken zubereiten und auskühlen lassen.** Die Fülle aufstreichen und einrollen. Die Palatschinken in eine gefettete Auflaufform legen und mit der Sauce übergießen, bis sie ganz bedeckt sind. Einige Butterflocken darübergeben und im vorgeheizten Rohr bei ca. 180 °C etwa 30 Minuten braten. Vorsichtig herausnehmen und heiß servieren. Dazu passen Petersilerdäpfel, Tomatensalat oder grüner Salat und ein helles Bier.

TIPP: *Den Überguss am besten auch eine Nacht lang stehen lassen. Dadurch wird das Aroma wesentlich verbessert.*

HIRSELAIBCHEN

300 g Hirse
1 l Wasser
1 Zwiebel
1 Ei
Salz, Petersilie
50 g Emmentaler
50 g Speck
Fett zum Braten

Hirse am Vortag einweichen, salzen und mit dem Einweichwasser
30 Minuten kochen. Würfelig geschnittene Zwiebel und Speck andünsten,
in die überkühlte Hirsemasse geben und würzen. Würfelig geschnittenen
Emmentaler und Ei daruntermischen, Laibchen formen und in wenig Fett
auf beiden Seiten goldgelb backen.

BEILAGE: *Dazu serviert man einen bunten Frühlingssalat.*

FISOLENGULASCH

600 g Rindfleisch
Schweineschmalz
3 Zwiebeln
4 Paradeiser
Salz, Pfeffer
Bohnenkraut
500 g Fisolen
Paprikapulver
etwas Mehl

Fleisch kleinwürfelig schneiden. Zwiebeln fein schneiden und in
Schweineschmalz hell anrösten. Fleisch zugeben und gut mitrösten.
Kurz im eigenen Saft dünsten, mit Suppe aufgießen und weiterdünsten.
Paradeiser kleinwürfelig schneiden und Fisolen klein schneiden. **Wenn
das Fleisch halbweich ist,** Paradeiser, Fisolen und Gewürze zugeben
und fertig dünsten. Zum Binden Saft mit wenig Mehl stauben und mit
etwas Paprikapulver verfeinern.

GEFÜLLTE ZUCCHINI

500 g Rindsfaschiertes
1 Semmel
Salz, Pfeffer
Majoran
1 TL gehackter Thymian
einige Thymianzweige
1 TL scharfer Senf
2 Eier
4 Zucchini
2 Tomaten
4 EL Olivenöl

Semmel in Wasser einweichen, Faschiertes mit gehacktem Thymian,
Senf, Eiern und ausgedrückter Semmel mischen, würzen und rasch zu
einer kompakten Masse verrühren. **Zucchini der Länge nach halbieren,**
aushöhlen und das Zucchinifleisch grob hacken. In etwas Olivenöl anrösten, salzen, pfeffern und kurz überkühlen lassen. Tomaten schälen und in
Würfel schneiden, mit Faschiertem mischen. Masse in die ausgehöhlten
Zucchini füllen. Eine Form mit Olivenöl bestreichen und die Zucchini-
hälften einschlichten. Mit Thymianzweigen belegen, mit Olivenöl beträufeln und im Rohr bei ca. 190 °C 30–35 Minuten braten.

GEFÜLLTE PAPRIKA MIT PARADEISSAUCE

8 gelbe Paprikaschoten
300 g Faschiertes, gemischt
200 g Dinkelreis, gekocht
1 Zwiebel, fein gehackt
Petersilie, Oregano
Majoran, Salz, Pfeffer
Knoblauch
Rapsöl

Für die Paradeissauce:
1 kg gut reife Fleischparadeiser
1 EL Rapsöl
1 TL Zucker
1 EL Mehl
1 Zwiebel
Salz, Oregano

Den Deckel von den Paprikaschoten abschneiden und beiseite legen. Kerne entfernen und auswaschen. Zwiebel anrösten, mit Faschiertem, Dinkelreis, Gewürzen und evtl. etwas Suppe durchmischen und sehr pikant abschmecken. Paprikaschoten mit der Masse füllen, Stiel verkehrt als Deckel daraufsetzen und Paprika nebeneinander in eine befettete Auflaufform stellen. Mit etwas Suppe aufgießen und im Rohr bei 170 °C ca. 45 Minuten dünsten lassen. | **Für die Paradeissauce** die Paradeiser grob schneiden und so lange dünsten, bis sie weich sind, dann durch die flotte Lotte passieren. Zwiebel fein schneiden, in Öl anrösten, Zucker dazugeben und leicht karamellisieren lassen. Mit Mehl stauben und mit Paradeissaft aufgießen. Etwas köcheln lassen, abschmecken und zu den gefüllten Paprika servieren.

TIPP: *Die Paradeissauce schmeckt auch vorzüglich zu anderen Gemüse- und Getreidegerichten.*

KRAUTEINTOPF

20 g Butter
2 Zwiebeln
1/2 Kopf Weißkraut
2 grüne Paprika
4 Tomaten
2 Knoblauchzehen
1 Tasse Reis
300 g würzige Wurst (z.B. Braunschweiger)
Salz, Pfeffer
Kümmel, Lorbeer

Nudelig geschnittene Zwiebeln in Butter anrösten und Weißkraut, nudelig geschnittene Paprika, blättrig geschnittene Tomaten beimengen. Würzen, Reis und würfelig geschnittene Braunschweiger untermengen, mit 1/4 l Wasser aufgießen und 30 Minuten dünsten.

BEILAGE: *Dazu isst man Schwarzbrot.*

KOHLSPROSSEN MIT KÄSEHAUBE

600 g Kohlsprossen
Salz
150 g Schinkenspeck
oder Geselchtes
30 g Butter
1 Becher Crème fraîche
1/8 l Bouillon
100 g Rheintaler Käse
4 Eiklar
Pfeffer, Petersilie

Kohlsprossen weichdämpfen. Geschnittenen Speck in Butter anrösten und Kohlsprossen dazugeben. Crème fraîche und Bouillon daruntermengen und kurz dünsten. Eiklar zu festem Schnee schlagen, mit geriebenem Käse und Pfeffer leicht vermischen und auf die Kohlsprossen verteilen. 10 Minuten im Rohr überbacken.

Sophie Kordesch

· RITSCHERT ·

KÄRNTEN

Zutaten

200 g Rollgerste
200 g weiße Bohnen
1 EL Fett
1 Zwiebel
1 Stange Lauch
300 g Selchbauch
oder Stelze
4 Karotten
1 kleine Sellerie
Salz, Pfeffer
Schnittlauch und
Liebstöckel zum Bestreuen

Bohnen und Rollgerste über Nacht einweichen.

Klein geschnittene Zwiebel und Lauch in Fett anschwitzen, Rollgerste und Bohnen dazugeben, mit Wasser und Sud der eingeweichten Rollgerste aufgießen. Fleisch im Ganzen einlegen und alles langsam ca. 1 Stunde kochen lassen. Karotten und Sellerie dazugeben, bissfest kochen und herausnehmen. Alles klein schneiden, abschmecken, anrichten und mit Schnittlauch und Liebstöckel bestreuen. Der Eintopf soll eine dickliche Konsistenz haben.

Sophie Kordesch hat für **Österreichische Bäuerinnen kochen mit Fleisch** Rezepte zur Verfügung gestellt.

JÄGERPFANNE

250 g Steinpilze
6 Eier
6 EL Milch
1 Bund Schnittlauch
1 EL Sonnenblumenöl,
kaltgepresst
10 g Butter
Pfeffer, Salz
50 g Hamburgerspeck

Milch und Eier mixen, Schnittlauch einrühren und daraus eine Eierspeis bereiten. Grob geschnittene Steinpilze in Fett gut anbraten und in Streifen geschnittenen Hamburgerspeck glasig anlaufen lassen. Beides über die Eierspeis geben. Mit Braterdäpfeln und frischem Salat servieren.

SCHWEINSÖHRCHEN

300 g Blätterteig
100 g Gouda
100 g Parmaschinken
Petersilie
Pfeffer
1 Eidotter
1 EL Wasser

Blätterteig zu einem Rechteck auswalken. Gouda fein reiben, Parmaschinken in Streifen schneiden, Petersilie fein hacken. Eidotter und Wasser verquirlen, Teig damit bestreichen, Käse, Schinken und Gewürze darauf verteilen. Nun von beiden langen Seiten zur Mitte hin einrollen und ca. 1 Stunde ins Tiefkühlfach legen. | **Teigrolle in 2 cm breite Stücke schneiden** und bei 220 °C ca. 10–12 Minuten backen.

REISFLEISCH

500 g Kalbfleisch
80 g Schmalz
2 Zwiebeln
Paprika
Knoblauch
Salz
250 g Reis

Das Kalbfleisch in 2 cm große Würfel schneiden. Die fein gehackten Zwiebeln in Schmalz goldgelb rösten, das Fleisch dazugeben, mit Paprika bestreuen, mit Wasser aufgießen und würzen. Zugedeckt halbweich dünsten. Den Reis zum Fleisch geben, mit doppelter Menge Wasser aufgießen. Dünsten und nachwürzen.

TIPP: *Mit Salat servieren.*

GRENADIERMARSCH

300 g Erdäpfel
200 g Fleckerl
Salz, Pfeffer
150 g Selchfleisch
1 EL Fett
1 Zwiebel
200 g Bratenreste
Petersilie

Die Erdäpfel kochen, schälen und blättrig schneiden. Die Fleckerl in Salzwasser kochen, abseihen und kalt abspülen. Den Speck kleinwürfelig schneiden und im Fett mit der gehackten Zwiebel anrösten. Die Bratenreste klein schneiden und kurz mitrösten. Alles vermengen und mit Salz und Pfeffer würzen.

TIROLER GRÖSTL

1 kg gekochte Erdäpfel
1 mittlere Zwiebel
300 g gekochtes Rindfleisch
(oder Bratenreste)
evtl. etwas Bauchspeck
Petersilie, Majoran
Kümmel, Salz

Erdäpfel kochen, schälen, blättrig schneiden. Speck würfelig schneiden, anrösten, fein gehackte Zwiebel mitrösten. Mit würfelig geschnittenem Fleisch und den Erdäpfeln vermischen, unter mehrmaligem Wenden durchrösten und würzen.

BEILAGE: *Mit Spiegelei servieren.*

Aus der vegetarischen Bauernküche

GRATINIERTER KARFIOL

800 g Karfiol, gewaschen
und in Röschen geteilt
Salz, Pfeffer
Zitronenscheiben
1/4 l Milch
1 EL Schweineschmalz
1 EL Mehl
100 g Käse, fein gerieben
1 Ei
Petersilie

Karfiol in Salzwasser, dem einige Zitronenscheiben von einer unbehandelten Zitrone zugefügt wurden, bissfest dünsten. | **Schmalz erhitzen,** Mehl einrühren, mit Milch aufgießen, dickflüssig einkochen lassen. | **Karfiol kalt abschrecken** und in eine befettete und bebröselte Auflaufform schichten, Ei und die Hälfte vom Käse sowie Salz, Pfeffer und fein geschnittene Petersilie zur Bechamelsauce geben. Sauce kräftig abschmecken. | **Nun die Sauce über den Karfiol gießen,** mit restlichem Käse bestreuen und bei 180 °C zu schöner Farbe überbacken.

TIPP: *Diesen Auflauf kann man mit Blattsalat als Hauptspeise oder als Beilage zu Fleischgerichten servieren.*

IPFTALER ARTISCHOCKEN

pro Person 1 Stück
Artischocke
Zitronensaft
Olivenöl
wenig Nussöl
Zwiebel
Tomatenspalten
Salz, Pfeffer
Balsamicoessig
Parmesan

Den Strunk am Artischockenboden abbrechen. Die äußeren Blätter vorsichtig (sparsam) abschneiden. Die Artischocke rundherum mit Zitronensaft einreiben. | **In gesalzenem, leicht gezuckertem Wasser** mit wenig Zitronensaft oder Weißweinessig je nach Größe ca. 8–12 Minuten kochen. Kalt abschrecken. Die inneren Blätter vorsichtig herausziehen und mit einem Löffel das „Heu" herausschaben. | **Die Artischocke kurz in Olivenöl und wenig Nussöl anbraten.** Etwas fein geschnittene Zwiebel und Tomatenspalten kurz mitschwenken. Mit Salz, Pfeffer und Balsamicoessig abschmecken. Mit geschabten Parmesanspänen bestreuen.

SPINATPUDDING

1/2 kg Spinat
Salz
100 g Butter
5 Eidotter
4 Semmeln
etwas Milch
Muskatnuss
grüne Petersilie
50 g Semmelbrösel
5 Eiklar
Schweineschmalz und
Semmelbrösel für die
Puddingform

In die Rührmasse von Butter und Dottern die in der Milch erweichten, ausgedrückten, passierten Semmeln und den in ein wenig Wasser gekochten, abgeseihten, passierten Spinat geben. Mischen und würzen, zuletzt die Brösel und den Eischnee unterziehen. 1 Stunde in Puddingform kochen.

TIPP: *Den Pudding kann man auch mit gehacktem Schinken, Selchfleisch oder Rührei umlegt servieren.*

TOPINAMBURTOPF

1 kg Topinambur
2 Zwiebeln
400 g Paradeiser
200 g geriebener Käse
Oregano
Salz, Pfeffer
Butter für die Pfanne

Eine Pfanne gut mit Butter befetten. Die Topinamburknollen gründlich waschen und in dünne Scheiben schneiden. Die Zwiebeln kleinwürfelig und die Paradeiser in 1 cm große Würfel schneiden. Nun eine Lage Topinamburscheiben in die Pfanne schichten, mit Zwiebel- und Paradeiserwürfeln belegen, mit den Gewürzen und 2 EL Käse bestreuen. Abwechselnd alle Zutaten schichtweise in die Pfanne füllen. Den entstandenen Paradeisersaft mit etwas Wasser verlängern und über das Gemüse gießen. Bei 180 °C im Rohr ca. 1 Stunde garen.

GEMÜSEPUDDING

50 g Butter
4 Eier
40 g Mehl
etwa 1/8 l Milch
50 g Parmesan
Salz
50 g Erbsen
50 g Karotten
50 g Fisolen
2 schöne Champignons
2 Spargelspitzen

Gemüse zerkleinern und in Salzwasser kochen. Butter schaumig rühren, nach und nach Dotter und Mehl einrühren. Salz und Käse zufügen, das gekochte Gemüse und den steifgeschlagenen Schnee unterheben. In eine Puddingform (soll etwa 3/4 voll sein) füllen. In einem Wasserbad etwa 1 Stunde langsam kochen, stürzen und sofort servieren.

VARIATION: *Statt Champignons und Spargel 50 g Karfiol zugeben.*

ZUCCHINI LEICHT UND SCHNELL

2 EL Olivenöl
2–3 Zucchini
1 roter Paprika
1 gelber Paprika
2 große Zwiebel
Salz, Pfeffer
Knoblauch, Basilikum

Zwiebel und Paprika in große Stücke und Zucchini in Scheiben schneiden. Olivenöl erhitzen, Zwiebel und Paprika rasch durchrösten, dann die Zucchini dazu und unter Wenden fertig garen (das Gemüse soll noch knackig sein). Mit den Gewürzen abschmecken.

TIPP: *Mit Reis oder Kartoffeln servieren. Als Beilage passen diese Zucchini gut zu gegrilltem Fleisch oder Fisch.*

ERDÄPFELPAUNZEN

1/2 kg Erdäpfel
250 g Mehl
1 Ei
Salz, Muskat
Butter zum
Herausbacken

Erdäpfel kochen, schälen, durchpressen und mit Mehl, Ei, Salz
und Muskat rasch zu einem Teig verarbeiten. Daumendicke Rollen formen, ca. 3 cm große Stücke abschneiden, in Mehl wenden. Die Paunzen
von beiden Seiten in Butter goldbraun anbraten. In eine Rein legen,
ca. 10 Minuten zugedeckt nachdämpfen.

BEILAGE: *Apfelmus, Sauerkraut, verschiedene Salate*
GETRÄNK: *jede Art von Milch*

ZIEGERNUDELN

1/2 kg Bauernzieger
Salz, 3 Eier
ca. 100–150 g Mehl

Zieger mit Eiern abrühren, salzen. So viel Mehl einrühren, dass
ein ganz weicher Teig entsteht. Auf bemehltem Brett daumendicke
Nudeln formen und im nicht zu heißen Fett langsam ausbacken.

TIPPS: *Vollmehl verwenden!* | *Ganz frisch servieren!*
BEILAGE: *grüner Salat*

FOLIENERDÄPFEL

6 gleich große,
vorwiegend
festkochende Erdäpfel
Salz
Alufolie

Erdäpfel sauber waschen, einzeln in Alufolie wickeln und im Rohr bei 200 °C ca. 1/2 Stunde backen (mit einer Gabel probieren, ob die Erdäpfel durch sind).

BEILAGE: *Dazu reicht man eine pikante Sauce, Kräuterbutter und ein Glas frische Buttermilch*

EIERSCHWAMMERLGRÖSTL

200 g Eierschwammerl
250 g Erdäpfel
1 Zwiebel
Salz, Pfeffer
Majoran
2 EL Butterschmalz
8 Eier

Erdäpfel waschen, dämpfen, schälen und feinblättrig schneiden. Kleinwürfelig geschnittene Zwiebel in Butterschmalz goldgelb anbraten, Erdäpfel beimengen und mitrösten. Eierschwammerl fein hacken und beimengen, würzen und alles gut rösten. Eier versprudeln, über die Erdäpfel-Eierschwammerl-Masse gießen und stocken lassen. Das Gröstl mit Petersilie bestreuen und mit grünem Salat servieren.

ERDÄPFEL-GEMÜSE-PUFFER

300 g Kartoffeln
300 g Zucchini
120 g Karotten
100 g Emmentaler
Petersilie
40 g Mehl
2 Knoblauchzehen
Kräutersalz, Pfeffer

Die Kartoffeln, Zucchini und Karotten fein raffeln, geriebenen Emmentaler dazugeben und würzen. Öl erhitzen, die Masse mit einem Löffel in das Öl geben und herausbacken.

NIDEI MIT SAUERKRAUT

350 g Erdäpfel
250 g Mehl
2 Eier, Salz
1 EL Milch
150 g Butter

Erdäpfel kochen, auskühlen lassen und fein reiben. Erdäpfel, Mehl, Salz mit den Eiern und der Milch vermischen, zu einem glatten Teig kneten und eine Rolle formen. Die Rolle auf einem bemehlten Brett in 3 cm dicke Scheiben teilen. Aus diesen Scheiben werden nun Rollen von 1 cm Durchmesser geformt und in 2 cm lange „Nidei" geschnitten. | **Butter zerfließen lassen,** die Nidei vorsichtig in die Pfanne geben und von allen Seiten bräunen.

BEILAGE: *Dazu isst man gedünstetes Sauerkraut oder eingemachten Kohlrabi und trinkt ein Glas Milch.*

ERDÄPFELGULASCH

2 Zwiebeln
2 EL Schmalz
1 EL Paprikapulver
Essig
1,5 kg Erdäpfel
Salz, Pfeffer, Muskatnuss
Lorbeerblatt
Majoran, Kümmel
1 l Wasser
1 EL Mehl
1 EL Tomatenmark

Die Zwiebeln im Fett rösten, mit Paprika stauben und mit Essig ablöschen. | **Die würfelig geschnittenen Erdäpfel dazugeben,** mit Wasser aufgießen und alles weichkochen. 1/8 l Wasser und Mehl versprudeln und zum Gulasch geben. Kurz aufkochen lassen und mit Tomatenmark verfeinern.

TIPP: *Zur Verbesserung kann man Selchfleisch oder geschnittene Frankfurter mitkochen.*

SCHWAMMERL NACH GÄRTNERINNENART

600 g Schwammerl
2 Zwiebeln
1 EL Butter
1 EL Mehl
1/4 l Sauerrahm
Petersilie, Salz
1/8 l Wasser
Schnittlauch

Gehackte Zwiebeln rösten. Die Schwammerl klein schneiden und mit Salz und Petersilie dünsten, bis das Wasser verdampft ist. Sauerrahm, Mehl und Wasser glattrühren und über die Schwammerl geben. Kurz aufkochen lassen und mit Schnittlauch bestreuen.

TIPP: *Als Beilage eignen sich sehr gut Salzkartoffeln oder Semmelknödel.*

HASENOHREN MIT SCHLAMPERKRAUT

Für den Teig:
400 g Mehl
1 Prise Salz
2 Eier
2 EL Rum
50 g Butter
etwas warme Milch

Für das Schlamperkraut:
1/2 kg Kraut
1/2 Zwiebel
1 Knoblauchzehe
Kümmel, Lorbeerblatt
1 EL Mehl
1 EL Butter
Wacholderbeeren

Einen festen Nudelteig bereiten und 1 Stunde ruhen lassen. Messerrückendick auswalken, Vierecke ausradeln, in Fett schwimmend goldgelb backen. Mit Fett übergießen, damit sie aufgehen. | **Das Kraut dünsten** und mit Knoblauch, Kümmel, Lorbeer, Wacholderbeeren vermischen. Eine leichte Einbrenn (mit Zwiebel) zubereiten, aufgießen und mit dem Kraut vermischen.

TOPFENREINKERL AUS GERMTEIG

250 g trockener,
bröseliger Topfen
250 g Mehl
Salz
3 Eier

Für das Dampfl:
30 g Germ
1/16 l Milch
1 KL Zucker

Aus allen Zutaten einen mittelfesten Germteig bereiten, 30 Minuten gehen lassen, daumendick ausrollen und kleine Krapfen ausstechen. Auf ein bemehltes Tuch legen und zur doppelten Höhe aufgehen lassen. |
In mäßig heißem Fett schwimmend herausbacken – die erste Seite in der zugedeckten Pfanne, die zweite Seite ohne Deckel.

TIPPS: *Ist der Topfen zu nass, muss mehr Mehl genommen werden.* |
Die Krapfen dürfen einander beim Aufgehen und beim Ausbacken nicht berühren.
BEILAGE: *Die Reinkerl können mit Salat oder Kompott serviert werden.*
Sie schmecken auch kalt gut.

SCHUPFNUDELN

500 g Erdäpfel
120 g Mehl
20 g Butter
20 g Grieß
1 Ei
Salz

100 g Butter
80 g Brösel

Die gekochten, geschälten und passierten Erdäpfel mit den restlichen Zutaten zu einem Teig verkneten. Daraus eine dünne Rolle formen, kleine Stückchen abschneiden und diese mit wenig Mehl zu kleinen länglichen Nudeln „schupfen" (auf dem Nudelbrett mit der hohlen Hand rollen). | **Diese Schupfnudeln in kochendes Salzwasser einlegen** und bei vorsichtigem Umrühren 3–5 Minuten kochen. Abseihen und mit den in der Butter gerösteten Bröseln vermischen.

TIPP: Dazu serviert man am besten Salat oder Sauerkraut. Schupfnudeln können aber auch mit Zimt und Zucker und mit Kompott gegessen werden.
VARIATION: Man kann die rohen Schupfnudeln auch in eine stark befettete Auflaufform geben, mit Butterflocken belegen und im heißen Backrohr knusprig backen.

KÄSEFONDUE

200 g Bergkäse
200 g Greyerzer
200 g Emmentaler
4 TL Maizena
3 dl Weißwein (spritzig)
1 TL Zitronensaft
1 Knoblauchzehe
4 cl Kirschschnaps
(Obstler)
Pfeffer
1 Sandwich

Alle Käsesorten fein reiben und mit Stärkemehl vermischen. Weißwein und Zitronensaft gemeinsam mit dem Käse in die mit Knoblauch ausgeriebene Caquelon geben. Bei starker Hitze unter kräftigem Rühren aufkochen, mit Pfeffer und Kirschschnaps abschmecken. Nachdem der Käse mit der Flüssigkeit eine gute Verbindung geschaffen hat, noch kurz weiterkochen lassen. Anschließend servieren und während des Essens weiterköcheln lassen. | **Sandwich in Scheiben schneiden** und vierteln.

TIPP: Ein gutes Abendgericht mit frischen Blattsalaten, Kartoffeln, Sauergemüse und Früchten (Birnen, Kirschen, Ananas …).

HAFOLOAB

6 EL Mehl (Vollkorn)
6 EL griffiges Mehl
1 EL Grieß
40 g zerlassene Butter
Salz
1 TL Backpulver
1 Ei
1 kleine Tasse Milch

Alle Zutaten vermischen, bis ein mittelfester Teig entsteht (nicht kneten). Mit nassen Händen einen Laib formen und im Salzwasser 40–50 Minuten ziehen lassen.

TIPP: Der Hafoloab kann auch in der Gerstensuppe in Knödelform gegart werden.
VARIATION: Der Hafoloab kann auch mit Selchfleischstückchen gefüllt werden.
BEILAGEN: Passt sehr gut zu Sauerkraut und Speck.

GEFÜLLTE MELANZANI

4 gleich große Melanzani
1/8 l Öl
2 Zwiebeln
1/2 kg Tomaten
1 Knoblauchzehe
1 Bund gehackte
Petersilie
Salz, Pfeffer
Zucker
1 Lorbeerblatt
1 EL Mandelstifte

Melanzani waschen, der Länge nach halbieren und den Stiel entfernen. Fruchtfleisch kreuzweise einschneiden, ohne die Schale zu verletzen, salzen und pfeffern. | **Öl in einer Pfanne erhitzen,** Melanzani darin dünsten, bis sich das Fruchtfleisch mit einen Löffel herausschaben lässt. Aus der Pfanne nehmen. | **Gehackte Zwiebeln in die Pfanne geben** und dünsten, zerdrückte Knoblauchzehe, Petersilie und das Melanzanifleisch zufügen. Würzen mit Salz, Pfeffer, Zucker und Lorbeerblatt (später entfernen). Zuletzt die gestiftelten Mandeln unter die Masse rühren. | **Melanzanihälften mit der Masse füllen** und in eine befettete Auflaufform geben. Die restlichen Tomaten in Scheiben schneiden und auf den Melanzanihälften verteilen, leicht salzen und pfeffern und im vorgeheizten Rohr bei 180 °C ca. 12–15 Minuten backen.

POLENTA-GEMÜSE-SCHNITTEN

130 g Polenta
1/8 l Sauerrahm
1/4 l Gemüsesuppe
100 g Karotten
100 g Brokkoli
1 roter Paprika
1 TL Butter
2 EL geriebener
Emmentaler
2 Eier
Salz, Pfeffer

Polenta mit Sauerrahm und der Gemüsesuppe mischen und unter Rühren zum Kochen bringen. Ca. 15 Minuten aufquellen lassen. | **Karotten, Brokkoli und Paprika** in kleine Streifen schneiden oder hacken, damit sie alle ziemlich gleich groß sind. Die Butter erhitzen und das Gemüse darin kurz anrösten. Gemüse, Eier und den Emmentaler in die Polentamasse rühren und würzen. Die Masse in eine befettete Auflaufform geben und im vorgeheizten Rohr ca. 20 Minuten bei 160 °C backen. Kurz überkühlen lassen und in Stücke teilen.

TIPP: *Dazu passt gut Letschogemüse, s. Rezept auf S. 181.*

GEMÜSE-DINKEL-LAIBCHEN

150 g Dinkelvollkornmehl
80 g Butter
1/4 l Wasser
Salz, Pfeffer
3 Eier
500 g Gemüse,
fein geschnitten
(z.B. Karotten, Kohlrabi,
Erbsen, Lauch …)
3 EL Schnittlauch,
geschnitten
Kümmel, gemahlen
ca. 3 EL Semmelbrösel
für den Teig
Brösel zum Wälzen
Rapsöl zum Ausbacken

**Für die Kapern-
Eier-Sauce:**
1 EL Kapern
1 Ei, hart gekocht
1 EL Schnittlauch
3/16 l Joghurt
Salz, Pfeffer
gemahlener Kümmel
1 kleine Zwiebel

Wasser mit Butter aufkochen, salzen, Mehl einrühren und so lange rühren, bis sich der Teig vom Topfboden löst (Brandteig). Teig auskühlen lassen, dann die Eier einzeln gut unterrühren. **Gemüse kurz dämpfen** (soll noch gut bissfest sein) und auskühlen lassen. Alle Zutaten miteinander vermischen, Semmelbrösel nach Bedarf zugeben und Laibchen formen, diese in Bröseln wälzen und langsam beidseitig goldbraun ausbacken. **Für die Sauce** alle Zutaten fein schneiden und miteinander verrühren.

HAARGNEISTNIDEI
(KRAUTLAIBCHEN)

1/2 kg gekochtes
Sauerkraut
Salz, Pfeffer
100 g Mehl
etwas Wasser oder Milch
Fett zum Ausbacken

Sauerkraut salzen, pfeffern und mit Mehl stäuben. Wasser oder Milch dazugeben und Laibchen formen. Im heißen Fett ausbacken und auf Salat servieren. Kann auch mit einer Joghurtsauce verfeinert werden.

TIPP: *Dazu wird im Pongau Milch getrunken. | Haargneist ist ein Knäuel Haare – das Sauerkraut, mit Mehl bestäubt, erinnert daran, daher der Name Haargneistnidei.*

DINKELREIS-GEMÜSE-RISOTTO

500 g Dinkelreis
1 Zwiebel
1 Knoblauchzehe
75 g Sonnenblumenöl
1 Karotte
100 g Erbsen
etwas Petersilie
frische Gartenkräuter
nach Geschmack
Kräutersalz

Die fein gehackte Zwiebel, Knoblauch und den Dinkelreis in Sonnenblumenöl leicht andünsten, mit 1 Liter kochendem Wasser aufgießen. Gemüse dazugeben, mit Kräutersalz würzen. | **In einem geschlossenen Topf auf niedriger Flamme** ca. 15–20 Minuten kochen, mit Petersilie und frischen Kräutern abschmecken.

SCHOTTNOCKEN
(TOPFENNOCKEN, BROADANOCKEN)

1/4 kg Mehl
1/2 kg Schotten (Topfen)
2–3 Eier
Salz
etwas Milch
Butterschmalz zum
Abbraten

Alle Zutaten zu einem eher weichen Teig zusammenrühren, mit einem Löffel Nocken abstechen, im Fett anbraten, umdrehen und fertig backen.

VARIANTE: *Schnittlauch dazugeben.*
BEILAGE: *Salat, Kompott*
GETRÄNK: *Milch oder Buttermilch*

PIKANTER ZWIEBELKUCHEN

500 g Mehl
40 g weiche Butter
1 kg Zwiebeln
125 g Speck
200 ml Rahm
5 Eier
1 Pkg. Germ
350 ml Milch
2 EL Öl
Salz, Pfeffer
Kümmel, Muskat
Petersilie, fein gehackt

Mehl, Butter, 1 Ei und Salz in eine Schüssel geben. 250 ml Milch leicht erwärmen und den Germ darin auflösen. Germmilch zum Mehl geben und zu einem glatten Teig verkneten. Zugedeckt an einem warmen Ort gehen lassen. **Zwiebeln schälen und in feine Ringe hobeln,** Speck in feine Streifen schneiden. In einer Pfanne Öl erhitzen, Speck darin knusprig anbraten, Zwiebel dazugeben und kurz andünsten. Mit Salz, Pfeffer und Kümmel würzen. **Teig durchkneten und auf einem befetteten Backblech ausrollen.** Zwiebelmischung darauf verteilen. 4 Eier mit Rahm und 100 ml Milch verrühren. Mit Salz, Pfeffer und Muskat würzen. Eiermilch über die Zwiebelmischung gießen und bei 190 °C ca. 30–35 Minuten backen. Zum Servieren mit Petersilie bestreuen.

FEUERFLECKEN

550 g Roggenmehl
220 g Weizenmehl
1/3 l Wasser
20 g Germ
1 TL Salz
Schmalz
Sauerrahm
Salz, Knoblauch
Schnittlauch

Aus Mehl, Germ, Salz und lauwarmem Wasser einen mittelfesten Germteig bereiten und etwas gehen lassen. In gleiche Stücke teilen, Kugeln formen und diese sehr dünn ausrollen. Auf der Herdplatte unter öfterem Wenden backen und mit zerlassenem Schmalz bestreichen. Sauerrahm mit Salz und Knoblauch abrühren, darauf verteilen und mit Schnittlauch bestreuen.

GRÜNKERNLAIBCHEN

250 g Grünkern, mittelfein gemahlen
800 ml Gemüsebrühe
1 Zwiebel
1 Karotte
1 Bund Petersilie
250 g Butter
2 Eier
Bratöl

Den Grünkernschrot in die lauwarme Brühe rühren und mit dem Schneebesen schlagen, bis der Brei kocht. Zugedeckt 10 Minuten aufquellen und erkalten lassen. Die Zwiebel und die gewaschene, trockengetupfte Petersilie klein schneiden. Karotten fein raspeln und in der Butter dünsten. Mit den Eiern zur Getreidemasse geben und alles gründlich vermengen. Aus dem Teig Laibchen formen und diese in einer Pfanne in Bratöl auf beiden Seiten braten.

KÜRBIS IM KÄSEMANTEL

600 g Speisekürbis
100 g Sprossenkohl
1 Zwiebel
Knoblauch
1/8 l Schlagobers
20 g Butter
Salz, Pfeffer
ca. 50 g würziger
Hartkäse
frischer Kerbel

Mit einem Kugelausstecher Kugeln aus Kürbisfleisch formen.
Zwiebel schneiden, Knoblauch fein hacken und in Butter kurz anrösten.
Zerkleinerten Sprossenkohl und Kürbiskugeln dazugeben und bissfest
andünsten. | **Hartkäse reiben,** mit Obers, Salz, Pfeffer und gehacktem
Kerbel vermengen. Das gedünstete Gemüse in eine Auflaufform füllen,
mit dem Käsegemisch übergießen und bei 230 °C ca. 10 Minuten über-
backen.

ÜBERBACKENE
BROKKOLIROLLEN

3 Eier
1/2 l Milch
250 g Weizenmehl
1 Prise Salz

Für die Fülle:
1 großer Brokkoli,
gekocht
3 EL Sauerrahm
verschiedene Kräuter
(Schnittlauch, Petersilie,
Liebstöckel, Salbei ...)
Knoblauch
1/8 l Schlagobers
Salz, Pfeffer
Zitronensaft
100 g Käse
125 ml Milch

250 ml Sauerrahm
4 Eidotter, Muskatnuss
Käse zum Bestreuen

Für die Palatschinken Eier, Mehl, Milch und Salz verrühren. In der
Pfanne etwas Fett erhitzen, beidseitig goldbraune Palatschinken backen. |
Für die Fülle den Brokkoli klein schneiden, mit Ei, Sauerrahm, Schlagobers, Milch und dem würfelig geschnittenen Käse vermengen und mit
fein geschnittenen Kräutern, Knoblauch und Zitronensaft würzen. Mit
Salz und Pfeffer abschmecken. | **Palatschinken füllen,** einrollen und
nebeneinander in eine Auflaufform schichten. Sauerrahm und Eidotter
miteinander verrühren, mit Muskat abschmecken, über die Palatschinken
gießen. Mit etwas geriebenem Käse bestreuen und im vorgeheizten Rohr
(180 °C) ca. 10 Minuten überbacken.

GETREIDELAIBCHEN MIT SCHNITTLAUCHSAUCE

100 g Dinkelflocken
100 g Haferflocken
20 g Butter
Salz, Pfeffer
Petersilie
50 g geriebener Käse
50 g Geselchtes
1 EL Senf
3 Knoblauchzehen
1 großes Ei
Semmelbrösel
Rapsöl

**Für die
Schnittlauchsauce:**
125 g Magerjoghurt
125 g Sauerrahm
2 EL gehackter
Schnittlauch
2 Knoblauchzehen
Salz, Pfeffer

**Getreideflocken mit derselben Menge Gemüsesuppe und Butter
weichdünsten,** etwas überkühlen lassen und die restlichen Zutaten
unterrühren. Würzen und zu Laibchen formen, diese in Semmelbröseln
drehen und langsam in Rapsöl herausbacken. Auf Küchenkrepp abtropfen
lassen. | **Für die Schnittlauchsauce** alle Zutaten gut miteinander ver-
mischen und mit den Getreidelaibchen servieren. Dazu passen Blattsalate.

TIPP: *Ganz wichtig bei diesem Rezept ist es, „mehlige" Haferflocken zu
verwenden. Im Handel gibt es auch „glänzende" Flocken, mit diesen wird die
Masse jedoch nicht bindig und man kann keine Laibchen formen. Man kann
auch etwas mehr Haferflocken und dafür weniger Dinkelflocken verwenden –
der Anteil von Haferflocken muss mindestens die Hälfte betragen.*

TARPL (ERDÄPFELWIRRLER)

3/4 kg Erdäpfel
ca. 1/2 kg Mehl
Salz

Erdäpfel kochen, schälen, erkaltet durch die Erdäpfelpresse drücken oder aufreiben. Mit Salz und Mehl vermischen und verbröseln. In heißem Fett rösten.

BEILAGE: *Tarpl wird in Tirol gegendweise verschieden benannt und mit unterschiedlichen Beilagen gegessen: Im Oberland als Tarpl bekannt, wird dazu Milch getrunken. Im Unterland (Erdäpfelwirrler oder Erdäpfelmuas genannt) isst man dazu Marmelade oder verschiedene Kompotte, eventuell auch Sauerkraut oder Salat. Im Wipptal werden zuletzt Beeren (Moosbeeren, Heidelbeeren) dazugegeben und mitgedünstet, dazu trinkt man Milch.*
TIPP: *Keine frischen Erdäpfel verwenden, da sie zuviel Flüssigkeit enthalten und der Tarpl klumpig wird.*

BETTLERSTERZ

3 große Kartoffeln
1 l Wasser
Salz
300 g Mehl
7 EL Schmalz

Kartoffeln großwürfelig schneiden und in Salzwasser kernig kochen. Mehl über die gekochten Kartoffeln schütten, in die Mitte einen Kochlöffelstiel stecken und 8 Minuten kochen lassen. Gut abseihen, die Masse gut durchrühren und in eine Kasserolle geben. **| Fett gut erhitzen,** über den Sterz gießen und durchrühren. Im Rohr ausdünsten lassen und zwischendurch immer wieder umrühren.

TIPP: *Als Beilage eignet sich Apfelkompott.*

TOPFENSCHMARREN NACH SENNERINART

1/4 l Milch
4 Eier
Salz
180 g Mehl
250 g Topfen
Fett zum Backen

Aus Milch, Eiern, Mehl und Salz einen Tropfteig bereiten und den trockenen Topfen unterrühren. In einer weiten Pfanne Fett erhitzen, die Topfenmasse hineingießen, zuerst zugedeckt die Unterseite goldgelb anbraten. Den Schmarren wenden, die Oberseite bräunen und vor dem Servieren den Schmarren mit zwei Gabeln zerreißen.

TIPP: *Mit Kompott oder Salat servieren.*

HADNSTERZ

350 g Hadn-
(= Buchweizen)mehl,
nicht zu fein
1 EL Butter
Salz
1/2 l kochendes Wasser
Grammelschmalz oder
heiße Butter
zum Abschmalzen

Das Hadnmehl mit der heißen Butter linden (rösten), salzen und mit der Sterzgabel das kochende Wasser so einrühren, dass feiner Sterz entsteht und keine großen Klumpen. Wenn man kein Mehl mehr sieht, mit der Wasserzugabe aufhören und den Sterz zugedeckt auf niedriger Stufe ca. 40 Minuten ausdünsten lassen.

TIPP: *Der Hadnsterz wird mit Grammelschmalz oder heißer Butter abgeschmalzen, dazu reicht man Sauermilch, Buttermilch, heiße Milch oder Kaffee.*

BACHLKOCH

250 ml Milch
20 g Mehl
1 Prise Salz
1 EL Butter

Die Milch zum Kochen bringen. Das Mehl in die Milch einstreuen, dabei dauernd mit der Schneerute rühren, damit keine Klümpchen entstehen. ⎜ **Wenn das Koch dicklich geworden ist,** nochmals aufkochen. Mit einer Prise Salz würzen und mit frischer Butter verbessern. Über das Bachlkoch werden vor dem Auftragen ein Paar Löffel Muas gestreut.

TIPP: *Bachlkoch ist in Salzburg das traditionelle Mittagessen am Heiligen Abend; in manchen Gegenden gibt man Butter mit Honig vermischt über das Koch.*

TÜRKENSTERZ (MAISSTERZ)

1/2 l Türkengrieß
(Maisgrieß)
1 l Wasser
Salz
80 g Butter

Das Wasser mit der Butter und dem Salz zum Kochen bringen und den Türkengrieß unter ständigem Rühren einrieseln lassen. Rühren, bis die Masse blubbert. ⎜ **Dann den Topf gut zudecken** und die Energie beim E-Herd auf eine niedrige Stufe drosseln (auf dem Holzherd den Sterz auf die am wenigsten heiße Stelle stellen). Mindestens 45 Minuten den Deckel nicht öffnen. Dann den Sterz mit der Gabel lockern und noch etwas ausdünsten lassen.

TIPPS: *Wenn man den Sterz zur Frigga (s. Rezept auf S. 132) reicht, lässt man die Butter weg.* ⎜ *Wenn Türkenmehl verwendet wird, muss man es leicht linden (trocken erhitzen).*

GEMÜSESTRUDEL

Topfenmürbteig
200 g Karfiol
150 g Karotten
150 g Zucchini
1 Pkg. Mozzarella
1 Becher Crème fraîche
1 Ei
2 EL Brösel
Senf
Salz, Pfeffer

Karfiol in Röschen teilen, Karotten und Zucchini würfelig schneiden und im Dampfgarer oder in Salzwasser blanchieren. **Käse reiben** und sämtliche Zutaten vermengen und gut würzen. Topfenmürbteig auswalken, in die Mitte die Fülle geben und die zwei Seiten zur Mitte einschlagen. Mit der Nahtseite nach unten auf ein befettetes Blech geben und den Strudel mit Ei bestreichen. Bei 180 °C ca. 45 Minuten backen.

TIPP: *Mit Kräuter- oder Tomatensauce servieren (s. Rezepte auf S. 185).*

SPINATSTRUDEL

Für den Teig:
170 g glattes Mehl
170 g Margarine
3 EL Essig
4 EL Wasser
Salz

Für die Fülle:
300 g blanchierter Spinat
1 kleine Zwiebel
50 g Butter
80 g Schaf- oder
Ziegenkäse
10 Oliven
Salz, Pfeffer
Knoblauch
1 Ei zum Bestreichen

Mehl mit Margarine verbröseln, salzen und mit Essig und Wasser zu einem glatten Teig verkneten. Diesen im Kühlschrank 1/2 Stunde rasten lassen. **Für die Fülle** Spinat grob zerkleinern, Zwiebel würfelig schneiden und in Butter anrösten. Käse und Oliven würfeln und mit der Zwiebel und den Gewürzen locker unter den Spinat mischen. **Teig zu einer Größe von ca. 40 × 50 cm auswalken** und die Spinatfülle darauf verteilen, einrollen und auf ein befettetes Blech geben. Mit Ei bestreichen und im vorgeheizten Rohr bei 180 °C ca. 35 Minuten backen.

TIPP: *Für diesen Strudel kann man auch Blätterteig oder Topfenmürbteig verwenden.*

MANGOLD-ERDÄPFEL-STRUDEL

Strudelteig
500 g mehlige Erdäpfel, gekocht
2 Eier
125 ml Schlagobers
Salz, Pfeffer, Muskatnuss
etwas Butter
ca. 4–6 Mangoldblätter
Ei zum Bestreichen
Kümmel zum Bestreuen

Mangoldblätter blanchieren, abschrecken und gut abtropfen lassen. Einen Teil der gekochten Erdäpfel passieren, den Rest in Würfel schneiden. Eier, Obers und die Gewürze unter die Erdäpfelmasse mengen. **Den Strudelteig** zur Hälfte mit etwas zerlassener Butter bestreichen und die andere Hälfte darüberklappen. Mangoldblätter auflegen, die Erdäpfelmasse aufstreichen und den Strudel aufrollen. Auf ein mit Backpapier ausgelegtes Blech legen, mit Ei bestreichen und mit Kümmel leicht bestreuen. Bei 180 °C im vorgeheizten Rohr ca. 25 Minuten goldbraun backen.

BLAUKRAUTSTRUDEL MIT WALNÜSSEN

Strudelteig
1 kg Blaukraut
2 große Zwiebeln
2 EL Öl
100 g ganze Walnüsse
1 Bund Petersilie
1/8 l Rotwein
1/4 l Schlagobers
2 Dotter
Salz, Pfeffer, Kümmel
geschmolzene Butter zum Bestreichen

Kraut vierteln und den Strunk ausschneiden. Kraut in feine Streifen schneiden, mit Salz, Pfeffer und Kümmel würzen, gut vermischen und ca. 20 Minuten rasten lassen. Zwiebeln kleinwürfelig schneiden, Nüsse grob und Petersilie fein hacken. Zwiebeln in Öl anschwitzen und mit Wein ablöschen. Kraut ausdrücken und zugeben. Den Topf bis auf einen Spalt zudecken und Kraut ca. 15 Minuten weichdünsten. Schlagobers zugießen und das Kraut ohne Deckel dick einkochen, vom Feuer nehmen und ein wenig abkühlen lassen. **Dotter, Nüsse und Petersilie unterrühren,** Masse auskühlen lassen. Backrohr auf 180 °C vorheizen. Strudelteig ausziehen, füllen, mit Butter bestreichen und ca. 40 Minuten bei 180 °C goldgelb backen.

TIPP: *Mit Preiselbeer-Rahm-Sauce (s. Rezept auf S. 186) servieren.*

KÜRBISSTRUDEL AUS BLÄTTERTEIG

Blätterteig
1 kg Kürbis (Riesen-
oder Moschuskürbis)
1 Zwiebel (ca. 100 g)
3 EL Öl
1 EL Paprika, edelsüß
1 TL Kümmel
2 Knoblauchzehen,
zerdrückt
Salz, Pfeffer
Cayennepfeffer
griffiges Mehl für
die Arbeitsfläche
1 Ei zum Bestreichen

Kürbis entkernen, schälen und grob raffeln. Zwiebel schälen, kleinwürfelig schneiden und in heißem Öl kurz anrösten. Kürbis beifügen und unter ständigem Wenden ca. 3–4 Minuten mitrösten. Paprikapulver, Kümmel sowie Knoblauch untermengen und Kürbisgemüse bei geringer Hitze etwa 5 Minuten dünsten. Mit Salz, Pfeffer und Cayennepfeffer kräftig abschmecken und auskühlen lassen. | **Den Blätterteig** auf einer bemehlten Arbeitsfläche zu einer Größe von 40 x 40 cm ausrollen und auf ein bemehltes Geschirrtuch legen. Mit verquirltem Ei bestreichen, Füllung daraufstreichen, Seitenlängen einschlagen und Teig mit Hilfe des Geschirrtuches eng einrollen. Den Strudel auf ein mit Backtrennpapier ausgelegtes Backblech legen und im vorgeheizten Rohr auf mittlerer Schiene bei 200 °C etwa 20 Minuten backen.

TIPP: *Dazu passt Schnittlauchsauce (s. Rezept auf S. 157)*

KRAUTSTRUDEL

Strudelteig
600 g Weißkraut
2–3 EL Fett
1 Zwiebel
Salz, Pfeffer
Kümmel
1 Prise Zucker

Kraut fein in eine Schüssel hobeln, salzen, gut durchdrücken und ca. 1/2 Stunde stehen lassen. | **Zwiebel feinwürfelig schneiden,** in Fett anrösten, das ausgedrückte Kraut dazugeben, bissfest durchrösten, würzen und auskühlen lassen. Anschließend auf den ausgezogenen Strudelteig verteilen, einrollen und auf ein befettetes Backblech geben. Mit Öl bepinseln und bei 180 °C ca. 35–40 Minuten backen.

SCHWAMMERLSTRUDEL

Für den Erdäpfelteig:
300 g Erdäpfel, gekocht
300 g Mehl
1 TL Backpulver
1 Ei, 60 g Butter

Für die Fülle:
250 g Zwiebeln oder
Jungzwiebeln
350 g Schwammerl
2 EL Öl
2 Knoblauchzehen
250 g Crème fraîche
Petersilie
Salz, Pfeffer

1 Ei zum Bestreichen

Zwiebeln in feine Streifen schneiden. Schwammerl putzen, waschen
und in Stücke schneiden. | **Zwiebeln und Schwammerl in Öl anrösten,**
mit zerdrücktem Knoblauch, Salz, Pfeffer und gehackter Petersilie
würzen. Die Masse etwas überkühlen lassen. Danach Crème fraîche gut
unterrühren. | **Den Erdäpfelteig** auf einer gut bemehlten Arbeitsfläche
nicht zu dünn ausrollen. Die abgekühlte Fülle darüber verteilen und
einrollen. Mit einem verquirlten Ei bestreichen und bei 180 °C etwa
45 Minuten backen.

TIPP: *Beim Dünsten der Fülle darauf achten, dass das Wasser aus den Pilzen
vollkommen verdampft ist, da der Strudel sonst zu sehr durchweicht.*

POLENTASTRUDEL

Strudelteig
200 g Maisgrieß (Polenta)
1/2 l Wasser
3 mittlere Zwiebeln
100 g geriebener
Parmesan
2 EL Olivenöl
Salz, Pfeffer
2 Eier
1 Karotte
1 kleiner Zucchini

Zwiebeln schälen und fein schneiden. Karotte kleinwürfelig schneiden, in Salzwasser blanchieren und abtropfen lassen. Zucchini ebenfalls kleinwürfelig schneiden. | **Gehackte Zwiebeln in Öl glasig werden lassen,** den Maisgrieß beifügen und mit kaltem Wasser aufgießen, mehrmals umrühren und fertig garen. Wenn die Masse etwas abgekühlt ist, Parmesan untermischen, mit 1 1/2 Dottern und Gemüsewürfeln vermengen und würzen. Schnee schlagen und unterheben. | **Backrohr auf 180 °C vorheizen.** Strudelteig

ausziehen und die Polentafülle auftragen. Den Teig einrollen, mit dem restlichen Dotter bestreichen und ca. 25 Minuten backen.

KRAUTFLECKERL

400 g Mehl
1 Ei
Salz
Wasser
1 Krautkopf
Essig
100 g Schmalz
1 Zwiebel
2 EL Zucker
Salz, Pfeffer

Aus Mehl, Ei, Salz und Wasser einen Nudelteig bereiten, ausrollen und zu Fleckerl schneiden. In Salzwasser kochen, abseihen und abschrecken. Fein gehackte Zwiebel mit Zucker in Schmalz anrösten, das fein geschnittene Kraut, Salz, Pfeffer und Essig zugeben. Einige Minuten dünsten und mit den Fleckerln vermengen.

Variation: *Mit versprudeltem Sauerrahm und Ei übergießen und überbacken.*

GEMÜSETASCHERL

für 8 Portionen

Für den Teig:
250 g Topfen
150 g Dinkelmehl
30 g Butter
1/2 TL Kräutersalz

Für die Füllung:
80 g Karotten
120 g Kohlrabi
50 g Butter
Kräutersalz
100 g Erbsen
80 g Emmentaler, gerieben
1/2 Bund Petersilie, gehackt

Dinkelmehl zum Ausarbeiten
Fett fürs Backblech
2 EL Milch zum Bestreichen

Topfen mit Mehl, weichem Fett und Salz zu einem glatten Teig verkneten. In Alufolie wickeln oder in eine Schüssel legen, zudecken und etwa 1/2 Stunde kühl rasten lassen. | **Karotten und Kohlrabi waschen,** putzen und kleinwürfelig schneiden. Butter zerlassen, Gemüse dazugeben und mit Kräutersalz würzen. Das Gemüse bei geringer Hitze bissfest dünsten lassen, erst in den letzten Minuten die Erbsen beifügen. Von der Hitze nehmen, überkühlen lassen, Käse und Petersilie untermengen und evtl. etwas nachsalzen. | **Den Teig auf einer bemehlten Arbeitsfläche dünn (etwa 3 mm) auswalken.** Mit einem runden Ausstecher (10 cm Durchmesser) Scheiben ausstechen. Jede Teigscheibe mit einem Esslöffel Füllung belegen, zusammenklappen und die Teigränder mit den Fingern fest zusammendrücken. | **Teigtascherl auf ein befettetes Backblech legen,** mit Milch bestreichen und im vorgeheizten Rohr bei 180 °C ca. 25 Minuten goldbraun backen.

TIPP: *Dazu passt sehr gut eine Schnittlauchsauce (s. Rezept auf S. 157).*

GEMÜSELASAGNE

200 g Lasagneblätter
2 Zwiebeln
2 Knoblauchzehen
ca. 500 g Karotten
1 Stange Lauch
3 TL Butter
400 g Buttergemüse
(beliebiges Gemüse,
geputzt, zerkleinert,
gekocht und in Butter
geschwenkt)
Salz, Pfeffer
50 g Mehl
1 l Milch
100 g Rahm
400 g Emmentaler
oder Gouda
Muskatnuss

Zwiebeln und Knoblauch feinwürfelig schneiden und in etwas
Butter anbraten, Karotten und Lauch klein schneiden und zusammen
mit dem Buttergemüse zum Angebratenen geben und dünsten. Mit Salz
und Pfeffer würzen. Backrohr auf 200 °C vorheizen. | **Für die Sauce die
restliche Butter erhitzen,** Mehl einrühren, mit Milch und Rahm unter
ständigem Rühren aufgießen. 300 g geriebenen Käse dazugeben und
unter Rühren noch 10 Minuten köcheln lassen. Mit geriebenem Muskat,
Salz und Pfeffer kräftig würzen. | **Eine Auflaufform befetten** und den
Boden mit etwas Sauce bedecken. Dann abwechselnd Lasagneblätter,
Gemüse und Sauce in die Form schichten. Zuletzt muss eine Sauce-
schicht sein, die man mit dem restlichen Käse bestreut. Die Backdauer
beträgt etwa 45 Minuten.

KÄRNTNER NUDEL

Weicher Nudelteig:
300 g Mehl
1 Ei
Salz
ca. 3/16 l lauwarmes
Wasser

**Für die Erdäpfel-
Topfen-Fülle:**
300 g gekochte,
passierte Erdäpfel
300 g trockener,
grobkörniger Topfen
Salz
Nudelminze, fein gehackt
Keferfil (= Kerbel),
fein gehackt, nach
Geschmack
2 EL Zwiebeln,
fein gehackt
1 gehäufter EL Butter

Für die Rohnenfülle:
400 g fester Topfen
150 g gekochte Rohnen
(= Rote Rüben)
Salz
30 g Zucker
1 KL Kümmel, gemahlen
Butter zum Abschmalzen

Aus den Zutaten einen geschmeidigen Nudelteig kneten und diesen rasten lassen. Ausrollen und die Kugeln der Fülle ca. 5 cm vom Rand in einer Reihe auflegen. Den Teig so darüberschlagen, dass man ihn rund um jede Kugel zusammendrücken kann (am besten von hinten nach vorne, damit die Luft entweichen kann). Mit dem Teigrad halbkreisförmig um die Kugeln ausradeln. Nudelrand festdrücken oder nach Kärntner Art „krendeln" und in viel kochendem Salzwasser kochen. Dabei vor allem beim und nach dem

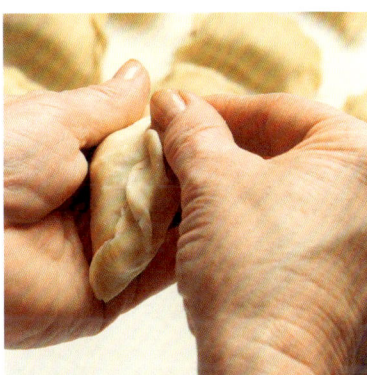

Einlegen vorsichtig umrühren, damit die Nudel nicht aneinanderkleben. **Die Garzeit beträgt je nach Nudelgröße ca. 5–10 Minuten,** nachdem das Wasser nach dem Einlegen wieder zu kochen beginnt. **Für die klassische Kärntner Kasnudel** eine Erdäpfel-Topfen-Fülle zubereiten: Zwiebeln in der Butter anlaufen lassen, mit den übrigen Zutaten vermischen. Aus der Masse kleine bis mittelgroße Kugeln formen. Die Nudel damit füllen. Nach dem Garen mit zerlassener Butter oder Grammelschmalz und mit grünem Salat servieren. **Für die Variante mit Rohnenfülle** den Nudelteig nicht zu weich zubereiten und nicht zu dünn ausrollen, da die Fülle sehr saftig ist. Daher darf auch der Topfen weder bröselig noch nass sein. Für die Fülle die gekochten Rohnen heiß schälen und kalt fein reiben, auspressen und mit den übrigen Zutaten zu einer Fülle verarbeiten, eventuell mit ganz wenig frischem Kren würzen.

TIPP: *Krendeln: Mit Daumen und Zeigefinger den Rand zusammendrücken und mehrfach umlegen, dadurch entsteht eine zopfähnliche Verzierung. Ebenso berühmt wie die Kärntner Kasnudel ist die Kärntner Fleischnudel: Dabei besteht die Fülle aus 600 g faschiertem Selchfleisch oder Fleischresten, 1 fein gehackten Zwiebel, die in Fett hell angebraten wurde, 1 Ei und 1 Bund fein gehackter Petersilie, bei Bedarf noch etwas Brösel dazugeben.*

SPARGEL-BROKKOLI-NUDELN IN MASCARPONECREME

250 g weißer Spargel
300 g Brokkoli
4 kleine Knoblauchzehen
50 g Butter
Salz
frisch gemahlener Pfeffer
150 g Mascarpone
250 g grüne Tagliolini

Den Spargel schälen und die Enden entfernen. Spargel waschen und schräg in 1–2 cm lange Stücke schneiden. Den Brokkoli putzen, waschen und in Röschen teilen. Die Knoblauchzehen schälen und fein hacken. | **Die Butter in einer Pfanne erhitzen** und Knoblauch darin glasig dünsten. Spargel und Brokkoli zugeben und zugedeckt ca. 4 Minuten bei mittlerer Hitze dünsten. Mit Salz und Pfeffer würzen. Den Mascarpone zum Gemüse geben und cremig einkochen. Nochmals mit Salz und Pfeffer abschmecken. | **Inzwischen die Nudeln in kochendem Salzwasser garen.** Anschließend abgießen und abtropfen lassen. Nudeln mit dem Gemüse vermischen und anrichten.

VORARLBERGER KÄSSPÄTZLE

450 g Mehl
3–4 Eier
Salz
ca. 1/4 l Milch
200–250 g Bergkäse
80 g Emmentaler
70 g Butterschmalz
2 große Zwiebeln
Pfeffer

Aus Mehl, Eiern, Salz und Milch einen festen Spätzleteig rühren.
Den Teig durch ein Spätzlesieb in kochendes Salzwasser drücken. Wenn
die Spätzle an die Oberfläche steigen, abseihen. Abwechselnd mit dem
geriebenen Käse in einer großen Glasschüssel anrichten und mit gerösteten
ten braunen Zwiebeln servieren.

TIPP: *Kässpätzle schmecken sehr gut und haben einen höheren Nährwert,
wenn sie mit Vollkornmehl zubereitet werden.*

GEMÜSE-RAHM-SPÄTZLE

300 g Mehl
2 kleine Eier
Salz
ca. 1/4 l Milch
1 Zucchini
2 Karotten
100 g Zuckermais
1 Brokkoli
40 g Butter
1/4 l Sauerrahm
Schnittlauch

**Aus Mehl, Eiern, Salz und Milch
einen mittelfesten Spätzleteig
bereiten** und kurz rasten lassen.
Gemüse putzen, in mundgerechte
Stücke teilen und in Salzwasser
ser bissfest kochen. Spätzle in
Salzwasser kochen, abschrecken
und in heißer Butter schwenken.
ken. Gemüse und Sauerrahm
dazugeben, gut würzen und mit
Schnittlauch bestreut servieren.

BEILAGE: *Blattsalat*

Brigitte Peter

· KÜRBISGNOCCHI ·
MIT SALBEIBUTTER

VORARLBERG

Zutaten

300 g mehlige Kartoffeln
200 g Kürbis (Hokkaido)
50 g Maizena
50 g Grieß
1 Dotter
Salz, Pfeffer, Muskat
5 Salbeiblätter
Butter
geriebener Käse (Parmesan)

Kartoffeln in Alufolie wickeln. *Kürbis schälen, entkernen und in Alufolie wickeln. Beides bei 180 °C Umluft 1 Stunde garen, dann die Kartoffeln schälen und gemeinsam mit dem Kürbis durch die Kartoffelpresse drücken. Mit Maizena, Grieß, Dotter und Gewürzen mischen. Auf einer bemehlten Arbeitsfläche eine Rolle formen, Stücke abschneiden und mit der Gabel ein Muster eindrücken. In Salzwasser kochen.* **Butter mit Salbeiblättern bräunen** *und gemeinsam mit geriebenem Käse über die Gnocchi geben.*

Brigitte Peter hat für **Österreichische Bäuerinnen kochen Knödel** Rezepte zur Verfügung gestellt.

WILDKRÄUTER-TOPFENKNÖDEL

500 g Wildkräuter
(Giersch, Gundelrebe,
Löwenzahn, Vogelmiere,
wilder Majoran,
Brunnenkresse,
Sauerampfer etc.)
200 g Topfen
1 Pkg. Vollkorntoast oder
500 g Knödelbrot
evtl. 1/8 l Milch
1 Zwiebel
100 g Vollkornmehl
3 Eier
Salz, Knoblauch
Muskat
1 EL Kräuter
50 g Butter

**Wildkräuter leicht kochen und mit mittlerer Fleischwolfscheibe
faschieren.** In Würfel geschnittenen Vollkorntoast oder Knödelbrot
mit Milch befeuchten. Fein geschnittene Zwiebel in Butter anschwitzen
und über die Toastwürfel geben. Kräuter, groben Topfen, Eier, Mehl
und Gewürze dazugeben und gut durchmischen. Knödel formen und
in Salzwasser 10 Minuten köcheln lassen. ⎟ **Die Knödel mit brauner
Butter übergießen und servieren.** Dazu passen Salat oder Tomatensauce und Parmesan.

GEMÜSEKNÖDEL MIT KRÄUTERSAUCE

für 6 Portionen

100 g Erbsen
100 g Karotten
100 g Fisolen
100 g Karfiol
1 Zwiebel
80 g Fett
10 Semmeln oder
400 g Semmelwürfel
1/8 l Milch
3 Eier
Salz, Muskat
Petersiliengrün

Für die Sauce:
200 g Butterkäse
1 EL Speisestärke
1/4 l Rind- oder
Hühnersuppe
1/4 l Schlagobers
Salz
gemahlener Pfeffer
Petersiliengrün

Erbsen, kleinwürfelig geschnittene Karotten, länglich geschnittene Fisolen und Karfiolröschen weichkochen. Zwiebel hacken und in Fett rösten. Semmeln würfeln, alle Zutaten mischen und 1 Stunde ziehen lassen. Dann zu einer Rolle formen, mit Frischhaltefolie gut einwickeln und die Enden verknoten. In siedendem Salzwasser 1 Stunde zugedeckt garkochen. Aus dem Wasser nehmen, Folie entfernen und in 1 cm Scheiben schneiden. | **Für die Käsesauce** Käse reiben. Speisestärke mit etwas Wasser anrühren und in die kochende Suppe geben. Schlagobers und Käse beifügen, würzen und nicht mehr kochen lassen. Vor dem Servieren die gehackte Petersilie darüberstreuen.

TIPP: *Diese Knödel kann man auch mit vielen anderen Gemüsearten (Champignons, Brokkoli, Blattspinat etc.) zubereiten.*

BUCHWEIZENKNÖDERL MIT GORGONZOLARAHM

1/4 l Milch
50 g Butter
Kräutersalz
200 g Buchweizen
Petersilie
1–2 Eier

Für den Gorgonzolarahm:
1/8 l Rahm
1/4 l Milch
100 g Gorgonzola
Kräutersalz
1 EL Maizena

Milch mit Butter aufkochen und salzen. Langsam das Buchweizenmehl einrühren und so lange mit dem Kochlöffel rühren, bis sich der Teig als Ballen vom Topfrand löst. Überkühlen lassen, dann Ei(er) einrühren und aus der Masse Knöderl formen. In Salzwasser 10–12 Minuten garziehen lassen. | **Für den Gorgonzolarahm** Milch, Rahm und Gorgonzola langsam erwärmen und würzen. Maizena mit etwas Wasser anrühren, beigeben und einmal aufkochen lassen.

SPINATKNÖDEL

500 g mehlige Erdäpfel
500 g blanchierter
Blattspinat
200 g Semmelbrösel
2 Knoblauchzehen
6 Eier
Salz, Pfeffer

**Für die Sauer-
ampfersauce:**
20 g Butter
25 g Weizenmehl
200 g gehackte
Sauerampferblättchen
250 ml Suppe
125 ml Crème fraîche
Salz, Pfeffer
Ingwer (gemahlen)
Petersilie

Erdäpfel in der Schale kochen, schälen und passieren. Blattspinat grob hacken, Knoblauch fein hacken. Alle Zutaten vermengen und mit feuchten Händen Knödel formen. In Salzwasser ca 10 Minuten köcheln. | **Für die Sauerampfersauce Butter zerlassen.** Mehl unter Rühren so lange erhitzen, bis es hellgelb ist. Die Hälfte der Sauerampferblättchen hinzufügen und andünsten. Suppe hinzugießen und mit einem Schneebesen durchschlagen, damit keine Klümpchen entstehen. Die Sauce aufkochen und etwa 5 Minuten kochen lassen. Mit Salz, Pfeffer und Ingwer würzen. Dann die Crème fraîche und die restlichen Sauerampferblättchen unterrühren, kurz erhitzen und mit Petersilie bestreuen. Mit den Knödeln servieren.

TIPP: *Als Alternative kann man die Knödel auch mit brauner Butter und gehobeltem Parmesan auf einem Spinatnest anrichten.*

TOPFENKNÖDEL NACH KÄRNTNER ART

400 g Erdäpfel
100 g Mehl
50 g Grieß
1 Ei
Salz, Muskat

Für die Fülle:
200 g Erdäpfel
200 g Topfen
(nicht zu weich)
Salz, Kerbel
grüne Minze, Pfeffer

Butter
Schnittlauch

Die Erdäpfel kochen, schälen und noch warm pressen. Nachdem sie überkühlt sind, mit Mehl, Grieß, Ei, Salz und Muskat rasch zu einem Teig kneten. Den Teig nicht rasten lassen, da er sonst zu „rinnen" beginnt. | **Für die Fülle die Erdäpfel kochen,** schälen und noch warm pressen. Überkühlen lassen, dann die restlichen Zutaten beigeben und abschmecken. | **Den Erdäpfelteig zu einer Rolle formen,** Scheiben abschneiden und mit der Fülle belegen. Zu Knödeln formen, gut verschließen und in Salzwasser ca. 20 Minuten leicht köcheln lassen, bis sie schwimmen. | **Die Knödel mit Schnittlauch bestreuen** und mit zerlassener Butter servieren.

KÜRBISKERNKNÖDEL

300 g mehlige Kartoffeln
20 g Butter
80 g Kürbiskerne
60 g griffiges Mehl
1/16 l Kürbiskernöl
2 Eier
Salz, Pfeffer
Kürbiskernöl

Kartoffeln schälen und in Salzwasser kochen, dann durch die Kartoffelpresse drücken, Butter darauf schmelzen und auskühlen lassen. Kürbiskerne grob reiben und in einer Pfanne ohne Fett rösten. Die halbe Menge zu den Kartoffeln geben, mit Salz und Pfeffer würzen. Kartoffelmasse mit Mehl und Eiern rasch zu einem Teig verarbeiten und 15 Minuten rasten lassen. Knödel formen und über Dampf 30 Minuten garen. | **Knödel auf einem Teller anrichten,** mit Kernöl übergießen und mit den restlichen Kürbiskernen bestreuen.

Tarhonya Seite 180

Beilagen

MÜHLVIERTLER KORNMEHLKNÖDEL

200 g Roggenmehl
Rindsuppe nach Bedarf
Salz, Muskat

Mehl salzen und mit so viel Rindsuppe vermengen, dass daraus
ein ziemlich fester Teig entsteht.
Aus der Masse Knödel formen
und in Salzwasser kochen.

TIPP: *Diese Knödel passen besonders
gut zu Selchfleisch und Sauerkraut.*

WALDVIERTLER KNÖDEL

1 1/2 kg Erdäpfel
Salz

Die Hälfte der Erdäpfel kochen, schälen und erkalten lassen. Den Rest
schälen, fein reiben und mit einem Tuch gut ausdrücken. Erkaltete Erdäpfel ebenfalls reiben und beide Massen gut vermischen. Die im Reibwasser
abgesetzte Stärke und Salz zugeben. Knödel formen, in kochendes Salzwasser legen und 30 Minuten mehr ziehen als kochen lassen.

TIPP: *Die Knödel gelingen leichter, wenn man 100–150 g Mehl zugibt.*

SCHWARZPLENTENE KNÖDEL

8 gehäufte EL
Semmelwürfel
2 EL Butter
4 EL Räucherspeck
evtl. etwas dürre Wurst
12 EL Schwarz-
plentenmehl
(= Buchweizenmehl)
2 EL Weizenmehl
1 Ei
1/2 l Wasser
Schnittlauch, Petersilie
Salz

Die Semmelwürfel in Butter rösten. Den Speck und gegebenenfalls
etwas dürre Wurst kleinwürfelig schneiden und mitrösten. Dann die
restlichen Zutaten zugeben und gut durchmischen. Einen nicht zu
festen Teig herstellen und etwas rasten lassen. Aus dem Teig Knödel
formen und in Salzwasser 15–20 Minuten garen lassen. Mit Sauerkraut
oder warmem Krautsalat servieren.

KARTOFFELGRATIN

1 kg vorwiegend
festkochende Kartoffeln
Knoblauch und Butter
für die Form
Salz, Pfeffer
300 ml Rahm
100 g Käse, Butter

Kartoffeln schälen, gleichmäßig blättrig schneiden, eine feuerfeste Form mit Knoblauch und Butter ausreiben und die Kartoffeln schuppenförmig einschichten. Rahm mit den Gewürzen vermengen und darübergießen. Käse reiben und darüberstreuen. Butterflocken daraufgeben und im vorgeheizten Rohr bei 190 °C 50 Minuten backen.

STOLLENKÄSEKRAPFERL

600 g mehlige Erdäpfel
2 Eidotter
40 g Butter
1 TL Salz
1 Prise geriebener
Muskat
150 g Arzberger
Erzherzog-Johann-
Stollenkäse oder
Bergkäse nach Wahl
Ei zum Bestreichen
geriebener Stollenkäse
zum Bestreuen

Erdäpfel in der Schale kochen, schälen und durch die Grammelpresse drücken oder passieren. Kurz überkühlen lassen und mit den restlichen Zutaten gut vermengen. Die Masse in einen Spritzsack mit großer Sterntülle füllen und Krapferl auf ein befettetes Blech spritzen. | **Mit verschlagenem Ei bestreichen,** mit Stollenkäse bestreuen und im vorgeheizten Rohr bei 200 °C 15 Minuten backen.

TIPP: *Bestens geeignet als Beilage zu Rostbraten, Schwammerl-, Lamm- und Grillgerichten.*

TARHONYA

300 g Mehl
2 Eier
100 g Fett
1 Zwiebel, fein gehackt
1/2 l Wasser
Salz

Mehl und Eier zu einem Reibteig zusammenkneten, mit einem
groben Reibeisen zu Reibgerstl reiben und trocknen lassen. Zwiebel
in Fett hellgelb anlaufen lassen, das getrocknete Reibgerstl dazugeben
und ein wenig mitrösten. Mit heißem Wasser aufgießen, salzen.
Wie Reis dünsten und als Beilage zu Fleisch servieren.

SERVIETTENKNÖDEL

10 Semmeln
1/4 l Milch
3 Eier
100 g Butter
Petersilie, Salz

Die Semmeln kleinwürfelig schneiden und zerlassene Butter darübergeben. Milch, Eier, Salz und Petersilie versprudeln, über die Semmeln gießen und ziehen lassen. ⎸ **Die Masse in eine nasse Serviette binden** und in Salzwasser 45 Minuten kochen. Herausnehmen, auswickeln, 10 Minuten im heißen Rohr trocknen und in Scheiben schneiden.

RÄUBERKNÖDEL

1 kg mehlige Erdäpfel
1 kl. Stange Lauch
300 g Semmelwürfel
20 g Butter oder Schmalz
Salz, Pfeffer
Petersilie

Das Weiße vom Lauch schneiden (ca. 60 g), Erdäpfel schälen und reiben, beides mit dem zerlassenen Fett, Salz und Semmelwürfeln vermengen. 30 Minuten rasten lassen, dann mit Pfeffer und wenn nötig noch etwas Salz abschmecken. ⎸ **Aus der Masse Knödel formen** und etwa 25 Minuten nicht ganz zugedeckt in Salzwasser köcheln lassen. Mit gehackter Petersilie bestreut als Beilage zu Fleischgerichten servieren.

TIPP: *Mit gebratenen Speckstreifen und gebackenen Zwiebelringen garniert sind die Räuberknödel auch eine deftige Hauptspeise; dazu passt eingebranntes Sauerkraut.*

LETSCHO

200 g Speck
etwas Öl
1 kg Paradeiser
1 kg bunter Paprika
2 große Zwiebeln
3 Knoblauchzehen
Salz, Pfeffer
1 Prise Chilipulver
2 EL Paradeismark

Paprika vierteln und in dickere Streifen schneiden, Paradeiser kurz in heißes Wasser geben, die Haut abziehen und danach würfelig schneiden. ⎸ **Zwiebeln und Knoblauch schälen und hacken,** den Speck in Würfel schneiden und in Öl anrösten, Zwiebel- und Knoblauchwürfel dazugeben und kurz anschwitzen lassen. Paradeiser und Paprika dazugeben, würzen, das Paradeismark dazugeben und alles dünsten lassen.

TIPP: *Letscho passt hervorragend zu allen Arten von Naturschnitzel, aber auch zu Getreidegerichten wie Polentaschnitten.*

KOHLRABIGEMÜSE

4 Kohlrabi
1 nussgroßes
Stück Butter
Mehl zum Stauben
Gemüsebrühe
Petersilie
Salz, Pfeffer

Kohlrabi in Würfel schneiden, ganz leicht in Butter schwenken, mit etwas Wasser angießen und dünsten lassen. Mit Mehl stauben, mit Gemüsebrühe aufgießen, nochmals aufkochen lassen. Zum Schluss mit Petersilie und wenn nötig mit Salz und Pfeffer abschmecken.

GURKENGEMÜSE

2 EL Öl
1 große Zwiebel
1 kg Salatgurken
1 Becher Crème fraîche
Salz, Pfeffer
Knoblauch
Dill oder Petersilie

Klein geschnittene Zwiebel in Öl anrösten, die geschälten, gehobelten Gurken dazugeben und weichdünsten. (Wenn die Gurken viel Wasser lassen, dann nicht zudecken.) ⎮ **Crème fraîche unterrühren** und mit den Gewürzen abschmecken.

FENCHELSALAT

500 g Fenchelknollen
2 Äpfel

Für die Sauce:
1/4 l Sauerrahm
1 Msp. Salz
1 KL Honig
1 Msp. Ingwer
Fenchelgrün
(fein gehackt)

Den gewaschenen, geputzten Fenchel feinnudelig schneiden und die Äpfel grob raspeln. Aus Sauerrahm und den übrigen Gewürzen eine Salatsauce rühren und mit dem Salat vermengen. Mit dem fein gehackten grünen Fenchelkraut bestreuen.

RÖHRLSALAT MIT KNOBLAUCH UND KÜRBISKERNÖL

4 Handvoll Röhrlsalat
(Löwenzahnblätter im
zeitigen Frühjahr)
5 Knoblauchzehen
Salz
Apfelessig
Kürbiskernöl
2 Eier, hart gekocht

Röhrlsalat putzen und gründlich waschen, evtl. in lauwarmem Wasser, da dieses Bitterstoffe entzieht. | **Salat gut abtropfen lassen,** mit gehacktem Knoblauch vermischen, mit Salz würzen. Salat mit Kürbiskernöl und Apfelessig marinieren und mit Eierspalten garnieren.

PARADEISERSALAT

800 g Paradeiser
2 Schalotten
1/16 l Süßrahm
Kürbiskernöl
Salz

Paradeiser in Spalten schneiden, Schalotten ringelig schneiden und mit den Paradeisern, Salz, Rahm und Kürbiskernöl vermengen. | **Den Salat sofort servieren,** da die Paradeiser sonst Wasser lassen und der Salat nicht mehr knackig ist.

SCHWARZWURZELSALAT

600 g Schwarzwurzeln
50 g magerer gekochter Schinken

Für die Sauce:
4 EL Sauerrahm
2 EL Zitronensaft
1 EL Öl
Salz
1 Prise Zucker
1 Bund Schnittlauch

Die Schwarzwurzeln unter fließendem Wasser abbürsten, schälen und in Stücke schneiden. Anschließend in Salzwasser 10–12 Minuten bissfest garen, gut abtropfen lassen. Den Schinken in feine Streifen schneiden und auf dem Salat verteilen. | **Die Saucenzutaten miteinander verrühren.** Den Schnittlauch in Röllchen schneiden und mit der Sauce unter die Salatzutaten mischen.

WARMER SPECK-KRAUT-SALAT

1 kleiner Krautkopf
100 g Speck
1 kleine Zwiebel
1/2 TL Zucker
1/8 l Apfelessig
Salz, Kümmel
evtl. etwas Wasser

Würfelig geschnittene Zwiebel mit fein geschnittenem Speck anrösten, Zucker mitrösten, mit Essig ablöschen, würzen. Das fein geschnittene Kraut damit marinieren.

WEINKREN

1 kleine Stange Kren
Saft von 1/2 Zitrone
Zitronenschale
2 kleine Äpfel
1/4 l Weißwein
1 EL Zucker
Salz, Pfeffer

Wein mit Zitronensaft, etwas abgeriebener Zitronenschale und Zucker verrühren. Geriebenen Kren und geriebene Äpfel daruntermischen, abschmecken.

TIPP: *Passt zu Fondue und Grillspeisen.*

APFELKREN

1 kg Äpfel
Essig oder Saft
von 1 Zitrone
60 g Zucker
100 g Kren

Die Äpfel entkernen, fein reiben und mit Zitronensaft, Zucker und geriebenem Kren verrühren.

TOMATENSAUCE

500 g Tomaten
1 Zwiebel
40 g Butter
1/8 l Gemüsebrühe
1 EL Tomatenmark
2 TL Zucker
Salz, Pfeffer

Tomaten waschen, Strunk entfernen und Tomaten in kleine Stücke schneiden. | **Zwiebel schälen,** klein hacken und in Butter anrösten. Mit Brühe aufgießen, Tomaten und Tomatenmark beifügen, mit Zucker, Salz sowie Pfeffer würzen und zugedeckt bei geringer Hitze etwa 15 Minuten kochen. Sauce pürieren und durch ein engmaschiges Sieb passieren.

KRÄUTERSAUCE

50 g Mehl
100 g Butter
3/4 l Wasser
8 EL Kräuter, fein gehackt
1/8 l Schlagobers

Mehl in Butter hell anrösten und mit Wasser aufgießen, glatt verrühren und 10 Minuten bei schwacher Hitze köcheln lassen. Die fein gehackten Kräuter beigeben, 5 Minuten ziehen lassen, dann das geschlagene Obers einrühren.

PREISELBEER-RAHM-SAUCE

1/4 l Sauerrahm
3 EL Preiselbeerkompott
Salz, Pfeffer aus
der Mühle

Sauerrahm mit dem Preiselbeerkompott verrühren und mit Salz und Pfeffer würzen.

TIPP: *So gut wie diese Sauce zu Blaukrautstrudel (s. Rezept auf S. 161) passt, ist sie auch ein schöner Begleiter zu Wildgerichten.*

KASTANIENPÜREE

100 g Kastanien
150 g Sellerie
50 g Butter
Salz, Pfeffer
Cognac oder Madeira
nach Bedarf
1/8 l Schlagobers

Kastanien schälen, mit einem Stückchen Sellerie weichkochen, passieren und im Schneekessel bei schwacher Hitze ausdünsten. Mit Butter, Salz, Pfeffer und Cognac würzen und so viel Schlagobers dazugeben, dass eine geschmeidige Masse entsteht. Das Püree im Wasserbad warm halten und zum Anrichten mit kleinen Butterstückchen belegen, damit es nicht austrocknet.

TIPP: *Hervorragende Beilage zu Wildgerichten.*

KERSCHBRIA (KIRSCHENKOMPOTT)

300 g getrocknete
Kirschen
1 l Zuckerwasser
1 Zimtrinde

Die getrockneten Kirschen in einem Liter Zuckerwasser mit der Zimtrinde aufkochen und abkühlen lassen.

VARIATION: *Man kann auch getrocknete Apfelspalten oder gedörrte Zwetschken verwenden.*
TIPP: *Die Kerschbria serviert man gerne zu Germteigspeisen wie Wetzstoanudl oder Germschnecken.*

ZWETSCHKENRÖSTER

1 kg Zwetschken
etwas Zucker
Zimtrinde
etwas Wasser

Die Zwetschken entkernen und etwas zerteilen. Mit wenig Wasser, Zucker und Zimtrinde weichdünsten und zu Schmarren servieren.

HOLLERMANDL

1/2 l Wasser
200 g Zucker
1 Zimtstange
3 Nelken
1/2 kg Hollerbeeren
2 EL Maizena

Wasser mit Zucker und Gewürzen aufkochen, Hollerbeeren mitkochen. Maizena mit etwas kaltem Wasser verrühren und Kompott damit eindicken.

TIPPS: *Heiß mit Vanilleeis servieren: ergibt eine wunderbare Nachspeise.* | *Holler- oder Holunderbeeren sind ausgesprochen schmackhaft, aber auch sehr gesund. In der Volksmedizin werden sie als wirksames Mittel gegen Ischias, Rheuma und ähnliche Leiden eingesetzt. Der Saft aus den Beeren regt außerdem die Verdauung an.*
VARIANTE: *Statt Hollerbeeren Moosbeeren verwenden.*
BEILAGE: *Holler- oder Moosbeermandl wird als Zuspeise für Germteigspeisen gerne verwendet.*

Ein kulinarischer Abstecher nach Südtirol

TERLANER WEINSUPPE

1/2 l Fleischsuppe
3 Eidotter
1/4 l Sahne
1/4 l Weißwein
1 Semmel
etwas Öl
Zimt

Fleischsuppe erhitzen, Dotter, Sahne und Weißwein hinzufügen und mit einem Schneebesen cremig schlagen (nicht kochen lassen!). Semmel in Würfel schneiden, in wenig Öl rundum rösten. | **Suppe mit Brotwürfeln** und Zimt servieren.

TIRTLAN

300 g Roggenmehl
150 g Weizenmehl
50 g Butter
Salz
ca. 1/4 l Wasser-
Milch-Gemisch

Für die Fülle:
300 g Topfen
160 g Kartoffeln
Salz, Pfeffer
Muskatnuss
1 Knoblauchzehe
Schnittlauch
1 kleine Zwiebel

Erdnussöl

Für die Fülle Topfen, gekochte, zerdrückte Kartoffeln, Gewürze, würfelig geschnittene Zwiebel und gepresste Knoblauchzehe vermengen. | **Für den Teig** Mehl, zerlassene Butter, Salz und lauwarmes Wasser-Milch-Gemisch zu einem glatten Teig kneten und 30 Minuten rasten lassen. | **Teig dünn zu 15 cm runden Blättern austreiben,** mit Fülle belegen, zweites Teigblatt darüberlegen, Ränder gut andrücken und abradeln. Im heißen Erdnussöl herausbacken.

VARIATION: *Spinat-, Sauerkraut-, Kartoffel- oder Mohnfülle*

BRENNNESSELSPATZLER MIT SCHINKEN-RAHM-SAUCE

80 g Brennnesseln, gekocht
1 Ei
50 ml Wasser
Salz, Pfeffer
1 Msp. Muskatnuss
150 g Mehl

Für die Schinken-Rahm-Sauce:

50 g gekochter Schinken
10 g Butter
200 g Sahne
1 EL Parmesan
Salz und Pfeffer

Die Brennnesseln zerkleinern und mit dem Ei, Wasser, Salz, Pfeffer und Muskatnuss im Mixer pürieren. Das Mehl zum Brennnesselpüree geben und alles zu einem glatten Teig rühren. Mit der Spatzelhobel den Teig in kochendes Salzwasser hobeln und umrühren. Einmal aufkochen lassen und abseihen. | **Den Schinken in Scheiben schneiden** und in Butter anrösten. Die Sahne und den geriebenen Parmesan dazugeben, mit Salz und Pfeffer würzen, etwas einkochen lassen und die heißen Spatzler darin schwenken.

TIPP: *Man kann die Brennnesselspatzler auch nur mit Parmesan und heißer Butter servieren.*

MAKKARONI MIT RADICCHIOSAUCE UND SPECKSTREIFEN

für 6 Portionen

400 g Makkaroni
Salz, 2 Köpfe Radicchio
10 Scheiben Bauchspeck
2–3 EL Pignoli
2 Schalotten
1 Knoblauchzehe
1 EL Olivenöl
100 ml Rotwein
2 EL Balsamicoessig
Salz, Pfeffer aus der Mühle
40 g Butter
50 g Pecorino
1 Schuss Balsamicoessig

Nudeln in reichlich Salzwasser al dente kochen. | **Radicchio waschen,** putzen und in grobe Streifen schneiden. Bauchspeck ebenfalls in grobe Stücke schneiden. Pignoli in einer Pfanne kurz anrösten. Schalotten und Knoblauch schälen und kleinwürfelig schneiden. | **Olivenöl erhitzen,** Speck, Schalotten und Knoblauch dazugeben und kurz andünsten. Mit Rotwein und Essig ablöschen. Pignoli und Radicchio dazugeben, mit Salz und Pfeffer würzen und einige Minuten kochen lassen. | **Kalte Butter einrühren** und mit den Nudeln vermischen. | **Auf Teller portionieren** und mit Pecorinospänen und 1 Schuss Balsamicoessig servieren.

Maria Reichhalter Prader

KARTOFFELTEIGTASCHEN
· MIT GEMÜSEFÜLLUNG ·

SÜDTIROL

Zutaten

Für den Teig:
500 g gekochte,
passierte Kartoffeln
2 Eidotter
125 g Weizenmehl
ca. 1/4 TL Salz
etwas geriebene Muskatnuss
ein wenig Olivenöl oder
weiche Butter

Für die Füllung:
200 g Gemüse
(Zucchini, Melanzane, Karotten,
Lauch, Peperoni, Brokkoli usw.)
1 EL Olivenöl
1 Knoblauchzehe
1 EL Ricotta
10 g Parmesan, gerieben
Salz
Pfeffer aus der Mühle

100 g Butter
Schnittlauch zum Garnieren

Das Gemüse putzen, waschen und in kleine Würfel schneiden. Den Knoblauch fein hacken und in Olivenöl leicht andünsten. Das Gemüse dazugeben und kurz mitdünsten. Mit Salz und Pfeffer würzen, Ricotta und Parmesan untermischen. **Die passierten und erkalteten Kartoffeln** mit Eidottern, Öl oder Butter, Salz und Muskatnuss vermischen. Das Mehl dazusieben, flott vermengen und zu einem glatten Teig kneten. **Den Teig ausrollen,** runde Kreise ausstechen, mit Gemüse füllen und ein zweites Teigblatt darüberlegen, Ränder fest zusammendrücken. **Die vorbereiteten Teigtaschen** im Salzwasser 2–3 Minuten kochen, aus dem Wasser nehmen, gut abtropfen lassen und auf vorgewärmten Tellern anrichten. Mit zerlassener hellbrauner Butter begießen und mit Schnittlauch bestreuen.

Tipp: Der Kartoffelteig muss sofort weiterverarbeitet werden, weil er schnell Wasser anzieht und somit feucht und zäh wird.

Maria Reichhalter Prader hat für **Die Lieblingsrezepte der Südtiroler Bäuerinnen** und für **Südtiroler Bäuerinnen decken den Weihnachtstisch** Rezepte zur Verfügung gestellt.

SCHLUTZKRAPFEN MIT SEXTNER FÜLLE

Für den Teig:
150 g Roggenmehl
100 g Weizenmehl
1 Ei
60–70 ml lauwarmes
Wasser
Salz

Für die Füllung:
500 g Kartoffeln, gekocht
1 mittlere Zwiebel,
fein geschnitten
1 Bund Schnittlauch,
fein geschnitten
Salz
Pfeffer
Muskatnuss
1 EL Butter
etwas Sahne

Zum Servieren:
geriebener Parmesan
braune Butter
Schnittlauch, fein
geschnitten

Für den Teig die beiden Mehlsorten vermischen, kranzförmig auf
ein Nudelbrett geben und salzen. Das Ei mit dem Wasser verquirlen und
in die Mitte des Mehlkranzes gießen. Von außen nach innen verkneten.
Den Teig 30 Minuten zugedeckt ruhen lassen. | **In der Zwischenzeit**
die Füllung vorbereiten. Dazu die Zwiebel in der Butter bräunen und
mit den passierten Kartoffeln, der Sahne und den Gewürzen mischen. |
Den Teig dünn austreiben und möglichst schnell verarbeiten, damit
er nicht austrocknet. Mit einer runden glatten Ausstechform Blätter
von etwa 6 cm Durchmesser ausstechen. Die Füllung mit einem kleinen
Löffel in die Mitte des Blättchens geben. Den Teig halbmondförmig
zusammenlegen und mit den Fingern die Ränder fest zusammendrücken. Die Schlutzkrapfen im Salzwasser 3–4 Minuten kochen,
mit Parmesan bestreuen und mit der braunen Butter und Schnittlauch servieren.

VARIATION: *Spinatfülle: 100 g gekochten, gehackten Spinat, 200 g Topfen,
1 gekochte, zerdrückte Kartoffel, 2 EL Parmesan sowie Schnittlauch, Muskatnuss,
Salz und Pfeffer gut vermengen.*

SPARGELRISOTTO

für 3–4 Portionen

2 EL Olivenöl
1 Zwiebel
300 g Spargel,
grün oder weiß
250 g Risotto-Reis
500 ml Gemüsebrühe
Pfeffer und Salz
Parmesan

Öl erhitzen, klein geschnittene Zwiebel anrösten. Spargel in 1 cm lange Stückchen schneiden und 2 Minuten mit den Zwiebelwürfeln mitrösten. Den Reis dazugeben, 2 Minuten unter Rühren andünsten, dann mit Gemüsebrühe aufgießen und mit Pfeffer und Salz würzen. 10 Minuten lang leicht köcheln lassen. In tiefe Teller portionieren und mit geriebenem Parmesan bestreuen.

TIPP: *Ein schnell zubereitetes Gericht im Frühling.*

REHGULASCH

2–3 EL Öl
800 g Rehfleisch
1 mittlere Zwiebel
Salz, Pfeffer
Paprika, Tomatenmark
ca. 1 EL Mehl
Wasser mit Würze oder
Fleischsuppe
1/2 TL Majoran
Zitronenschale, fein
gerieben
1 Knoblauchzehe
1 Salbeiblatt
1 Lorbeerblatt
1–2 Basilikumblätter
1 kleiner Zweig Rosmarin
1/2 TL Thymian
2–3 Wacholderbeeren
1/2 TL Kümmel
1/2 l Rotwein

Das Öl in einem Topf erhitzen, die Zwiebel klein schneiden und im Öl kurz auf großer Flamme anbraten. Das Fleisch in Würfel schneiden und zu den Zwiebelwürfeln geben. Mit Salz, Pfeffer, Paprika und Tomatenmark würzen und weiterbraten, bis das Fleisch eine schöne dunkle Farbe bekommt. Das Fleisch ab und zu mit etwas Rotwein löschen. Sobald das Fleisch schön gebraten ist, wird es mit etwas Mehl angestaubt und mit Würze oder Fleischsuppe aufgegossen. Das Fleisch weiterkochen und die klein gehackten Kräuter fast am Ende der Garzeit dazugeben. | **Garzeit:** ca. 1–1 1/2 Stunden, je nach Alter des Wildes. Dazu passen Semmelknödel und Preiselbeerkompott.

TIPP: *Für dieses Gulaschrezept eignet sich auch Hirsch- oder Gamsfleisch sehr gut.*

BAUERNSCHÖPSERNES

1 kg Schaffleisch
(junges Bergschaf)
2 Zwiebeln, etwas Öl
2–3 Knoblauchzehen
Salz, Pfeffer aus
der Mühle
Rosmarin, Majoran
Thymian
50 g Mehl
ca. 1/2 l Rotwein
1/2 l Wasser

Vom jungen Schaffleisch das Fett sehr sauber wegschneiden, in grobe Stücke schneiden, mit Salz, Pfeffer, zerkleinertem Knoblauch und den Gewürzen gut einreiben. ⏐ **Eine Bratpfanne auf der Herdplatte erhitzen,** wenig Öl hineingeben und das Fleisch darin auf allen Seiten sehr gut anbraten. Die grob geschnittenen Zwiebeln dazugeben und mitbraten. ⏐ **Mit 1/4 l Rotwein löschen** und weiterschmoren, bis die Flüssigkeit eingekocht ist. Ein zweites Mal mit Wein löschen und halb zugedeckt weiterschmoren lassen. ⏐ **Wenn die Flüssigkeit eingekocht ist,** das Fleisch aus der Pfanne nehmen, das Mehl zum Bratenfond geben, mit Wasser oder Suppe aufgießen, aufkochen lassen. Das Fleisch wieder dazugeben und zugedeckt ca. 1 Stunde je nach Alter des Schafes leicht weiterschmoren lassen. ⏐ **Wenn wir Kartoffeln mitschmoren,** diese schälen, vierteln und 1/2 Stunde vor Ende der Garzeit dazugeben und mitdünsten.

BEILAGE: *Speckknödel (s. Rezept Tiroler Knödel auf S. 54), Krautsalat*

SCHWARZBEERNOCKEN

400 g Mehl
500 g Schwarzbeeren
4 Eier
1 Prise Salz
ca. 4 gehäufte EL Zucker
1 Pkg. Vanillezucker
Milch nach Bedarf
(ca. 1/8 l)
Butterschmalz oder
Öl zum Backen
Zucker zum Bestreuen

Alle Zutaten zu einem dickflüssigen Teig zusammenmengen und mit einem Löffel flache Nocken ins heiße Butterschmalz oder Öl geben, langsam herausbacken. ⏐ **Zum Schluss** mit Zucker bestreuen.

KASTANIENKRAPFEN

Für den Teig:
500 g Mehl
1 Prise Salz
1 Ei
100 g Margarine
1 Schuss Rum
ein wenig Milch

Für die Füllung:
500 g geschälte,
gebratene Kastanien
500 ml Wasser
1 Schuss Rum
250 g Marmelade
nach Wahl
100 g Sultaninen
100 g Nüsse

Für den Teig alle Zutaten zu einem festen, geschmeidigen Teig kneten und 2 Stunden rasten lassen. | **Für die Füllung** die Kastanien im Schnellkochtopf 10 Minuten lang kochen lassen, sodass sie matschig sind. Dann abseihen und mit Rum, Marmelade, Sultaninen und Nüssen vermischen. Sollte die Masse zu wässrig sein, 2 EL Brotbrösel untermischen. | **Den Teig mit dem Nudelholz** oder mit Hilfe der Nudelmaschine ausrollen. Auf die Hälfte des Teiges in einem Abstand von ca. 5 cm (je nach Wunschgröße der Krapfen) 1 EL Füllung auf den Teig geben und mit dem restlichen Teig bedecken. Um die Füllung herum leicht andrücken, damit die Krapfen verschlossen sind, und rundherum viereckig ausschneiden. | **Anschließend im heißen Öl** schnell und kurz herausbacken, sodass die Krapfen eine helle Farbe erhalten.

VINSCHGER ROGGENBROT

1 kg Weizenvollkornmehl
1 kg Weizenmehl
1 kg Vinschger
Roggenmehl
3 Würfel frischer Germ
1,5 l lauwarmes Wasser
250 ml Sonnenblumenöl
3 gestrichene EL Salz
3 EL geriebener Brotklee

Das Mehl in eine große Schüssel geben, eine Mulde machen und den Germ hineinbröckeln. Germ mit ein wenig lauwarmem Wasser zu einem Vorteig vermischen und 15 Minuten ruhen lassen. Alle Zutaten dazugeben und so lange kneten, bis der Teig mittelfest wird und sich vom Schüsselrand löst. Den Teig mit einem Tuch zudecken und 1,5 Stunden gehen lassen. | **Anschließend nochmals durchkneten** und kleine, gleich große Brötchen zu je 100 g Teig formen, auf das Backblech legen, 10 Minuten aufgehen lassen und dann bei 240 °C 20–25 Minuten lang im Backofen backen.

TIPP: *Nicht zu hell backen, das Brot entfaltet erst mit brauner Kruste den guten Geschmack.*

Topfenknödel auf Fruchtspiegel | Seite 209

BÄUERINNEN KOCHEN

Süß und sättigend

MILCHBREIN

2/3 Flüssigkeit
(halb Milch, halb Wasser)
1/3 Brein
(Hirse oder Heiden)
Salz, Zitronenmelisse
Weinbeeren
Butter

Brein und Wasser mit einer Prise Salz kochen. Erst nach halber Kochzeit umrühren, warme Milch gegen Schluss der Garzeit beigeben. Mit Zitronenmelisse würzen, Weinbeeren beigeben und mit etwas Butter darauf servieren.

STOPFER (RIEBL)

1 l Milch
2 TL Salz
3 EL Rahm
300 g Weizengrieß
(oder Dinkelgrieß)
2 EL Maisgrieß
evtl. 2 EL Buchweizen-
schrot
120 g Butter

Milch, Salz, Rahm und die Hälfte der Butter aufkochen und Grieß ein-rühren. Zugedeckt ca. 2 Stunden quellen lassen. Die Masse zerstoßen und unter ständigem Auflockern in Butter braten.

TIPPS: *Stopfer, auch Riebl genannt, ist eines der Vorarlberger Nationalgerichte. In früherer Zeit kam er fast täglich auf den Tisch, vor allem morgens zum Kaffee.* | *Durch langsames Anbraten auf kleiner Hitze kann sich der besondere Eigengeschmack besser entfalten.* | *Mit Kaffee oder Kompott bzw. Heidelbeermus servieren.*

KAISERSCHMARREN

250 g Mehl
1/4 l Milch
4 Eier
150 g zerlassene Butter
Salz
1 EL Zucker
100 g Butter
Rosinen nach
Geschmack

Mehl und Milch verrühren, Dotter und zerlassene Butter einrühren. Schnee mit Salz und Zucker ausschlagen und vorsichtig unterheben. In einer großen flachen Pfanne Butter zerlassen und den Teig eingießen. Wenn gewünscht, Rosinen darüberstreuen. Die Pfanne ins heiße Rohr schieben und die Masse ausbacken lassen. Herausnehmen und den Teig mit zwei Gabeln in kleine Stücke zerreißen. Mit Zucker bestreut servieren.

MILCHREIS

1 l Milch
120 g Reis
1 Prise Salz
Zucker, Zimt

In kochende, leicht gesalzene Milch den gut gewaschenen Reis geben, weichkochen, mit Zucker und Zimt bestreut anrichten.

TIPP: *Man kann auch geriebene Schokolade darüberstreuen.*

TOPFENSCHMARRN

500 g Topfen
3 Eier
1/4 l Rahm
1 EL Maizena
150 g glattes Mehl
100 g Butter
1 Prise Salz
2 EL Zucker

Topfen, Salz, Zucker, Rahm und Dotter gut vermischen, Maizena und Mehl abwechselnd mit dem steifgeschlagenen Schnee untermischen. Butter in der Pfanne erhitzen, Topfenmasse fingerdick einfüllen und auf beiden Seiten goldgelb backen. Mit zwei Gabeln zerkleinern und mit Zucker bestreut servieren.

SCHMÅLZMUAS

300 g Mehl
2 Eier
150 g Butter
3/4–1 l Milch
Salz
50 g Rosinen
Staubzucker und
Zimt zum Bestreuen

Aus Mehl und Eiern einen Reibteig kneten, mit einem groben Reibeisen zu Reibgerstl reiben und trocknen lassen. Butter erhitzen und das Reibgerstl darin etwas anlaufen lassen. Mit heißer Milch aufgießen. Salz und Rosinen beigeben und wie Reis ausdünsten. Mit Zucker und Zimt servieren.

TIPP: *Schmålzmuas soll nicht zu trocken sein, deshalb evtl. noch etwas mehr heiße Milch beigeben.*

ALLHAUER ZWETSCHKENSTRUDEL

Für den Teig:
1 Ei
120 g Butter
3 EL Zucker
1/16 l Schlagobers
ca. 200 g glattes Mehl

Für die Fülle:
60 g Butter
60 g Zucker
1 Ei
50 g geriebene Mandeln
1 Semmel
4 EL Milch
400 g Zwetschken
Zimt

1 Ei zum Bestreichen

Ei, Butter, Zucker und Schlagobers in eine Schüssel geben und verrühren. Dann so viel Mehl einrühren, dass ein mittelfester Teig entsteht. Diesen im Kühlschrank mindestens 1/2 Stunde rasten lassen. Den Teig zu einer Größe von 40 × 50 cm ausrollen und mit Fülle belegen. | **Für die Fülle** Semmel in kleine Würfel schneiden und mit Milch befeuchten. Butter, Zucker und Dotter schaumig rühren und dann die Semmeln dazugeben. Eiklar zu Schnee schlagen, mit den Mandeln unter die Dotter-Semmel-Masse mischen. Das Ganze auf den ausgerollten Teig streichen und die entkernten halbierten Zwetschken darauf verteilen. | **Den Strudel** einrollen, auf ein befettetes Blech geben, mit Ei bestreichen und im vorgeheizten Rohr bei Mittelhitze backen.

TIPP: *Kalter Strudel mit Vanilleeis ergibt ein sehr gutes Dessert.*

BRAUNHOFSTRUDEL

Strudelteig
(doppelte Menge)

Für die Apfelfülle:
1 kg Äpfel
2 TL Zimt
etwas Rum
Zucker
Zitronensaft

Für die Topfenfülle:
500 g trockener Topfen
120 g Zucker
120 g Butter oder
Margarine
5 Eier
1/4 l Sauerrahm
1 EL Maizena
50 g Rosinen
1 Pkg. Vanillezucker
Zitronenschale
1 Prise Salz

Für die Mohnfülle:
100 g Zucker
1/8 l Milch
300 g Honig
500 g Mohn
3 EL Rum
etwas Kuchen- oder
Semmelbrösel
1 Prise Piment
1 Prise Nelkenpulver
etwas Zimt

150 g Brösel,
in 80 g Butter
hellbraun geröstet
zerlassene Butter
zum Bestreichen

Für die Apfelfülle Äpfel schälen und blättrig schneiden, mit Zimt, etwas Rum, Zucker und Zitronensaft nach Geschmack marinieren. | **Für die Topfenfülle** Butter, die halbe Zuckermenge, Dotter und Geschmackszutaten schaumig rühren, übrige Zutaten dazugeben. Eiklar mit restlichem Zucker ausschlagen und unterheben. | **Für die Mohnfülle** Milch mit Zucker, Honig und den Gewürzen aufkochen, Mohn und Brösel einrühren, nochmals aufkochen und quellen lassen. Dann Rum einrühren und kalt stellen. | **Strudelteig** halbieren und in weiterer Folge zwei Strudel bereiten. Teig ausziehen, die halbe Fläche mit Butterbröseln bestreuen, übrige Fläche mit Butter oder Margarine bestreichen. Die Apfelfülle auf den Butterbröseln verteilen, darauf die Topfenfülle streichen, zum Schluss die Mohnfülle draufgeben. Strudel einrollen, mit Butter bestreichen, auf ein Backblech legen und bei 160–170 °C ca. 1 Stunde backen.

SÜSSER KÜRBISSTRUDEL

Strudelteig
120 g Butter
120 g Zucker
2 Eier
80 g Brösel
1 1/2 Zitronen
2 EL Honig
1/2 Vanilleschote
1/2 TL Zimt
1/2 TL Lebkuchengewürz
100 g Rosinen
750 g Kürbis
2 EL Rum
100 g geriebene Mandeln

Kürbis grob reiben. Zitronen auspressen, mit Honig, Vanilleschote, Zimt und Lebkuchengewürz vermengen und unter den Kürbis mischen. Über Nacht stehen lassen. | **Am Morgen** in ein Sieb geben und abtropfen lassen. Den Saft auffangen! Brösel mit Kürbissaft und Rum anfeuchten, Butter, Zucker und Dotter flaumig rühren und die Bröselmischung unterrühren. Schnee schlagen und mit den Mandeln abwechselnd unterziehen. | **Strudelteig** ausziehen, mit Butter bestreichen, mit wenig Zucker bestreuen, die Hälfte mit Mandelmasse bestreichen. Die Kürbismasse mit Rosinen mischen und darauf verteilen. Eng einrollen, mit Butter bestreichen und bei 180 °C ca. 40 Minuten backen.

RHABARBERSTRUDEL

Strudelteig

Für die Fülle:
1/2 kg Rhabarber
80 g Staubzucker
1 Pkg. Vanillezucker
Schale von 1 Zitrone, unbehandelt
50 g Mandeln
60 g Butter
60 g Semmelbrösel
1 EL Kristallzucker
Zimt

Staubzucker
zerlassene Butter zum Bestreichen

Rhabarber schälen und in ca. 3 cm lange Stücke schneiden. Rhabarber mit Staubzucker, Vanillezucker, abgeriebener Zitronenschale, Mandeln und zwei Messerspitzen Zimt vermischen. | **Butter aufschäumen,** Brösel zugeben und kurz rösten. Kristallzucker und eine Messerspitze Zimt einrühren. | **Ein Backblech mit Backpapier belegen,** Teig auf einen Tuch aufbreiten und Brösel auf ein Drittel des Teiges streuen. Fülle darauf verteilen (am unteren Rand und an den Seiten ein wenig Platz lassen). Seitenränder über die Fülle einschlagen und den Strudel mit Hilfe des Tuches einrollen. Strudel auf das Blech setzen, mit flüssiger Butter bestreichen und im vorgeheizten Rohr (mittlere Schiene) ca. 30 Minuten bei 180 °C goldgelb backen. | **Strudel vor dem Anschneiden** ca. 10 Minuten rasten lassen. Mit Staubzucker bestreut und mit geschlagenem Obers oder mit gesüßtem Sauerrahm servieren.

MILLIRAHMSTRUDEL

Strudelteig
5 altbackene Semmeln
Semmelwürfel oder
mürbe Kipferl
1/4 l Milch
100 g Butter
5 Dotter
100 g Staubzucker
1/8 l Sauerrahm
100 g Topfen
geriebene Zitronenschale
1 Prise Salz
1 Pkg. Vanillezucker
4 Eiklar
2 EL Kristallzucker
Rosinen
reichlich zerlassene
Butter

Für die Eiermilch:
1/2 l Milch
50 g Zucker
1 Ei
Vanillezucker
Zitronenschale

Semmel blättrig schneiden und mit der Milch befeuchten. Butter, Staubzucker, Dotter, Topfen, Vanillezucker, Salz und Zitronenschale schaumig rühren, Rahm und Semmelwürfel zugeben, Eiklar mit Zucker steifschlagen und unter die Masse heben. **Den ausgezogenen Strudelteig** mit Butter bestreichen, Fülle auf 2/3 des Teiges auftragen, Rosinen darüberstreuen und dicke Ränder abschneiden. Den trudel vorsichtig einrollen und in eine rechteckige Kasserolle geben. **Für die Eiermilch** alle Zutaten verquirlen und 1/3 davon gleich über den Strudel gießen. **Im Backrohr** insgesamt etwa 45 Minuten goldbraun backen. Die restliche Eiermilch während des Backens darübergießen. Der Strudel wird somit mehr gekocht als gebacken. Leicht überkühlt mit Staubzucker bestreuen.

TIPP: *Mit Vanillecremesauce warm servieren.*

WEINNUDELN

1 l Milch
1/2 l Grieß
Salz
2–3 Eier
1/2 l Glühwein
Butterschmalz zum
Ausbacken

Gesalzene Milch aufkochen. Grieß einkochen, aufquellen lassen und etwas überkühlen lassen. Eier einrühren. Daumengroße Nudeln formen, in wenig Fett ausbacken und mit Glühwein servieren.

VARIATION 1: *Vor dem Ausbacken Nudeln panieren.*
VARIATION 2: *Anstatt Nudeln zu formen, kann man die Masse auf ein feuchtes Blech aufstreichen, erkalten lassen und dann in Schnitten schneiden.*

KÄRNTNER KLETZENNUDEL

Nudelteig
(s. Rezept Kärntner
Nudel auf S. 167)
300 g gekochte,
faschierte Kletzen
(= Dörrbirnen)
300 g trockener Topfen
50–70 g Zucker
1/2 KL Zimt
1 Msp. Nelkenpulver

Die Kletzen über Nacht kalt einweichen. Im Einweichwasser weich-kochen, von den Stielen und Kelchen befreien, faschieren und mit den restlichen Zutaten verkneten. Aus der Masse kleine bis mittelgroße Kugeln formen, Nudel damit füllen. Für die Weiterverarbeitung siehe Kärntner Nudel.

TIPP: *Mit zerlassener Butter und Kompott servieren.*

MARILLENKNÖDEL

für 14 Knödel

500 g Magertopfen
40 g Staubzucker
1/2 Pkg. Vanillezucker
4 Eier
100 g feiner Weizengrieß
40 g zerlassene Butter
1 Prise Salz

14 Marillen
100 g Butter
150 g Semmelbrösel
100 g geriebene Mandeln
50 g Kristallzucker
Staubzucker

Topfen in einem Tuch gut ausdrücken. In einer Schüssel alle Zutaten mischen und mit den Händen gut abkneten, dann 1 Stunde im Kühlschrank rasten lassen. | **Den Topfenteig** auf einer bemehlten Fläche zu einer Rolle formen und in 14 Scheiben teilen. Jede Scheibe mit einer Marille belegen, den Teig hochziehen und den Knödel sorgfältig verschließen. In schwach kochendes Wasser einlegen und bei geringer Hitze etwa 15 Minuten ziehen lassen. Dann mit dem Siebschöpfer aus dem

Wasser heben und gut abtropfen lassen. | **In einer Pfanne** Butter erhitzen, Semmelbrösel, Mandeln und Zucker darin goldgelb anrösten. Die Knödel in den Bröseln wälzen, anrichten und mit Staubzucker bestreut servieren.

APFELKNÖDEL MIT ZWETSCHKENKOCH

500 g säuerliche Äpfel
50 g Kristallzucker
1/2 KL Zimt
1 Ei
120 g Mehl
evtl. Semmelbrösel

**Für den
Zwetschkenkoch:**
300 g Zwetschken
2 EL Zucker
Zitronensaft
evtl. Maizena

Butter
Semmelbrösel
Staubzucker

Geschälte, entkernte und klein gewürfelte Äpfel mit Zucker und Zimt marinieren und etwas stehen lassen. Dann Ei und Mehl zugeben, gut durchrühren und wieder etwas anziehen lassen. Wenn die Masse noch nicht bindet, etwas Semmelbrösel hinzufügen. Kleine Knödel formen und diese in Salzwasser ca. 15 Minuten ziehen lassen. Knödel mit einem Siebschöpfer vorsichtig auf Küchenkrepp legen. **| Für den Zwetschkenkoch** Zwetschken entkernen, vierteln und mit etwas Wasser kurz aufkochen. Zucker und Zitronensaft hinzugeben, bei Bedarf mit etwas Maizena (oder Erdäpfelmehl) binden. **|** **Semmelbrösel** mit Staubzucker in etwas Butter goldbraun rösten und über die Knödel geben. Mit dem Zwetschkenkoch servieren.

GERMKNÖDEL

500 g Mehl
100 g Butter
1 Würfel Germ
ca. 1/8 l Milch
2 Eier
1 Prise Salz
abgeriebene
Zitronenschale von
1 unbehandelten Zitrone

Für die Fülle:
250 g Powidl
Rum
Zimt

Germ zerbröseln und mit den restlichen Zutaten zu einem festeren Teig verarbeiten. **| Für die Fülle** Powidl mit Rum und Zimt abschmecken. **|** **Aus dem Teig** gleich große Stücke abstechen, flachziehen, mit Powidl füllen und Knödel formen. Mit einem Tuch zudecken und auf doppelte Größe aufgehen lassen. In schwach wallendem Salzwasser 12–15 Minuten köcheln. **| Die Germknödel** können mit Vanillesauce serviert oder mit zerlassener Butter beträufelt und mit einem Mohn-Zucker-Gemisch bestreut serviert werden.

GEBACKENE TOPFENKNÖDERL AUF APFELSAUCE

250 g Topfen
30 g Butter
1 Ei
1 Dotter
Zitronenschale
Salz
Vanillezucker
30 g Mehl
30 g Weizengrieß
Butterschmalz

Für die Apfelsauce:
350 g Äpfel
3/16 l Wasser
1/16 l Weißwein
Zitronensaft
80 g Kristallzucker
2 EL Apfelbrand

Kristallzucker
Zimt
Sauerrahm

Topfen mit geschmolzener Butter, Ei und Dotter, Zitronenschale, einer Prise Salz und Vanillezucker in einer Schüssel mit dem Kochlöffel verrühren. Mehl und Weizengrieß unterrühren und ca. 2 Stunden kalt stellen. | **Aus dem Teig** mit einem Löffel kleine Häufchen ausstechen und mit

nassen Händen Knöderl formen. In einer tiefen Pfanne Butterschmalz erhitzen und die Knöderl bei nicht zu starker Hitze goldgelb backen – wenn das Fett zu heiß ist, bleiben die Knödel innen roh. Dann aus dem Fett herausheben und abtropfen lassen. | **Für die Apfelsauce** die Äpfel schälen, vierteln und das Kerngehäuse ausstechen. Wasser, Weißwein und Zitronensaft mit dem Zucker aufkochen, die Apfelspalten einlegen und weichdünsten. Sud und Apfelspalten pürieren, auskühlen und mit Apfelbrand verfeinern. | **Kristallzucker mit Zimt vermischen** und auf die Knöderl streuen. Dann die Knöderl auf der Apfelsauce anrichten und mit Apfelspalten und einigen Tupfern Sauerrahm verzieren.

POLMAKÜGILI

für ca. 5 Portionen

700 g Polma oder ganz frischer Sauerkäse
150 g glattes Mehl
200 g griffiges Mehl
5 Eier
1 Prise Salz
Fett zum Herausbacken

Zutaten zu einem weichen Teig verkneten, kleine Kugeln formen und schwimmend im heißen Fett goldbraun herausbacken. Kann mit Zimt, Zucker und Kompott oder mit Salat serviert werden.

TOPFENKNÖDEL AUF FRUCHTSPIEGEL

180 g griffiges Mehl
30 g Grieß
370 g magerer Topfen
3 Dotter
2 EL Sauerrahm
Salz
45 g Butter
geriebene Schale von
1/2 Zitrone

100 g Semmelbrösel
80 g Butter
Staubzucker zum
Bestreuen

Für den Fruchtspiegel:
200 g saisonales Obst
(auch tiefgefroren
möglich)
ca. 100 g Staubzucker
Saft von 1 Zitrone
1 Pkg. Vanillezucker

Mehl und Grieß auf eine Arbeitsplatte häufen und in der Mitte eine Mulde drücken. Topfen, Dotter, Sauerrahm und Salz in die Mulde geben. Geriebene Zitronenschale beifügen und Butter in Flöckchen rundum verteilen. Alle Zutaten zu einem glatten, geschmeidigen Teig verarbeiten und 20 Minuten rasten lassen. Danach zu einer 5 cm dicken Rolle formen, kleine Stücke abschneiden und Knödel formen. Alle Knödel gleichzeitig in siedendes Salzwasser einlegen. Nach etwa 2 Minuten die Knödel vorsichtig vom Boden lösen. Sobald das Wasser stärker aufzuwallen beginnt, die Hitze reduzieren und die Knödel 4–6 Minuten langsam weiterkochen lassen. | **Butter in einer Pfanne erhitzen** und die Semmelbrösel darin goldbraun rösten. Die fertig gegarten Knödel mit einem Knödelschöpfer aus dem Wasser heben, gut abtropfen lassen und in den gerösteten Semmelbröseln wälzen. | **Für den Fruchtspiegel** Obst putzen, waschen und mit Staubzucker pürieren. Das Obstpüree nach Belieben süßen und mit Zitronensaft und Vanillezucker abschmecken.

TIPP: *Sehr hübsch ist es, wenn für den Fruchtspiegel zwei verschiedenfarbige Obstarten (z.B. Zwetschke und Apfel) getrennt püriert werden. Alternativ dazu kann man als Kontrastfarbe auch flüssiges Schlagobers verwenden. Das dunklere Fruchtpüree auf einem Teller anrichten, dann das hellere oder das Schlagobers in die Mitte geben und mit einer Gabel durch das dunkle Püree ziehen.*

ARME RITTER

5 Semmeln
140 g Brösel
40 g Zucker
2 Eier
3/8 l Milch
Salz
Butterschmalz zum
Herausbacken
Zimt und Zucker zum
Bestreuen

Semmeln in Scheiben schneiden. Milch, Eier, Zucker und Salz versprudeln und Semmelscheiben darin einweichen. Die eingeweichten Semmelschnitten in Bröseln wälzen und in heißem Butterschmalz herausbacken. Mit Zimt und Zucker bestreut servieren.

TIPP: *Als Beilage eignet sich jede Art von Kompott.*
VARIATION: *Ungezuckert eignet sich diese Speise auch als Beilage zu Gemüsegerichten oder Salat.*

ÜBERBACKENE TOPFENPALATSCHINKEN

Für den Tropfteig:
1/4 l Milch
2 Eier
150 g Mehl
Salz
Öl zum Herausbacken

Für die Fülle:
250 g Topfen
2 Dotter
2 Eiklar
60 g Feinkristallzucker
30 g Rosinen
1/2 Zitrone, ungespritzt

Für den Überguss:
1/4 l Süßrahm

Für den Tropfteig alle Zutaten mit der Schneerute oder dem Handmixer glatt verquirlen. Etwas Öl in einer runden Pfanne erhitzen und dünne Palatschinken herausbacken. | **Für die Fülle** die Eiklar zu ganz steifem Schnee schlagen, den Grießzucker nach und nach einschlagen, bis die Masse glänzt. Die Eidotter einschlagen, Topfen, Rosinen, Zitronensaft und -schale vorsichtig untermischen. Die Palatschinken damit bestreichen, einrollen, in der Mitte durchschneiden, dachziegelartig in eine bebutterte und bebröselte Auflaufform schichten und den Rahm darübergießen. Im vorgeheizten Rohr bei 175 °C ca. 40 Minuten backen.

TIPP: *Zu dieser süßen Hauptspeise schmeckt am besten Apfelkompott.*

KASTANIENPUDDING

200 g gekochte,
geschälte Kastanien
200 g Zucker
5 Eier
50 g geriebene
Schokolade
40 g Brösel
4 EL Rum

Zucker, Eidotter und geriebene Schokolade schaumig rühren. Gekochte, passierte Kastanien, mit Rum befeuchtete Brösel und den Eischnee zugeben. Die Masse in eine befettete, mit Zucker ausgestreute Puddingform geben und 45 Minuten im Wasserbad kochen. Etwas abgekühlt stürzen, mit Weinsauce zu Tisch bringen.

RAHMTOMMERL

10 EL Sauerrahm
8 EL Zucker
8 EL Mehl
6 Eier
Salz
Staubzucker

Sauerrahm, Zucker und Dotter mit etwas Salz versprudeln und Mehl und Eischnee unterheben. In einer befetteten Auflaufform goldgelb backen. Mit zwei Gabeln zerreißen und überzuckert mit Kompott servieren.

HOLLERSTRAUBEN

1/4 l Most oder Wasser
oder 1/2 l Milch
1 Ei
200 g Mehl
1 EL Zucker
etwas Salz
Hollerblüten
Öl oder Backschmalz
zum Ausbacken
Zimt und Zucker
zum Bestreuen

Alle Zutaten zu einer nicht zu dünnflüssigen Masse verrühren. Hollerblüten in Backteig eintauchen und in Öl oder Backschmalz resch herausbacken. Mit Zimt und Zucker bestreut servieren.

Christine-Maria Kaswurm

· ZWETSCHKENPOFESEN ·

SALZBURG

Zutaten

Backteig
(s. Rezept Apfelradl im
Weinbackteig auf S. 229)

8 Scheiben (nicht zu frisches)
Weiß- oder Milchbrot
4 KL Powidl
Butterschmalz zum Ausbacken
Zimt und Zucker zum Bestreuen

Nicht zu dünnen Backteig herstellen.

*Weißbrot oder Milchbrot in Scheiben schneiden,
mit Powidl bestreichen, zwei Teile zusammensetzen,
in Backteig wenden und im heißen Butterschmalz
herausbacken. Mit Zimt und Zucker bestreut servieren.*

Tipp: Dazu passt ein Glas Milch sehr gut.

Christine-Maria Kaswurm hat für **Krapfen, Kipferl, Brezen & Co.** und
Österreichische Bäuerinnen kochen Knödel Rezepte zur Verfügung gestellt.

MOHNSCHNEIDERFLECK

500 g Erdäpfel
150–200 g Mehl
1 Prise Salz
1 Ei
70 g Butter
Zucker und geriebener
Mohn zum Bestreuen

Erdäpfel kochen, schälen und passieren. Mit Mehl, Salz und Ei rasch zu einem Erdäpfelteig kneten und 3 mm dünn ausrollen. Mit dem Teigrad in 12 cm große Quadrate schneiden und auf einer gut gereinigten Herdplatte (oder Pfanne) die Teigflecke beidseitig hellbraun backen. Mit zerlassener Butter beträufeln. **Mohn mit Zucker vermischen** und auf die Teigflecke streuen, zusammenrollen und sofort servieren.

MOHNNUDELN

500 g mehlige Erdäpfel
125 g griffiges Mehl
30 g Weizengrieß
2 Eidotter
Salz
Mohn
Zucker
Butter
Staubzucker

Erdäpfel kochen, schälen, im Rohr bei 150 °C ca. 10 Minuten ausdämpfen lassen. Erdäpfel mit der Presse passieren, restliche Zutaten rasch unter die noch warme Erdäpfelmasse mischen. Teig 15 Minuten rasten lassen. **Fingerdicke Rollen formen,** portionieren und ca. 4–5 cm lange Nudeln zwischen den Handflächen „wuzeln". Die Erdäpfelnudeln im leicht gesalzenen Wasser ca. 5 Minuten sieden lassen. Butter schmelzen und den Mohn und den Zucker untermischen. Die Nudeln herausnehmen und im Mohn-Zucker-Butter-Gemisch wälzen, mit Staubzucker bestreuen und anrichten.

BEILAGE: *Dazu passt Apfelmus.*

MAGSCHOAN

Weißbrot
Zucker, Zimt
Milch
Kakao

Weißbrot (eventuell auch Zopfbrot) in Scheiben schneiden, lagenweise mit Zimt, Zucker, eventuell Kakao oder Schokoladestückerln in eine Schüssel schichten. Mit Milch übergießen, durchziehen lassen und kalt servieren.

TIPP: *Als einfaches Abendessen geeignet.*

BUCHTELN

500 g glattes Mehl
125 g zerlassene Butter
1/2 Pkg. frischer Germ
60 g Zucker
2 Eier
1 Dotter
etwas Zitronenschale
1 Pkg. Vanillezucker
ca. 1/4 l Milch
zerlassene Butter zum
Eintauchen der Buchteln
feste Marillenmarmelade
zum Füllen

Vanillesauce:
1/2 l Milch
1/2 Vanilleschote
2 Dotter
100 g Zucker
20 g Maizena

Mehl in eine Schüssel wiegen, Zitronenschale dazugeben. Zucker, Vanillezucker, zerlassene Butter, Eier, Milch und den Germ in einer Rührschüssel gut verrühren und über das Mehl gießen. Zu einem mittelfesten Germteig verarbeiten und zugedeckt zum doppelten Volumen aufgehen lassen. Den Teig nochmals zusammenschlagen und gehen lassen. | **Aus dem Germteig** zehn gleich große Stücke (ca. 100 g) abstechen. Die Teigstückchen auseinanderziehen und mit Marmelade füllen. Zu Buchteln formen, in zerlassene Butter tauchen und nebeneinander mit der Naht nach unten in eine Form setzen. Ca. 1/2 Stunde zugedeckt gehen lassen. Bei 180 °C Ober- und Unterhitze ca. 40–50 Minuten backen. | **Für die Vanillesauce** Milch mit ausgeschabter Vanilleschote zum Kochen bringen. Dotter mit Zucker und Maizena in einem Häferl verrühren und in die heiße, aber nicht kochende Milch einrühren. Bis zum Servieren immer wieder leicht durchrühren. Buchteln anzuckern und mit Vanillesauce servieren.

TIPP: *Buchteln schmecken auch noch kalt sehr gut zu einer Tasse Tee oder Kaffee.*

GEFÜLLTE POLSTERZIPF

500 g Mehl
1 Prise Salz
4–5 Eidotter
3/8 l Rahm
2 EL Rum oder Weißwein
Ribiselmarmelade
zum Füllen
Ei zum Bestreichen
Staubzucker zum
Bestreuen
Backfett

Mehl mit Salz, Dottern, Rahm und Rum rasch zu einem mittelfesten Teig verkneten. Zugedeckt 1/2 Stunde rasten lassen. Dünn ausrollen und Quadrate von 7 cm ausschneiden. Mit Ribiselmarmelade füllen, den Rand mit Ei bestreichen und zu Dreiecken zusammenschlagen, mit einer Gabel zudrücken. Im heißen Fett hellbraun backen und mit Staubzucker bestreut servieren.

TIPP: *Man kann den ausgerollten Teig auch zu verschobenen Dreiecken oder Vierecken radeln und ungefüllt in heißem Fett backen.*

SPITZBUBEN (ZWECKEN)

100 g Butter
500 g Erdäpfel
2 Eier, 2 Dotter
100 g Mehl
Muskat
Zitronenschale
Schmalz
Zucker, Zimt

Erdäpfel kochen, passieren und erkalten lassen. Butter schaumig rühren und mit den Erdäpfeln vermengen. Eier und Dotter untermengen, mit Muskat und abgeriebener Zitronenschale verfeinern. Mehl einarbeiten (nur so viel wie notwendig). Mittelgroße Nudeln (Zwecken) wuzeln und in heißem Schmalz goldgelb backen. Mit Zimt und Zucker bestreuen und mit Marmelade oder Mostschaum servieren.

TSCHAGRUTSCHEN

1/2 Schale Semmelbrot
1/2 Schale Süßrahm
2 Stamperl Rum
1 Handvoll Rosinen
1 EL Zucker
1 EL Zimt
1 Prise Salz
3 Schalen Mehl
etwas Milch
Butter zum Ausbacken

Alle Zutaten zusammenmischen, Laibchen formen und in Butter herausbacken.

TIPP: *Vollmehl verwenden!*

MONTAFONER KRIASIBRÖSEL

1 l Milch
1 TL Salz
1/2 kg Grieß
200 g Butter
1 kg Kirschen

Milch und Salz zum Kochen bringen, Grieß einstreuen und quellen lassen. Butter in der Pfanne erhitzen und die Grießmasse unter ständigem Auflockern fein anbraten. Die frischen Kirschen dazugeben und noch einige Minuten mitbraten. Nach Wunsch mit Zucker bestreuen.

GEBACKENE MÄUSE MIT DINKELMEHL

250 g Dinkelvollmehl
250 g Dinkelfeinmehl
1 TL Salz
1 Würfel Germ
1/4–3/8 l Milch
2 Eidotter
Rum
abgeriebene
Zitronenschale
60 g Zucker
60 g Butter
50 g Rosinen
Fett zum Ausbacken
Zimt-Zucker-Gemisch
zum Bestreuen

Für das Dampfl Germ mit Zucker, Milch und Mehl verrühren und zugedeckt an einem warmen Ort gehen lassen. | **Butter** zergehen lassen, Milch und Rum dazugießen, Dotter in die lauwarme Masse einrühren. | **Das fertige Dampfl** in die trockenen Zutaten einmengen, dann die flüssigen einarbeiten. Den Teig so lange schlagen, bis er sich vom Rand löst und sich gut verbunden hat. Je länger er geschlagen wird, umso feiner wird das Gebäck. Dann zugedeckt an einem warmen Ort gehen lassen, bis er das doppelte Volumen erreicht hat. | **Nach dem Aufgehen** mit in Fett getauchtem Löffel Nocken aus dem Teig stechen. In heißem Fett schwimmend goldbraun backen und mit Zimtzucker bestreuen.

KÜRBISPUDDING

2 Eier
100 g Zucker
1 Prise Salz
Muskat, Zimt
250 g püriertes
Kürbisgemüse
1/4 l Obers
etwas Cognac

Eier, Zucker, Salz und Gewürze schaumig schlagen. Kürbis, Obers und Cognac gut unterheben. | **In eine befettete, bebröselte Puddingform füllen** und im Wasserbad 1 Stunde garen. Kalt oder warm mit Schlagobers servieren.

TIPP: *Mit Preiselbeerkompott schmeckt der Kürbispudding besonders gut!*

Nachspeisen

BRATÄPFEL

4 Äpfel (Jonathan, Boskop)
40 g Rosinen
80 g Nüsse
1 EL Honig
250 ml Weißwein
1 EL Zucker
1 TL Zimt

Äpfel waschen, Kerngehäuse ausstechen und die Schale an einigen Stellen einritzen. Rosinen, geriebene Nüsse, Honig und Zimt mischen und in die Äpfel einfüllen. | **Die Äpfel** in eine Kasserolle geben, Wein und Zucker beigeben und bei 180 °C 20 Minuten im Rohr braten.

TOPFEN-APFEL-KÜCHLE

150 g Topfen
125 g Sauerrahm
Orangen- und
Zitronenschale
30 g Stärkemehl
2 Dotter
3 Eiweiß
40 g Zucker
Salz
2 Äpfel
2 EL Butter
Staubzucker, Zimt

Topfen, Sauerrahm, Orangen- und Zitronenschale und Stärkemehl glattrühren. Dotter einzeln langsam einrühren. Eiweiß mit Zucker und Salz zu festem Schnee schlagen, gemeinsam mit den gehobelten Äpfeln unter die Topfenmasse heben. | **Butter** in einer Pfanne schmelzen, mit einem Esslöffel kleine „Küchle" in die Pfanne setzen, kurz anbraten und im Backofen fertig backen. | **Die Topfen-Apfel-Küchle** mit Zimt und Staubzucker bestreuen und mit einem Fruchtragout oder -kompott anrichten.

MOHN-BIRNEN-KNÖDERL IM BACKTEIG

250 g Dörrbirnen
150 g Mohn
Zimt, Nelkenpulver
3 EL Zwetschken-
marmelade
1 Stamperl Rum

Für den Backteig:
1/4 l Milch
4 EL Mehl
1 Ei
etwas Rum

Backfett
Zimt, Zucker

Dörrbirnen weichkochen und fein hacken. Mit den restlichen Zutaten vermischen und Knöderl formen. | **Milch, Mehl, Ei und Rum** zu einem Backteig verrühren. Die Knöderl in den Backteig tauchen und schwimmend in heißem Fett herausbacken. Mit Zimtzucker bestreut servieren.

MOZARTKNÖDEL AN SCHOKOLADESINFONIE

40 g Butter
250 g Topfen
1 Ei
120 g Mehl
Salz, Vanillemark
Zitronenschale

Mozartkugeln zum Füllen
200 g Butter
100 g Semmelbrösel
100 g geriebene
Haselnüsse
2 EL Zucker, Zimt

**Für die
Schokoladesinfonie:**
100 g Nougat
100 g Schokolade
1/4 l Rahm

Butter schaumig rühren, Topfen und Ei dazurühren und die restlichen Zutaten einmengen. Den Teig mindestens 1 Stunde rasten lassen. | **Mozartkugeln** mit Teig umhüllen und Knödel formen. Über Dampf ca. 15 Minuten garen. | **Semmelbrösel und Haselnüsse** mit Zucker und Zimt in Butter goldbraun rösten, Knödel darin wälzen. | **Für die Schokoladesinfonie** Rahm mit Schokolade und Nougat langsam zu einer cremigen Masse erwärmen.

GRAMMELTASCHERL

400 g Mehl
Salz
1 Pkg. Backpulver
2 Eier
150 g Staubzucker
250 g faschierte
Grammeln
1 EL Sauerrahm
Marmelade zum
Bestreichen

Mehl, Backpulver, Salz, Staubzucker vermischen und fein gehackte Grammeln untermengen. Mit Ei und Sauerrahm zu einem glatten Teig verarbeiten, den man 1/4 Stunde rasten lassen soll. | **Auf einem bemehlten Brett** auswalken, Vierecke schneiden und mit einer säuerlichen Marmelade (z.B. Ribisel oder Vogelbeer) belegen. Zusammenlegen und bei 200 °C 20 Minuten backen.

BIRNENSTRUDEL MIT PROSECCOSCHAUM

Strudelteig
4 reife Birnen
1 EL Butter
3 EL Feinkristallzucker
2 EL Birnengeist
3 Dotter
3 EL Backzucker
150 g Topfen (20 %)
abgeriebene
Zitronenschale von
1/2 Zitrone
3 Eiklar

Für den Proseccoschaum:
1/4 l Prosecco
3 Eidotter
1 Ei
200 g Backzucker

3 EL Butter zum Bestreichen

Birnen schälen, entkernen und in dünne Spalten schneiden. In einer Pfanne Butter schmelzen und mit dem Kristallzucker karamellisieren. Birnen darin wenden, mit dem Birnengeist ablöschen, aufkochen, abkühlen. | **Eidotter** mit 2 EL Backzucker und Topfen schaumig rühren, Zitronenschale dazugeben. Eiklar mit 1 EL Backzucker zu steifem Schnee schlagen. Unter die Eidottermasse heben (Soufflé-Masse). | **Ausgezogenen Strudelteig** zur Hälfte mit zerlassener Butter bestreichen, zweite Hälfte darüberklappen, Teig halbieren und in weiterer Folge zwei Strudel bereiten. | **Teig mit Soufflé-Masse** bestreichen, Birnen darauf verteilen und einrollen. Mit zerlassener Butter bestreichen und im vorgeheizten Backrohr bei 200 °C ca. 20 Minuten goldbraun backen. | **Für den Proseccoschaum** Prosecco, Eidotter, Ei und Backzucker vermischen und über Wasserdampf schlagen, bis die Masse dick und schaumig ist. Sofort mit dem lauwarmen Strudel servieren.

Lungauer Rahmkoch

500 g Mehl
250 g Rahm
250 g Butter
Anis
Rosinen oder Weinbeeren
Zimt
1 Prise Salz
Zucker
1 Ei

Aus Rahm und Mehl in einer Schüssel kleine Brockerl bereiten. Butter am Herdrand zerfließen lassen. Mehl-Rahm-Gemisch einrühren und bei schwacher Hitze unter ständigem Rühren auskochen, dabei Gewürze und Rosinen untermischen. ǀ **Damit das Rahmkoch** eine geschmeidige Form erhält, den Zucker erst kurz vor dem Fertigwerden beifügen. Fällt die Masse beim Umrühren dickflüssig vom Kochlöffel, so ist das Rahmkoch fertig. Rasch das ganze Ei darunter rühren, in eine Rehrücken- oder Kastenform geben und kühl stellen.

Wetzstoanudel

500 g Mehl
30 g Germ
60 g Zucker
1 Prise Salz
60 g Butter
2 Eidotter
1/4 l Milch
300 g Rosinen
Fett zum Backen

Mehl, Salz, Zucker vermischen und in eine Schüssel geben. In der Mitte eine Vertiefung machen, Germ einbröseln, lauwarme Milch dazugeben und Germ gehen lassen. ǀ **Nun Rosinen, Dotter, zerlassene Butter** einmengen, restliche Milch dazugeben und einen glatten Teig bereiten, gut abschlagen und gehen lassen. Teig in 10 cm lange und 3 cm dicke „Nudeln" formen und in heißem Fett backen.

Mandel-Eistorte

Für den Biskuit:
2 Eier
60 g Zucker
60 g Kuchenmehl

Für die Creme:
160 g Mandelblättchen
200 g Baiser-Gebäck
100 g Zartbitter-
schokolade
500 ml Sahne

Für die Verzierung:
50 g Schokoglasur
Giotto-Kugeln

Biskuit herstellen und in Tortenform bei 175 °C ca. 10 Minuten backen. ǀ **Mandelblättchen** in einer Pfanne ohne Fett hell rösten. Zwei Esslöffel davon für die Verzierung beiseite stellen. Baiser grob zerkleinern, Schokolade grob hacken. ǀ **Sahne** steifschlagen, Mandelblättchen, Baiser und Schokolade unterheben und auf dem Biskuitboden verteilen. Für 2 Stunden in den Gefrierschrank stellen. ǀ **Aus der Form lösen,** mit restlichen Mandelblättchen bestreuen und mit geschmolzener Schokoglasur und halbierten Giottokugeln garnieren.

POWIDLTASCHERL

250 g Mehl
1/8 l Wasser
2 Eier
Salz
20 g Butter
Powidl zum Füllen
100 g Butter zum
Abschmalzen
Zimt und Zucker zum
Bestreuen

Mehl, Wasser, Eier und zerlassene Butter zu einem glatten Teig verkneten, Laibchen formen und rasten lassen. Den Teig messerrückendick auswalken und in zwei Teile schneiden. Einen Teil in Abständen von etwa 5 cm jeweils mit einem Teelöffel Powidl belegen. Den Teig rundherum immer mit Eiklar bestreichen. Den zweiten Teil des Teiges darüberlegen und dort, wo kein Powidl liegt, gut aufeinanderdrücken. Mit dem Teigrad oder dem Messer auseinanderschneiden. In kochendem Salzwasser garen, bis die Tascherl an der Oberfläche schwimmen. Abseihen, in heißer Butter schwenken und mit Zimt und Zucker bestreuen.

KIPFERLNOCKERL
MIT SCHOKOLADE

7 altbackene Kipferl
fein gehackte
Zitronenschale
60 g Schokolade
40 g geriebene Mandeln
60 g Zucker
1 Pkg. Vanillezucker
2 Eier
1/3 l Milch
1/2 Pkg. Backpulver
1 TL Vanille-
puddingpulver
Butterschmalz zum
Ausbacken

Kipferl kleinwürfelig schneiden und mit kochender Milch übergießen. Stehen lassen, bis die Kipferl die ganze Milch aufgesaugt haben. Zitronenschale, Backpulver, Zucker und Eier zugeben, gut verrühren und nochmals anziehen lassen. Mit einem in heißes Fett getauchten Löffel Nockerl abstechen. Fett erhitzen und Nockerl darin herausbacken. | **Schokolade reiben,** mit Mandeln vermischen und die noch warmen Nockerl darin wenden. Nockerl mit Kompott, Fruchtsauce oder Vanillecreme servieren.

BRANDTEIGSTRAUBEN MIT HIMBEERSAFT UND STAUBZUCKER

1/8 l Milch
120 g Butter
1 Prise Salz
300 g Weizenmehl, glatt
4 Eier
2 EL Rum
Fett zum Backen
Himbeersaft zum
Beträufeln

Milch, Salz und Butter aufkochen, Mehl beimengen und gut verrühren. So lange auf der Platte lassen, bis sich ein Klumpen gebildet hat und am Topfboden ein weißer Belag ist. Den Teig überkühlen lassen und Eier und Rum einrühren. Mit einem Spritzsack oder Trichter in heißes Fett einlaufen lassen und goldgelb backen. Anrichten, mit Himbeersaft beträufeln, mit Staubzucker bestreuen und noch heiß servieren.

SCHLOSSERBUBEN

32 Stück kernlose
Dörrpflaumen
150 g geriebene
Schokolade
50 g Staubzucker

Für den Backteig:
1 Ei
5 EL Mehl
1 Pkg. Vanillezucker
5 EL Milch
1 Prise Salz
Fett zum Backen

Dörrpflaumen über Nacht einweichen. Mehl, Salz, Vanillezucker, Ei und Milch zu einem Teig vermischen. | Dörrpflaumen in den Backteig tauchen, in heißem Fett backen und abtropfen lassen. In geriebener Schokolade wälzen und mit Staubzucker bestreuen.

BEILAGE: *Dazu trinkt man Milch.*

SALZBURGER NOCKERL

5 Eiklar
3 Eidotter
30 g Zucker
20 g Mehl
Vanillezucker

Für die Form:
20 g Butter
1/8 l Milch
1 EL Staubzucker
feuerfeste Auflaufform

Eiklar mit Zucker steifschlagen. Dotter, Mehl und Vanillezucker vorsichtig unterheben. | **In der Auflaufform** Butter, Staubzucker und Milch verrühren und erwärmen. | **Aus der Masse** drei Nockerl formen, in das feuerfeste Geschirr geben und im heißen Rohr bei 160 °C goldbraun backen. | **Salzburger Nockerl** sollen in der Mitte einen weichen Kern haben und immer frisch zubereitet werden.

GESCHICHTE ZU DEN SALZBURGER NOCKERL: *Die Mätresse eines Erzbischofs, Salome Alt, soll das süße Aushängeschild der Salzburger Kulinarik erfunden haben – das Salzburger Nockerl. | Eine Portion des süßen Genusses besteht aus einem „Gebirge" von drei Nockerl. Sie erinnern an die verschneiten Salzburger Berge. Welche Hausberge genau gemeint sind, geht aus der Überlieferung nicht eindeutig hervor, eventuell handelt es sich um den Mönchsberg, Gaisberg und Kapuzinerberg. | Die Nockerl werden goldbraun gebacken, auf einer Silberplatte serviert und mit Staubzucker bestreut. Eine Portion reicht für zwei bis drei Personen. | Auch in der Operette werden sie besungen, die Salzburger Nockerl – „süß wie die Liebe und zart wie ein Kuss … ein himmlischer Genuss …" – so heißt es in Fred Raymonds schwungvollem Operetten-Klassiker „Saison in Salzburg".*

WEINTRAUBENSULZ MIT WALNÜSSEN

1 kg blaue und grüne
Weintrauben
3/4 l Most
Zucker nach Geschmack
1 Vanilleschote
6 Gewürznelken
1 Zimtstange
geriebene Schale von
1 Zitrone
120 g grob gehackte
Walnüsse
10–12 Blatt Gelatine

Weintrauben waschen, halbieren und entkernen. Most mit Zucker, ausgeschabtem Vanillemark, Nelken, Zimtstange und Zitronenschale erhitzen, ca. 10 Minuten leicht köcheln lassen und abseihen. Die in kaltem Wasser eingeweichte Gelatine in den Glühmost geben. **| Rehrückenform mit Alufolie auslegen** und die mit den gehackten Walnüssen vermischten Traubenhälften einfüllen. Mit Glühmost übergießen und im Kühlschrank mindestens 4–5 Stunden sulzen lassen.

TIPP: *Dazu passt sehr gut steifgeschlagenes Schlagobers mit Zimt oder einigen Löffeln Eierlikör vermischt.*
VARIATION: *Es können anstelle der Walnüsse auch Mandelsplitter oder statt Weintrauben Zwetschken verwendet werden.*

MANDEL-TRAUBEN-STRUDEL

Strudelteig
400 g helle, kernlose
Weintrauben
80 g Butter
40 g Staubzucker
2 Dotter
1 Pkg. Vanillezucker
1 Prise Salz
1 EL Crème fraîche
80 g geriebene Mandeln
1 Msp. Zimt
2 cl Mandellikör
2 Eiklar
30 g Kristallzucker

Für die Weincreme:
1/16 l Milch
60 g Staubzucker
3/8 l Weißwein
20 g Vanille-
puddingpulver

Weintrauben waschen, abrebeln und gut abtrocknen. Butter und Zucker schaumig rühren, Dotter nach und nach unterrühren, Gewürze und Crème fraîche dazugeben, Eischnee unterheben. **| Mandel-Trauben-Masse** auf 2/3 des ausgezogenen Strudelteiges verteilen, restliche Fläche mit zerlassener Butter bestreichen. Seitenlängen einschlagen und Teig eng einrollen. Auf ein befettetes Backblech legen und im vorgeheizten Rohr bei 180 °C 30 Minuten backen. **| Für die Weincreme** Milch mit Zucker, Wein und Vanillepuddingpulver gut verrühren und bei geringer Hitze unter ständigem Rühren so lange kochen, bis die Masse dickcremig ist. **| Strudel in Stücke schneiden** und mit Weincreme, Vanilleeis und Schlagobers gefällig anrichten.

NOUGATTASCHERL IN NUSSBRÖSELN MIT ROTWEINKIRSCHEN

Für den Brandteig:
125 ml Milch
30 g Butter
80 g glattes Mehl
1 Ei

Für Fülle und Nussbrösel:
100 g Nougat
60 g Butter
70 g Semmelbrösel
1 EL Kristallzucker
1/2 Pkg. Vanillezucker
60 g Nüsse, gemahlen
Staubzucker

Für die Rotweinkirschen:
100 g Kompott-Kirschen
100 ml Rotwein
40 g Kristallzucker
Schale von 1/2 Orange
1/2 TL Speisestärke

Für den Brandteig Milch mit Butter und einer kleinen Prise Salz aufkochen. Mehl zugeben und den Teig unter Rühren rösten, bis er sich vom Geschirrboden löst. Teig in eine Schüssel geben, Ei einarbeiten. Teig auf einen bemehlten Teller legen, mit Frischhaltefolie zudecken und auskühlen lassen. | **Das Nougat** in zwölf Stücke teilen. Den ausgekühlten Teig mit Mehl stauben und ca. 3 mm dick ausrollen. Zwölf Scheiben (Durchmesser 8 cm) ausstechen. Teigränder dünn mit Wasser bestreichen. Teigscheiben mit je einem Stück Nougat belegen, über die Mitte zusammenklappen und die Ränder festdrücken. | **Die Tascherl** in leicht gesalzenes Wasser legen und bei schwacher Hitze ca. 5 Minuten garziehen lassen. Inzwischen Butter aufschäumen, Brösel, Zucker, Nüsse und Vanillezucker zugeben und unter Rühren goldbraun rösten. Tascherl aus dem Wasser heben, abtropfen lassen und in den Bröseln wenden. | **Für die Rotweinkirschen** Rotwein mit Zucker und geriebener Orangenschale aufkochen und bei schwacher Hitze 1 Minute köcheln lassen. Kirschen zugeben und die Mischung weiterköcheln lassen. Stärke mit 1 TL Wasser glattrühren, zu den Kirschen gießen und kurz köcheln lassen, bis der Saft eindickt. | **Die fertigen Nougattascherl** mit Staubzucker bestreuen und mit den Rotweinkirschen servieren.

LEBKUCHENMOUSSE

120 g Lebkuchen
100 g Edelbitterschokolade
375 ml Schlagobers
Schale von 1/4 Orange, abgerieben
2 EL Rum
1 Messerspitze Zimt
200 g Preiselbeerkompott
Saft von 1 Orange
weiße Schokolade

50 g Lebkuchen für die Garnierung beiseite stellen. Den restlichen Lebkuchen fein reiben. Schokolade zerkleinern und im Wasserbad schmelzen. Schlagobers steifschlagen und abwechselnd geschmolzene Schokolade sowie Lebkuchenbrösel unterziehen. Mit Orangenschale, Rum und Zimt abschmecken und zugedeckt mindestens 5–6 Stunden, am besten über Nacht, kalt stellen. | **Für die Preiselbeersauce** Preiselbeerkompott passieren und mit Orangensaft verrühren. | **Aus der Mousse** mit einem befeuchteten Esslöffel Nockerl ausstechen. Mit Preiselbeersauce anrichten und mit Lebkuchenbröseln und weißen Schokoladespänen garnieren.

APFELRADL IM WEINBACKTEIG

für 6 Portionen

Für den Weinbackteig:
1/8 l Weißwein
4 EL Mehl
1 Prise Salz
1 EL Zucker
abgeriebene
Zitronenschale
etwas Vanillezucker
oder Vanilleschote

2 Eier
1 kg feste Äpfel
Fett zum Ausbacken

Wein mit Mehl, Salz, Zucker, Zitronenschale, Vanillezucker und Eidottern zu einem glatten Teig verrühren, Eiklar zu Schnee schlagen und leicht unterziehen. Kerngehäuse der Äpfel ausstechen und schälen. In zentimeterdicke Scheiben schneiden, in den Backteig tauchen und im tiefen Fett goldbraun herausbacken. Apfelradl mit Zimt und Staubzucker bestreuen und warm servieren.

TIPP: *Dazu passt sehr gut eine Kugel Vanilleeis.*

SÜSSE MAISBÄLLCHEN

4–5 Maiskolben
2 Eier
1 Prise Salz
2 EL Zucker
2 EL Mehl
Marillenmarmelade

Maiskolben putzen, 5 Minuten vorkochen und Körner ablösen. Eidotter, Salz und Zucker verrühren, Mehl unterrühren. Maiskörner und Eischnee unterheben. ǀ **Teig** portionsweise in heißem Frittierfett (180 °C) goldbraun ausbacken und auf Küchenkrepp entfetten. Mit erhitzter Marillenmarmelade als Dessert servieren.

BUNTE KÜRBISKNÖDEL

für 12 Knödel

3/16 l Milch
2 EL Kürbiskernöl
1 EL Zucker
1 Prise Salz
70 g Weizengrieß
2 Eier
60 g Semmelbrösel

Für die Fülle:
1/8 l Milch
60 g Honig
2 cl Rum
120 g geriebene
Kürbiskerne
60 g Semmelbrösel
Zitronenschale
1 EL Vanillezucker
Zimt

Kürbiskerne
geröstete, geriebene
Haselnüsse
Kakaopulver

Für den Knödelteig Milch, Öl, Zucker und Salz aufkochen, den Grieß
einrühren und so lange kochen, bis ein glatter Teig entsteht. Etwas über-
kühlen lassen, die Eier einrühren und mit den Semmelbröseln verkneten. |
Für die Fülle Honig, Milch, Rum, geriebene Zitronenschale, Vanillezucker und eine Prise Zimt aufkochen, die fein geriebenen Kürbiskerne
dazugeben und aufkochen lassen. Zum Schluss die Semmelbrösel ein-
rühren. Zwölf kleine Kugeln formen und kurz tiefkühlen. | **Den Teig
in zwölf Stücke teilen** und damit die Kugeln umhüllen. In Salzwasser
kochen, bis sie aufschwimmen. Herausnehmen und je ein Drittel in
gerösteten Haselnüssen, fein geriebenen Kürbiskernen und Kakaopulver
wälzen. Dazu passt eine Waldbeersauce.

Nui Schmalz

1/2 l Milch
60 g glattes Mehl
1 Prise Salz
1 Prise Zucker
1/4–1/2 kg Butter
Honig

Mehl in Milch einkochen, Salz und Zucker dazurühren. Zu einem dicken Brei einkochen und handwarm auskühlen lassen. Dann zimmerwarme Butter langsam unterrühren, bis es schön weiß und flaumig ist. Über Nacht im Kühlschrank stehen lassen. Mit Honig übergossen servieren.

TIPP: *Als Nachspeise eine Delikatesse – kann man auch zu Waffeln und Krapfen servieren.* | *Diese Speise wurde früher in Tirol nur zum Kirchtag zubereitet.*

Melonenterrine mit Heidelbeeren

2 Ogenmelonen
(kernarm)
6 EL lieblicher Weißwein
Zucker nach Geschmack
10 Blatt Gelatine
250 g Heidelbeeren
20 g gehackte Pistazien
Schlagobers zum
Garnieren

Melonen halbieren, Fruchtfleisch entkernen, aus zwei Hälften Bällchen ausstechen, aus den weiteren zwei Hälften Fruchtfleisch herauslösen und im Mixer mit Wein und Zucker pürieren. Eingeweichte Gelatine auflösen und zum Püree geben. Heidelbeeren verlesen. | **Melonenkugeln, Heidelbeeren und Pistazien** mit Püree vermischen, in eine mit Frischhaltefolie ausgelegte Kastenform (1,5 l) füllen und einige Stunden kalt stellen.

TIPP: *Ogenmelonen sind eine Züchtung aus Israel, sie sind sehr saftig und leicht säuerlich. Es können aber auch Honigmelonen verwendet werden. Im Juli und August kommen Melonen auch aus heimischer Erzeugung – sie schmecken besonders süß, da sie reif geerntet werden.*

Mostcreme

1/4 l Most
3 Eier
100 g Zucker
Zitronensaft

Most, Dotter, Zucker und Zitronensaft über Dampf schaumig schlagen. Eiklar zu steifem Schnee schlagen, unterheben und weiterschlagen, bis die Masse ganz fest ist. Kalt stellen und mit Biskotten servieren.

FRÜHLINGSTRAUM

500 g Erdbeeren
2 Pkg. Vanillezucker
100 g Honig
3 EL Amaretto
3/4 l Sauermilch
1/8 l Rahm
4 Kugeln Vanilleeis

Erdbeeren (einige zum Verzieren zurückhalten), Vanillezucker, Honig und Amaretto mit dem Mixstab pürieren. Sauermilch und die Hälfte des geschlagenen Rahms unter das Fruchtpüree heben. In Sektkelche verteilen und jeweils eine Eiskugel dazugeben. Mit Schlagrahm, Erdbeerspalten und Erdbeerblättchen garnieren und gekühlt servieren.

ERDBEERCREME

400 g Erdbeeren
3 EL Zucker
1 Pkg. Vanillezucker
4–5 Blatt Gelatine
1/4 l Schlagobers

Roh passierte Erdbeeren mit Zucker nach Geschmack und Vanillezucker verrühren. Dann eingeweichte, aufgelöste Gelatine dazumengen und kalt stellen. Wenn die Masse anfängt, dick zu werden, steifgeschlagenes Schlagobers darunterziehen.

RHABARBER-APFEL-CREME

1/4 l Apfelsaft
1/4 l Orangensaft
1/2 kg Rhabarber
3 Äpfel
100 g Zucker
3 EL Maizena

Für die Vanillecreme:
1/4 l Milch
1/2 Pkg. Vanille-
puddingpulver
2 EL Zucker
1/4 l Rahm

Apfelsaft, Orangensaft und Zucker aufkochen, Rhabarber- und Apfelwürfel dazugeben und kurz kochen. Maizena mit 3 EL kaltem Wasser anrühren, Obstmasse damit eindicken. In Dessertgläser halbvoll einfüllen, erkalten lassen, mit Vanillecreme abdecken und garnieren. | **Für die Vanillecreme** Milch mit Zucker aufkochen, in kalter Milch angerührtes Puddingpulver einrühren, einmal aufkochen lassen, überkühlen und steifgeschlagenen Rahm unterziehen.

GRAMMELEIS MIT WAFFELN UND SCHWARZBEERSCHAUM

100 g Zucker
100 g frische Grammeln
Vanilleeis

Für die Waffeln:
100 g Butter
100 g Staubzucker
Salz
2 Eier
100 g Mehl
1 Msp. Backpulver

Für den
Schwarzbeerschaum:
1 Becher Schlagobers
100 g Schwarzbeeren
Zucker nach Bedarf

Zucker in einer Pfanne karamellisieren lassen und Grammeln einrühren. Auf ein Backpapier streichen und auskühlen lassen. Ein zweites Blatt Backpapier darübergeben und Krokant mit dem Nudelholz noch zerkleinern. Mit einem Eisportionierer Kugeln aus dem Vanilleeis ausstechen und in Krokant wälzen. ǀ **Für die Waffeln** die Eier trennen, Eiklar zu Schnee aufschlagen. Zimmerwarme Butter mit Staubzucker und Salz schaumig rühren, Eidotter einzeln unterrühren. Abwechselnd das mit Backpulver vermischte Mehl und den Eischnee unterheben.

Masse ca. 1 Stunde ziehen lassen und dann mit dem Waffeleisen dünne Waffeln backen. ǀ **Für den Schaum** Schlagobers steifschlagen, Schwarzbeeren und Zucker unterheben und mit Grammeleis und Waffeln servieren.

TIPP: *Je nach Jahreszeit kann mit dem Obst variiert werden. Zu Weihnachten zum Beispiel Schlagobers mit Amarenakirschen vermischen und statt Waffeln Lebkuchen zum Eis reichen.*

HIMBEER-TOPFEN-CREME

1/8 l Milch
120 g Zucker
2 Eidotter
3 Blatt Gelatine
250 g Topfen
3 EL Zitronensaft
1 Pkg. Vanillezucker
150 g Himbeeren
1/4 l Rahm

Milch, Zucker und Eidotter aufkochen. Gelatine in der heißen Flüssigkeit auflösen. Topfen und Geschmackszutaten in die etwas überkühlte Masse rühren. Kurz vor dem Abstocken die Himbeeren und 2/3 des geschlagenen Rahms unterziehen. In Sektschalen verteilen, mit dem restlichen Rahm, jeweils einer ganzen Himbeere und Himbeerblättchen garnieren.

SPARGEL-ERDBEER-COCKTAIL

250 g weißer Spargel
200 g grüner Spargel
1 Prise Zucker
2 EL Butter
1 EL Honig
400 g Erdbeeren

2 EL gehobelte,
süße Mandeln
2 EL Pistazienkerne
1 Sträußchen
Zitronenmelisse

Weißen Spargel schälen, beim grünen Spargel die Enden abschneiden. In Wasser mit Zucker zugedeckt bei mittlerer Hitze garen (weißen Spargel ca. 13 Minuten, grünen ca. 7–9 Minuten), herausnehmen, abtropfen lassen und in Stücke schneiden. Spargelstücke in einer Pfanne in der zerlassenen Butter kurz schwenken und mit Honig beträufeln. | **Erdbeeren waschen,** die größeren halbieren, evtl. etwas mit Staubzucker bestreuen und mit dem abgekühlten Spargel farblich sortiert in Cocktailgläsern anrichten. Mit Mandelblättchen bestreuen. Pistazienkerne dazugeben, mit Zitronenmelisse dekorieren und kalt servieren.

ERDBEERPARFAIT

4 Eier
2 Eidotter
200 g Kristallzucker
Vanillezucker
1/2 l Obers

Für die Erdbeersauce:
250 g Fruchtmark
2 EL Zitronensaft

Eier, Dotter, Kristallzucker und Vanillezucker zuerst warm, dann kalt dickschaumig aufschlagen. Geschlagenes Obers unterheben, Parfaitmasse schichtweise in Form füllen (evtl. mit einer Einlage von Fruchtstücken, Biskuit etc. gemischt) und frieren. Form nach dem Einfrieren kurz mit kaltem Wasser abspülen. Parfait portionieren und mit Obers und Früchten garnieren, Erdbeersauce extra dazu reichen.

BANANENFRAPPÉ

3 Bananen
1 Pkg. Vanillezucker
1/2 Zitrone (Saft)
1/2 l Naturjoghurt
4 Kugeln Walnusseis

Bananen, Vanille, Zitrone mit dem Mixstab pürieren und Joghurt kurz mitmixen. In Longdrinkgläser verteilen und jeweils mit einer Kugel Walnusseis verfeinern.

GÄNSELIESL

550 g Äpfel
80 g Zucker
geriebene Schale und
Saft von einer Zitrone
Zimtrinde
Gewürznelken
etwas Wasser
130 g Vollkornbrot
40 g Butter
1/8 l geschlagener
Süßrahm

Die Äpfel waschen, schälen, vierteln und entkernen. Mit wenig Wasser, den Gewürzen und dem Zucker weichdünsten und kalt stellen. | **Das Brot kleinwürfelig schneiden** und in der heißen Butter knusprig rösten. In eine mittelgroße Glasschüssel abwechselnd eine Schicht gedünstete Äpfel und geröstetes Brot geben. Das Schlagobers mit dem Löffel nockenförmig über die Oberfläche verteilen und gleich servieren.

Beschwipster Marmorkuchen im Glas | Seite 251

BÄUERINNEN KOCHEN

Verführung
am Nachmittag

DOBOSSCHNITTEN

600 g Mehl
120 g Butter
120 g Zucker
1 Pkg. Backpulver
2 Eier
1/4 l Sauerrahm

Für die Creme:
3/4 l Milch
375 g Butter
450 g Zucker
6 EL Mehl
3 EL Kakao

Schokoladeglasur

Für die Creme werden alle Zutaten miteinander vermischt und unter
ständigem Rühren gekocht, bis eine dickliche Creme entsteht. Die übrigen Zutaten rasch zu einem glatten Teig verarbeiten und in sieben gleich
große Stücke teilen. Den Teig auf einem bemehlten Nudelbrett messerrückendick rechteckig ausrollen. Ein Backblech umdrehen und mit Backpapier bedecken. Den Teig drauflegen und bei 180 °C goldgelb backen.
Die sieben Platten noch warm mit der Creme zusammenkleben und für
7–8 Stunden beschweren. Aus einem rechteckigen Stück Butterpapier ein
Stanitzel formen und mit der Schokoladeglasur füllen. Kreuz und quer
Streifen auf die Schnitten spritzen und in Stücke schneiden.

KAPUZINERSTRUDEL

Germteig
1/8 l Weißwein
4 EL Rum
140 g Kristallzucker
100 g fein gehackte Nüsse
150 g Mandelblättchen
70 g Rosinen
1 Prise Zimt

Weißwein, Rum und Zucker aufkochen lassen, Nüsse, Mandeln
und Rosinen einrühren. Mit Zimt fein abschmecken. Teig ausrollen
und mit der Fülle bestreichen. Von den beiden Längsseiten ausgehend
zur Mitte hin einrollen, mit der Naht nach unten auf ein mit Backpapier ausgelegtes Blech legen und mit Ei bestreichen. Vor dem Backen
nochmals 30 Minuten gehen lassen. Bei ca. 180 °C 1 Stunde backen.

TIPP: *Besonders fein schmeckt der Kapuzinerstrudel mit etwas Schlagobers,
das mit Cognac und Vanillezucker verfeinert wurde.*

TOPFENSTRUDEL

Strudelteig
130 g weiche Butter
130 g Zucker
1 Pkg. Vanillezucker
1 Prise Salz
5 Eier
Zitronenschale
200 ml Sauerrahm
500 g Topfen
60 g Rosinen
Milch zum Bestreichen

Butter, Zucker, Vanillezucker und Salz schaumig rühren, nach und nach die Eidotter dazurühren und mit Zitronenschale, Sauerrahm und passiertem Topfen vermischen. Die Eiklar zu steifem Schnee schlagen und unter die Topfenmasse heben. ǀ **Strudelteig dünn ausziehen,** mit der Topfenfülle bestreichen, mit den Rosinen bestreuen und locker aufrollen. In eine gebutterte Form legen, mit Milch bestreichen und bei mäßiger Hitze (160–180 °C) 45 Minuten backen. Zwischendurch immer wieder mit wenig Milch begießen.

KIRCHTAGSTORTE

6 Eier
180 g Zucker
180 g Brösel
1 l Grüner Veltliner
1/4 l Wasser
Zucker
Gewürznelken
Zimtrinde
Zitronenschale

Eier und Zucker sehr schaumig schlagen und die Brösel vorsichtig einheben. In befettete und bebröselte Tortenform füllen und bei 180 °C backen. ǀ **Wein mit Wasser, Zucker und Gewürzen aufkochen** und ausgekühlt über die erkaltete Torte gießen.

TIPP: *Die Kirchtagstorte wird in manchen Regionen Niederösterreichs auch zu Silvester zubereitet.*

BAUERNHOCHZEITSTORTE

Für die Biskuitmasse:
4 Dotter
150 g Zucker
Zitronenschale
80 g Mehl
4 Eiklar

Für die Brotmasse:
200 g Zucker
5 Eier
5 Dotter
200 g geriebene Mandeln
50 g geriebene Schokolade
gehackte Zitronenschale
Zimt, zerstoßene Nelken
50 g Hausbrotbrösel
5 Eiklar

Marmelade
Punschglasur

Für den Biskuit Dotter mit Zucker und Zitronenschale dickschaumig rühren und Mehl und steifgeschlagenen Schnee unterheben. In eine befettete und bemehlte Tortenform füllen und bei 210 °C ca. 45 Minuten backen. Aus der Form nehmen und auskühlen lassen. ǀ **Für die Brotmasse** Zucker mit 5 ganzen Eiern und 5 Dottern schaumig rühren. Mandeln, Schokolade, Zitronenschale, Zimt, Nelken und Brotbrösel vermischen und gemeinsam mit dem steifgeschlagenen Schnee unterheben. Teig ebenfalls in eine befettete und bemehlte Tortenform geben und bei 210 °C ca. 50–60 Minuten backen. Torte aus der Form nehmen und auskühlen lassen. Den dunklen Tortenboden mit Marmelade bestreichen, den Biskuitboden daraufsetzen und mit Punschglasur überziehen.

LEOPOLDISCHNITTEN

9 Eier, getrennt
225 g Zucker
225 g Mehl
2 EL warmes Wasser
1 EL Kakao
1/2 Pkg. Backpulver

Für den Belag:
250 ml Schlagobers
250 ml Crème fraîche
300 g frische Himbeeren

Schokoflocken zum
Bestreuen

Eiklar zu steifem Schnee schlagen. Dotter mit Zucker und warmem Wasser schaumig rühren, Mehl, Kakao und Backpulver versieben, alle Zutaten zusammenmischen. Backblech befetten und bemehlen, Teig aufstreichen und bei 190 °C 15–20 Minuten backen. | **Für den Belag** Schlagobers steifschlagen, mit Crème fraîche verrühren und Himbeeren unterheben. Creme auf dem ausgekühlten Biskuitboden verteilen und dicht mit Schokoflocken bestreuen.

TIPP: *Bei Verwendung von tiefgekühlten Himbeeren geben Sie am besten noch etwas aufgelöste Gelatine unter die Creme, damit sie nicht zu flüssig wird. Vor dem Servieren kühl stellen.*

FEINE BEERENTORTE

Für den Boden:
4 Eier, getrennt
1 Prise Salz
120 g Zucker
1 Pkg. Vanillezucker
120 g Dinkel- oder
Weizenmehl

Für die Fülle:
1 Becher Naturjoghurt
1 Becher Topfen
1 Becher Sauerrahm
1 Becher Sahne
1 kleiner Becher
Mascarpone
150 g Staubzucker
1 Pkg. Vanillezucker
8 Blatt Gelatine

Für den Guss:
250 g gemischte
Beeren (Heidelbeeren,
Johannisbeeren,
Himbeeren)
2–3 EL Zucker
4 Blatt Gelatine

Eiklar mit einer kleinen Prise Salz zu steifem Schnee schlagen, löffelweise Zucker und Vanillezucker dazugeben und weiterrühren, bis eine kompakte Schneemasse entstanden ist. Zum Schluss die Eidotter noch kurz mitrühren und das gesiebte Mehl unterheben. Den Teig in eine befettete und bemehlte Tortenform gießen. | **Im vorgeheizten Rohr** bei 175 °C Ober- und Unterhitze backen. Biskuit nach dem Backen sofort abdecken, damit er nicht austrocknet. | **Für die Fülle** Joghurt, Topfen, Sauerrahm, Mascarpone und Zucker verrühren und die aufgelöste Gelatine unter die Masse rühren. Die geschlagene Sahne unterheben und auf dem Biskuitboden verteilen. Kühl stellen, bis die Masse fest ist. | **Für den Guss** die Beeren mit dem Zucker kurz aufkochen, die aufgelöste Gelatine unterheben und auf die Fülle geben. Nochmals kühl stellen.

BREGENZERWÄLDER HAUSTORTE

250 g Butter
250 g Backzucker
3 Rippen
Bitterschokolade
7 Eidotter
7 Eiklar
250 g geriebene Nüsse
Marillenmarmelade zum
Bestreichen

Für die Schokoglasur:
200 g Schokolade
40 g Kokosfett

Weiche Butter mit der Hälfte des Backzuckers und den Eidottern mit Mixer zu einer cremigen Masse rühren, Schokolade über Dampf erweichen lassen und zugeben. Die Eiklar zu festem Schnee schlagen und mit der anderen Hälfte des Zuckers noch etwas weiterschlagen, bis die Schneemasse schön fest ist. Nüsse und Eischnee unter die Dottermasse heben. In eine Tortenform geben und im vorgeheizten Backrohr bei ca. 180 °C etwa 1 Stunde backen. | **Nach dem Auskühlen** die Torte mit Marillenmarmelade bestreichen und mit Schokoglasur überziehen.

TIPP: *Die Torte kann zwei bis drei Tage im Voraus gebacken werden.*

WACHAUER TORTE

140 g Zucker
7 Eier
50 g Schokolade
140 g Mandeln
Ribiselmarmelade

Für die Creme:
1 Ei
80 g Schokolade
120 g Butter
80 g Zucker

Dotter und Zucker schaumig rühren. Schokolade erweichen und mit den geriebenen Mandeln einrühren. Eiklar zu steifem Schnee schlagen und vorsichtig unterheben. Bei 180 °C ca. 1 Stunde backen. | **Für die Creme** Butter, Ei und Zucker schaumig rühren, erweichte Schokolade unterrühren und kalt stellen. Die fertig gebackene Torte durchschneiden, dünn mit Ribiselmarmelade bestreichen, mit Creme füllen und verzieren.

BUCHWEIZENROULADE
MIT PREISELBEERFÜLLUNG

Für den Teig:
6 Eier
120 g Zucker
1 Pkg. Vanillezucker
1 Prise Salz
120 g Buchweizenmehl

Für die Fülle:
1/4 l Rahm
200 g Preiselbeer-
marmelade

Eier, Zucker, Vanillezucker und Salz sehr flaumig rühren. Mehl leicht unterheben. Die Masse auf ein mit Backpapier ausgelegtes Blech streichen und bei 180 °C 12–15 Minuten hellbraun backen. Aus dem Rohr nehmen und auf ein mit Staubzucker bestreutes Backpapier stürzen. Backpapier abziehen und auskühlen lassen. ╷ **Rahm steifschlagen** und Preiselbeeren leicht untermengen. Auf die Roulade streichen und einrollen.

VARIATIONSMÖGLICHKEITEN: *Buchweizenmehl durch 80 g Dinkelmehl und 40 g geröstete und geriebene Kürbiskerne oder Nüsse ersetzen.* ╷ *Man könnte auch 2 EL Kakaopulver beimengen, damit man eine dunkle Roulade erhält.* ╷ *Für die Fülle eine Topfen-Früchte-Creme verwenden: 1 Pkg. Qimiq glattrühren, 1 Pkg. Magertopfen unterrühren, zuckern nach Belieben, Vanillezucker und Zitronensaft dazugeben. Creme auf die Roulade streichen und Früchte (z.B. Himbeeren, Heidelbeeren, Pfirsichstücke etc.) darauf verteilen, einrollen und kalt stellen.*

BIENENSTICH

1/4 kg Topfen (20 %)
8 EL Rahm
1 Ei
100 g Honig
5 EL Öl
1 Pkg. Vanillezucker
400 g Weizenvollmehl
1 Weinsteinbackpulver

Für die Fülle:
1/2 l Milch
1 1/2 Pkg. Vanille-
puddingpulver
80 g Zucker
1/4 l Rahm
4 Blatt Gelatine

Für den Belag:
100 g Butter
100 g Zucker
150 g Mandeln, gehobelt
3 EL Milch
1 EL Honig
1 Pkg. Vanillezucker

Für den Teig den Topfen mit dem Rahm glattrühren. Vanillezucker, Honig und Ei daruntermischen. Das Öl portionsweise einrühren. Das Mehl mit dem Backpulver vermischt unterrühren. Den Teig in einer runden Tortenform ausrollen, den ausgekühlten Belag daraufgeben und sofort bei 180 °C ca. 35–40 Minuten backen. **| Für den Belag** Butter, Zucker, Milch, Vanillezucker und Honig erwärmen und die Mandeln beigeben. **| Für die Fülle** Vanillepudding zubereiten und auskühlen lassen. Die aufgelöste Gelatine und den geschlagenen Rahm unterheben. **| Gut ausgekühlte Bienenstichtorte** einmal durchschneiden, wieder mit dem Tortenring umstellen. Mit der Puddingcreme füllen und den Deckel mit dem Belag daraufgeben.

TIPP: *Schmeckt auch ohne Fülle hervorragend, wenn die Teigmasse mit doppelter Belagmenge auf dem Backblech gebacken wird.*

HIMMLISCHE APFELTORTE

Für den Mürbteig:
250 g Butter
200 g Zucker
2–3 Eier
1 Pkg. Vanillezucker
1 Prise Salz
200 g Nüsse oder
Mandeln
300 g Mehl
Zimt, Nelkenpulver

Für die Apfelfülle:
5 große Äpfel
1/2 l Apfelsaft
1 Pkg. Vanille-
puddingpulver

1/4–1/2 l Rahm und
Zimt zum Garnieren

Mehl mit Butter abbröseln, Zucker, Vanillezucker, Salz, Zimt und Nelkenpulver dazugeben und mit den geriebenen Nüssen und den Eiern rasch zu einem Mürbteig verkneten. Den Teig 1/2 Stunde kühl stellen. **| Für die Apfelfülle** den Apfelsaft aufkochen lassen und mit dem Puddingpulver eindicken. Die Äpfel grob raspeln oder hobeln und in die heiße Puddingmasse geben. Den Mürbteig ausrollen und damit eine Tortenform auskleiden. **| Die noch warme Apfel-Pudding-Masse** einfüllen und bei 180 °C ca. 25 Minuten backen. Die ausgekühlte Torte mit geschlagenem Rahm wolkenartig behäufen und mit Zimt bestäuben.

BISKUITROULADE

4 große Eier
150 g Feinkristallzucker
120 g glattes Mehl
1 EL Öl
1 Pkg. Vanillezucker

Für die Fülle:
150 g Marillenmarmelade
2 cl Rum

Staubzucker zum
Bestreuen

**Eier mit Zucker und Vanille-
zucker sehr schaumig schlagen.**
Öl einrühren und das gesiebte
Mehl unterheben. Den Teig auf
ein mit Backpapier ausgelegtes
Blech streichen. Im vorgeheizten
Backrohr bei 190 °C Ober- und
Unterhitze ca. 12 Minuten hell-
braun backen. | **Die Roulade
auf Backpapier stürzen,** das
am Biskuit haftende Backpapier
ablösen und einrollen. Auskühlen
lassen. | **Roulade aufrollen** und
mit Marillenmarmelade, verrührt
mit Rum, bestreichen, wieder einrollen. Mit Staubzucker bestreuen.

BIRNEN-MOHN-TORTE

2 Eier
1 Becher Fein-
kristallzucker
1 Pkg. Vanillezucker
1 Prise Salz
1 Becher Joghurt
1 Becher Öl (Rapsöl)
etwas Zimt
1 Becher griffiges Mehl
(Vollmehl)
1 Becher
gemahlener Mohn
1/2 Pkg. Backpulver

Für den Belag:
1 Dose Kompott-
Birnenhälften
1/2 l Joghurt
80 g Zucker
1 Pkg. Vanillezucker
1/2 Zitronensaft
8 Blatt Gelatine
1/4 l Rahm

Eiklar mit Kristallzucker schaumig schlagen. Dotter und Öl hinzufügen. Joghurt mit Vanillezucker einrühren. Das mit Backpulver und Zimt
vermischte Mehl gleichzeitig mit dem Mohn unterheben. Den Teig in
eine Tortenform geben und im Rohr bei 170 °C etwa 40 Minuten backen. |
Für den Belag Joghurt mit Zucker, Vanillezucker und Rum vermischen.
Gelatine auflösen und daruntermischen. Zum Schluss den steifgeschlagenen Rahm unterheben. Birnenhälften oder in Würfel geschnitten auf
den ausgekühlten Tortenboden geben und diesen mit der Joghurtmasse
auffüllen. | **Ein paar Stunden kühl stellen** und dann mit Rahmroset-
ten, klein geschnittenen Birnenstücken und Minzblättern garnieren.

LINZER TORTE

280 g Mehl
280 g Butter
280 g geriebene Nüsse
200 g Staubzucker
2 Eidotter
1 Ei
1 Pkg. Vanillezucker
2 TL Weinsteinbackpulver
2 TL Lebkuchengewürz

Ribiselmarmelade zum
Bestreichen
evtl. etwas Rum

Mehl und kalte Butter rasch verkneten. Von einem Dotter ca. ein Drittel weggeben und dann die übrigen Zutaten beimischen. | **Zwei Drittel des Teiges** in der Größe der Tortenform (28 cm Durchmesser) ausrollen. Die Ribiselmarmelade evtl. mit etwas Rum geschmeidig rühren und auf der Oberfläche der Teigplatte verteilen, dabei ca. 1 cm Rand lassen. Aus dem übrigen Teig bleistiftdicke Rollen formen und als Gitter über die Marmelade legen. Außen mit einer etwas

dickeren Rolle abschließen. Den Teig mit dem verquirlten Eidotter bestreichen. | **Die Torte** auf dem zweiten Einschub bei 150–170 °C Heißluft 40–50 Minuten backen.

KASTANIENTORTE

**Für die
Kakaobiskuitmasse:**
7 Eier
200 g Kristallzucker
1 Prise Salz
1 Prise Vanillezucker
100 g Weizenmehl
50 g Maizena
35 g Kakaopulver
50 ml Öl

Für die Kastanienfülle:
250 g Kastanienreis oder
passierte Kastanien
50 g Zucker
50 ml Rum
4 Blatt Gelatine
300 ml Rahm

Preiselbeermarmelade
zum Füllen und Verzieren
etwas Rahm und
Kastanienreis zum
Verzieren

Eier mit Kristallzucker, Salz und Vanillezucker schaumig aufschlagen, bis das Volumen der Masse nicht mehr zunimmt. Mehl, Maizena und Kakaopulver vermischen und vorsichtig unter die Masse heben. Abschließend Öl behutsam unterziehen. In eine befettete und bemehlte Tortenform geben und im vorgeheizten Backrohr bei 180 °C 35–40 Minuten backen. | **Für die Fülle** Kastanienreis mit Zucker und Rum verrühren, aufgelöste Gelatine dazugeben und den geschlagenen Rahm unterheben. | **Den ausgekühlten Tortenboden** zweimal durchschneiden und wieder mit dem Tortenring umstellen. Den untersten Boden mit Preiselbeermarmelade bestreichen. Danach den zweiten Boden daraufsetzen. Zwei Drittel der Kastanienfülle daraufgeben, mit dem letzten Tortenboden abdecken und mit der restlichen Kastanienfülle bestreichen. | **Kühl stellen,** dann aus der Form nehmen, mit geschlagenem Rahm, Kastanienreis und Preiselbeermarmelade verzieren.

KÄRNTNER REINDLING

für 2 Reindling

1 kg Mehl (universal
oder halb Weizen und
halb Dinkel)
1 Würfel Germ
2 Eier
2 Eidotter
150 g Butter
ca. 3/8 l Milch
2 KL Salz
etwas Rum

Für die Fülle:
1,5 EL Butter
Zimt
Zucker
Rosinen
evtl. geriebene Walnüsse

Aus den Zutaten einen nicht zu festen Germteig bereiten, gehen lassen.
Dann aus der Schüssel nehmen, durchkneten und nochmals 1/2 Stunde
gehen lassen. | **Für die Fülle** Butter zerlassen und mit Zimt verrüh-
ren. Auf den ausgerollten Teig aufstreichen, Zucker, Rosinen, wenn
gewünscht auch Walnüsse darüberstreuen. Zusammenrollen, in gut
ausgebutterte Reindlingform oder Gugelhupfform geben und nochmals
kurz gehen lassen. Vor dem Backen Teig mit einem Spieß mehrmals bis
zum Boden einstechen (damit die Gase, die durch den Zucker entstehen,
entweichen können). Bei ca. 180 °C 45 Minuten backen.

TIPP: *Wenn der Teig etwas weicher ist und man den Reindling gut füllt,
geht die Fülle in den Teig und er zerfällt beim Aufschneiden nicht.*

REHRÜCKEN

3 Eier
100 g Zucker
100 g Butter
80 g geriebene Nüsse
70 g Mehl
etwas Backpulver
abgeriebene
Zitronenschale

Für die Glasur:
250 g Kochschokolade
20 g Kokosfett

1/2 Pkg. Mandelstifte
Marillenmarmelade zum
Bestreichen

Eier, Zucker und Butter sehr schaumig schlagen. Mehl mit Backpulver versieben, Nüsse, abgeriebene Zitronenschale und Mehl unter die Masse heben. Eine Rehrückenform befetten und bemehlen, Teig in die Form streichen und bei 180 °C 40 Minuten backen. ⎢ **Rehrücken aus der Form stürzen** und auskühlen lassen. Dann in der Mitte auseinanderschneiden und mit Marmelade bestreichen. Kochschokolade und Kokosfett erwärmen, Kuchen damit glasieren und zum Schluss Mandelstifte in die Glasur stecken.

TIPP: *Die Glasur etwas überkühlen lassen, dann halten die Mandelstifte besser und die Glasur bricht nicht.*

WALNUSSTORTE

8 Eier
240 g Zucker
1 Pkg. Vanillezucker
etwas Zimt
160 g Walnüsse
50 g Mehl

Für die Fülle:
250 g Butter
150–180 g Staubzucker
1 Pkg. Vanillezucker
100 g Rohmarzipan
150 ml Milch
1/2 Pkg. Vanille-
puddingpulver

Für die Glasur:
200–250 g Staubzucker
2 EL Zitronensaft
2 EL Wasser

Nuss- oder Mandellikör
zum Tränken der
Tortenböden
100 g Rohmarzipan
zum Ausrollen
halbe Walnüsse oder
geriebene Nüsse zum
Dekorieren

Die Eier mit Zucker und Vanillezucker sehr schaumig schlagen, Mehl mit Nüssen und Zimt vermischen und unter die Schaummasse heben. Den Teig in eine am Boden mit Backpapier ausgelegte Tortenform streichen und im vorgeheizten Rohr bei 170 °C auf mittlerer Schiene ca. 50 Minuten backen, auskühlen lassen. Nach dem Erkalten zweimal durchschneiden. ⎢ **Für die Fülle aus Milch und Puddingpulver** einen Pudding kochen und auskühlen lassen. Inzwischen die Butter mit Zucker und Vanillezucker schaumig rühren, Marzipan dazuschneiden und glattrühren. Den kühlen Pudding löffelweise einrühren. ⎢ **Etwas von der Creme** auf den ersten, mit Likör getränkten Tortenboden streichen, mit der ausgerollten Marzipanplatte belegen und wieder etwas Creme darauf verstreichen, die zweite Tortenplatte aufsetzen, mit dem zweiten Drittel der Creme bestreichen und mit der dritten, ebenfalls getränkten Tortenplatte abdecken. ⎢ **Die Tortenoberfläche** dünn mit Marillenmarmelade einstreichen und mit einer Zitronenglasur glasieren. Den Rand der Torte mit der restlichen Creme einstreichen und mit einer zackigen Teigkarte schöne Streifen in den Rand ziehen. Am unteren Rand der Torte halbe Nüsse aufsetzen oder den Rand mit geriebenen Nüssen bestreuen.

BESOFFENE KAPUZINER

5 Eier
150 g Feinkristallzucker
1 Prise Salz
60 g geriebene Nüsse
170 g glattes Mehl
3 EL Wasser

Für den „Besuff":
500 ml Wein oder Most
70–100 g Zucker
500 ml Apfelsaft
2 EL Zitronensaft
4 cl Rum

Schlagobers zum
Garnieren

Eier mit Zucker, Salz und Wasser schaumig schlagen. Nüsse und Mehl unterheben. Die Masse in zwölf Muffinformen füllen. Im vorgeheizten Backrohr bei ca. 165 °C Ober- und Unterhitze ca. 25 Minuten backen und auskühlen lassen. | **Für den „Besuff"** alle Zutaten außer Rum aufkochen lassen. Vom Feuer nehmen, Rum zugießen und die Kapuziner damit gut beträufeln. Mit Schlagobers garnieren.

TIPPS: *Mit dem „Besuff" nicht sparen.* | *Die Kapuziner kann man gut einfrieren.*

ORANGEN-ÖLGUGELHUPF

5 Eier, getrennt
250 g Mehl
250 g Zucker
1/8 l frisch gepresster
Orangensaft
1/8 l Öl
Schale von 1 unbehandelten Orange
1 TL Backpulver
1 Pkg. Vanillezucker

Dotter, Zucker, Vanillezucker und Orangensaft sehr schaumig schlagen. Öl nach und nach dazurühren. Orangenzesten, Mehl mit Backpulver und den geschlagenen Schnee unterheben. In eine befettete, bemehlte Gugelhupfform füllen. | **Bei 160 °C ca. 1 Stunde backen.** Erkaltet mit Staubzucker bestreuen.

KARDINALSCHNITTEN

Für die Biskuitmasse:
2 Eidotter
1 Ei
50 g Staubzucker
50 g Mehl

Für die Baisermasse:
2 Eiklar
125 g Zucker

Für die Fülle:
500 ml Schlagobers
2 Pkg. Cappuccinopulver
1 Pkg. Sahnesteif

Für den Biskuit Dotter und Eier schaumig schlagen, Staubzucker dazugeben und weiterschlagen, das Mehl vorsichtig unterheben. **Für das Baiser** Eiklar zu steifem Schnee schlagen, am Schluss Zucker kurz mitrühren. **Backblech mit Backpapier** belegen. Biskuitmasse in einen Spritzsack füllen und mit 2 cm Abstand sechs Streifen quer aufs Blech dressieren. In jeden zweiten Zwischenraum Baisermasse dressieren (wiederum mit Spritzsack). Auf diese Weise entstehen drei Böden. Bei 160 °C 25 Minuten backen, danach auskühlen lassen. **Für die Fülle** Schlagobers mit Sahnesteif aufschlagen, Cappuccinopulver unterrühren. Die Hälfte der Fülle auf einen Boden aufstreichen, den zweiten Boden darauflegen und die restliche Fülle aufstreichen. Mit dem dritten Teil abschließen. Ca. 1–2 Stunden kühl stellen. Vor dem Servieren evtl. mit Staubzucker bestreuen.

HOHENSTAUFNER KIRSCHKUCHEN

Für den Hefemürbteig:
300 g Mehl
20 g frische Hefe
2 EL lauwarme Milch
1 Ei
70 g Zucker
70 g Butter

Für die Füllung:
2 Gläser Sauerkirschen
50 g Speisestärke
2 cl Kirschwasser oder Rum

Für die Streusel:
100 g Mehl
90 g Zucker
90 g Butter
1 Pkg. Vanillezucker
1 TL Zimt

50 g gestiftelte Mandeln

Für den Belag:
1/2 l Sahne
1 Pkg. Vanillezucker
100 g Schokoflocken

Kirschen abtropfen lassen, Saft auffangen. Kirschsaft mit Speisestärke zu einem Pudding kochen und Kirschen unterheben. Nach dem Auskühlen mit Kirschwasser oder Rum abschmecken. **Mehl in eine Schüssel sieben,** Hefe in lauwarmer Milch auflösen, mit den anderen Zutaten zum Mehl geben und zu einem glatten Mürbteig verkneten. In die Tortenform geben, ausrollen, den Rand ca. 3 cm hochziehen und andrücken. Kirschfüllung darauf verteilen. **Die Zutaten für die Streusel** miteinander vermischen, über die Kirschfüllung geben, darüber noch die Mandelstifte streuen. **Im vorgeheizten Rohr** bei 190 °C ca. 45 Minuten backen. Nach dem Erkalten die Schlagsahne mit Vanillezucker steifschlagen und auf dem Kuchen wolkenförmig verteilen. Mit Schokoflocken bestreuen.

Altes überliefertes Rezept!

MARMORGUGELHUPF

3 Eier, getrennt
1 Prise Salz
1/8 l Öl
1/8 l Wasser
200 g Staubzucker
1 EL Vanillezucker
250 g glattes Mehl
1 EL Backpulver
geriebene Zitronenschale
1 EL Kakao

Eiklar mit etwas Salz zu festem Schnee schlagen. Öl, Wasser, Staubzucker, Vanillezucker, mit Mehl versiebtes Backpulver, Zitronenschale und Dotter schaumig rühren. Schnee unterheben. Masse teilen und in eine Hälfte 1 EL Kakao einrühren. In eine ausgebutterte und bemehlte Gugelhupfform zuerst die helle, dann die dunkle Teigmasse gießen und im vorgeheizten Rohr bei 160 °C ca. 50 Minuten backen.

MOSTVIERTLER MOSTPUDDING

100 g Mehl
2 TL Backpulver
80 g geriebene
Haselnüsse
3 Rippen geriebene
Schokolade
140 g Butter
140 g Zucker
4 Eier, getrennt
1 EL Rum
5 EL Milch
geriebene Schale von
1 unbehandelten Zitrone

Für den Mostschaum:
1/4 l Most
3 Eidotter
1 Ei
120 g Zucker

Zum Tränken:
1/2 l Most
100 g Zucker
1 Pkg. Vanillezucker
1 Gewürznelke
Zimtrinde
geriebene Schale von
1 unbehandelten Zitrone

Mehl, Backpulver, Nüsse und Schokolade vermischen. Butter schaumig rühren, Dotter und zwei Drittel des Zuckers einrühren. Eiklar mit dem restlichen Zucker zu steifem Schnee schlagen. Mehl, Zitronenschale, Rum und Milch zum Abtrieb geben, Eischnee vorsichtig einmischen und in eine befettete und bemehlte Gugelhupfform füllen. Im vorgeheizten Backrohr bei 180 °C ca. 40 Minuten backen, danach in der Form für ca. 10 Minuten auskühlen lassen und in eine hohe Schüssel stürzen. | **Zum Tränken alle Zutaten zum Kochen bringen,** Mostpudding damit übergießen, einziehen lassen und kühl stellen. | **Für den Mostschaum** Most, Dotter, Ei und Zucker über Dunst schaumig schlagen. Mostpudding aufschneiden, mit Mostschaum anrichten und nach Belieben mit geschlagenem Obers garnieren.

BESCHWIPSTER MARMORKUCHEN IM GLAS

150 g Butter
200 g Kristallzucker
5 Eier, getrennt
350 g glattes Mehl
1 TL Backpulver
180 g Sauerrahm
1 Prise Salz
1 Msp. Backpulver
2 EL Zucker
abgeriebene Schale von
1 unbehandelten Orange
2 EL Orangenlikör
100 g über
Dampf erweichte
Kochschokolade

4 Bierkrügerl mit glatter
Innenfläche
Butter zum Befetten
Kristallzucker oder
geriebene Nüsse zum
Ausstreuen

Zum Tränken:
1/8 l Orangensaft
3 EL Orangenlikör
50 g Staubzucker

**Für die
Schokoladespäne:**
50 g weiße Schokolade
50 g Zartbitterschokolade

Butter und Zucker schaumig schlagen. Nacheinander Dotter in die flaumige Masse einrühren. Mehl und Backpulver sieben und mit dem Sauerrahm unterrühren. Das Eiklar mit Salz, Backpulver und Zucker steifschlagen und vorsichtig einheben, dann den Teig teilen. In eine Hälfte die Orangenschale und den Likör mischen. ǀ **Biergläser befetten** und mit Zucker ausstreuen. Die Hälfte des Teiges in die Gläser füllen. Unter die andere Hälfte die erweichte Schokolade rühren und die Gläser zu 3/4 damit auffüllen. Mit einer Gabel spiralförmig durch den Teig ziehen. Im vorgeheizten Backofen bei 175 °C ca. 35–40 Minuten backen. ǀ Gläser aus dem Ofen nehmen. Nach 10 Minuten auf ein Kuchengitter stürzen. ǀ **Für die Tränke** Orangensaft, Likör und Staubzucker verrühren, bis sich der Zucker vollständig gelöst hat. Über den leicht ausgekühlten Marmorkuchen träufeln. ǀ **Für die Schokoladespäne** Schokolade getrennt hacken und jeweils über Dampf schmelzen. Auf den Rückseiten von zwei Backblechen dünn ausstreichen und für ca. 10 Minuten kalt stellen, mit einem Spachtel Späne abschaben und den Marmorkuchen damit verzieren.

TIPP: *Statt der Dekoration mit Schokoladespänen mit Schokoladeglasur überziehen und mit einem Klecks Schlagobers servieren.*

KÜRBISKUCHEN MIT WEISSEM SCHOKOLADEMOUSSE AUF KÜRBIS-APFEL-KOMPOTT

Für den Kürbiskuchen:

500 g Muskatkürbis
1 EL glattes Mehl
100 g Walnüsse, fein
gerieben
30 g Semmelbrösel
60 g Kristallzucker
50 ml Orangensaft
80 g Kürbiskerne,
gerieben
100 g Toastbrot,
entrindet
100 ml Milch
150 g weiche Butter
1 Prise Salz
1 Pkg. Vanillezucker
50 g Staubzucker
Schale von 1/2
unbehandelten Orange
4 Eier, getrennt
100 g dunkle Kuvertüre,
geschmolzen
1 EL Rum

Für das weiße Schokolademousse:

2 Eier
1 Pkg. Vanillezucker
3 Blatt Gelatine
200 g weiße Schokolade
1/2 l Schlagobers

Für das Kürbis-Apfel-Kompott:

3 Äpfel
200 g Muskatkürbis
60 g Kristallzucker
100 ml Orangensaft
1 EL Cointreau
(Orangenlikör)
1 EL Butter

Staubzucker und Zimt
zum Anrichten

Für das Schokolademousse Eier mit dem Vanillezucker über Dampf aufschlagen und die eingeweichte, gut ausgedrückte Gelatine einrühren. Weiße Schokolade grob zerkleinern und über Wasserdampf schmelzen. Die geschmolzene Schokolade lippenwarm rasch unter die Masse rühren und das steifgeschlagene Obers unterheben. Masse in eine kleine, mit Klarsichtfolie ausgelegte Kuchenform füllen und mit der Folie zugedeckt mindestens 6 Stunden in den Kühlschrank stellen. | **Kürbis schälen und klein würfeln.** Mehl mit Nüssen und Bröseln vermischen. 20 g vom Kristallzucker in einer Pfanne zu hellem Karamell schmelzen, Kürbis dazugeben und mit Orangensaft aufgießen. Kürbisfleisch weichköcheln, die Flüssigkeit soll dabei verdampfen. Auflaufformen oder Dariolformen (100 ml) mit Butter ausstreichen, mit Kürbiskernen ausstreuen. | **Toastbrot klein würfeln,** mit Milch vermischen, kurz ziehen lassen. Butter mit Salz, Vanillezucker, Staubzucker und geriebener Orangenschale schaumig rühren. Dotter einrühren. Kuvertüre und Brot untermischen. Eiklar mit übrigem Zucker zu steifem Schnee schlagen. Schnee, Mehlmischung, Rum und Kürbis unter die Dottermasse heben. | **Masse in die Formen füllen,** in ein Geschirr stellen und so viel kochendes Wasser zugießen, dass sie halbhoch im Wasserbad stehen. Im vorgeheizten Rohr bei 170 °C ca. 40 Minuten backen. | **Für das Kompott** Kürbis und Äpfel schälen und würfelig schneiden. Zucker in einer Pfanne karamellisieren. Äpfel und Kürbis dazugeben, beidseitig kurz braten, Orangensaft und Cointreau zugießen und weichdünsten. Zum Schluss die Butter einrühren. | **Mousse kurz in heißes Wasser tauchen,** stürzen und in Scheiben schneiden. Kürbiskuchen stürzen, mit Mousse und Kompott anrichten und mit dem Staubzucker-Zimt-Gemisch bestreuen.

KAROTTENKUCHEN

6 Eier, getrennt
200 g Zucker
200 g Butter
400 g Karotten
500 g Mehl
1 Pkg. Backpulver

500 ml Schlagobers
Deko-Marzipankarotten
evtl. Schokostreusel zum
Bestreuen

Karotten schälen und fein reiben. Eiklar zu steifem Schnee schlagen. Butter, Dotter und Zucker flaumig rühren. Mehl mit Backpulver versieben, alle Zutaten zusammenmischen. Teig auf ein befettetes und bemehltes Blech streichen und bei 180 °C 25 Minuten backen. **| Nach dem Erkalten** mit geschlagenem Obers, Deko-Marzipankarotten und evtl. Schokostreuseln verzieren.

RIBISELSCHAUMSCHNITTEN

4 Eidotter
200 g Zucker
1 EL Vanillezucker
70 g Margarine
4 EL Wasser
300 g Mehl
1 EL Backpulver
1 EL Rum
geriebene Zitronenschale

Für den Schaum:
4 Eiklar
200 g Staubzucker
1 EL Vanillezucker

Marmelade
ca. 300 g Ribisel
(gewaschen, entstielt)

Dotter, Zucker, Vanillezucker und Margarine schaumig rühren. Wasser, Mehl, Backpulver, Rum und Zitronenschale unterheben. Auf einem mit Backpapier belegten Blech verteilen und im vorgeheizten Rohr bei 200 °C ca. 10 Minuten backen. **| Aus Eiklar, Staubzucker und Vanillezucker** einen festen Schnee schlagen. Ausgekühlten Teigboden mit Marmelade bestreichen, mit Ribiseln bestreuen und mit Schaum bedecken, danach nochmals im Rohr bei ca. 160 °C backen, bis der Schaum eine schöne Farbe hat.

Christine Rittsteuer

· APFEL-WEIN-TORTE ·

BURGENLAND

Zutaten

Für den Mürbteig:
250 g Mehl
125 g Butter
125 g Staubzucker
1 Ei
1 Pkg. Vanillezucker
1 Pkg. Backpulver

Für den Belag:
1 kg Äpfel, blättrig geschnitten
2 Pkg. Vanillepuddingpulver
3/4 l Weißwein
200 g Zucker
1 Pkg. Vanillezucker

Zum Verzieren:
1/4 l Schlagobers
Zimt oder etwas Eierlikör

Einen Mürbteig herstellen *und mindestens 1/2 Stunde rasten lassen. Währenddessen Vanillepuddingpulver mit Weißwein, Zucker und Vanillezucker kochen.* **Mürbteig ausrollen,** *in eine Tortenform legen und einen Rand rundherum aufziehen. Die geschnittenen Äpfel darauflegen und den überkühlten Pudding darüberstreichen. Bei 180 °C 70–80 Minuten backen. Torte in der Form gut auskühlen lassen.* **Vor dem Servieren mit geschlagenem Obers bestreichen** *und entweder mit etwas Zimt bestreuen oder mit Eierlikör begießen.*

Tipp: Man kann auch halb Wein, halb Apfelsaft oder nur Apfelsaft verwenden. Dann weniger Zucker für den Pudding nehmen.

Christine Rittsteuer hat für **Österreichische Bäuerinnen backen Kuchen** und **Österreichische Bäuerinnen kochen Suppen** Rezepte zur Verfügung gestellt.

AMEISENKUCHEN

6 Eier, getrennt
250 g Zucker
1 EL Vanillezucker
1 EL Backpulver
250 g Mehl
1/8 l Eierlikör
1/2 Pkg. Schokolade-
streusel

Dotter und Zucker schaumig rühren, dann den Eierlikör dazugeben. Aus Eiklar einen festen Schnee schlagen. Mehl und Schnee abwechselnd in Dottermasse rühren. Zum Schluss die Schokoladestreusel einrühren. | **In befetteter, bemehlter Gugelhupfform** oder in einem Wandl (Kastenform) bei 160 °C ca. 50 Minuten backen.

WIENER APFELSTRUDEL

Strudelteig
1 kg Strudeläpfel
Saft von 1 Zitrone
60 g Rosinen
60 g gehackte Walnüsse
2 EL Kristallzucker
1 EL Vanillezucker
1 TL gemahlener Zimt
80 g flüssige Butter
150 g Semmelbrösel
Butter zum
Anrösten der Brösel
Staubzucker zum
Bestreuen

Äpfel schälen und entkernen, kleinblättrig schneiden, mit Zitronensaft, Rosinen und Walnüssen vermischen, zuletzt Zucker zugeben. Bröscl in Butter rösten. | **Den ausgezogenen Strudelteig** mit der zerlassenen Butter bestreichen, dann mit den gerösteten Bröseln bestreuen, zuletzt die Apfelmischung auf 2/3 des Teiges auftragen. Den Strudel mit Hilfe des Tuches behutsam einrollen und aufs Blech bringen. Mit zerlassener Butter bestreichen. | **Bei mäßiger Hitze** (180 °C) ca. 45 Minuten backen, während des Backens mehrmals mit Butter bestreichen, damit der Strudel knusprig wird. Leicht überkühlt mit Staubzucker bestreuen.

MOOSBEERSTRUDEL

Strudelteig
300 g Moosbeeren
150 g Butter
4 EL Zucker
1 Pkg. Vanillezucker
geriebene Zitronenschale
Zimt
100 g Semmelbrösel
100 g gehackte
Haselnüsse
flüssige Butter zum
Bestreichen

Moosbeeren verlesen. Brösel und Haselnüsse in Butter anrösten. | **Strudelteig ausziehen,** die Brösel-Nuss-Mischung auf 2/3 des Teiges verteilen. Moosbeeren und die restlichen Zutaten darüberstreuen und mit Kristallzucker beenden. Strudel einrollen und auf ein befettetes Backblech legen. Mit flüssiger Butter bestreichen und im vorgeheizten Backrohr bei 180 °C goldbraun backen.

TIPP: *Moosbeeren ist im Tiroler Unterland der Ausdruck für Heidelbeeren.*

SCHWEDENBOMBENSCHNITTEN

100 g Staubzucker
100 g Butter
100 g geriebene
Schokolade
50 g geriebene Nüsse
70 g Mehl
5 Eier, getrennt

Für die Creme:
1/4 l Milch
1 Pkg. Schoko-
puddingpulver
200 g Zucker
200 g Butter
70 g Kokosette
2 Rippen Kochschokolade

Schokoladeglasur
evtl. Kokosette

Butter mit Zucker schaumig rühren und die Dotter einzeln dazurühren. Das mit dem Backpulver versiebte Mehl mit der Schokolade, den Nüssen und dem Eischnee vorsichtig unterheben. Den Teig auf ein Backblech streichen und bei 180 °C ca. 35 Minuten backen. | **Für die Creme den Pudding kochen,** während des Auskühlens öfters umrühren. Butter mit Zucker schaumig rühren und den erkalteten Pudding, die zerlassene Schokolade und das Kokosette löffelweise unterrühren. Die Creme auf den ausgekühlten Boden streichen und mit Schokoladeglasur überziehen. Eventuell mit Kokosette bestreuen.

HUNNENBRUNNER NUSSTORTE

10 Eiklar
250 g Zucker
10 Dotter
300 g Nüsse, gerieben
120 g Brösel
etwas Rum

Für die Creme:
1/4 l Milch
100 g Feinkristallzucker
3 Dotter
1 EL Maizena
2 EL geriebene
Kochschokolade oder
1 EL Löskaffee
250 g weiche Butter

Eiklar ganz steifschlagen, den Zucker und nacheinander die Dotter einschlagen. Die Nüsse und die mit Rum befeuchteten Brösel unterheben. Die Masse in eine befettete, bemehlte Tortenform füllen und bei 175 °C im vorgeheizten Rohr ca. 60 Minuten backen. ⏐ **Die Torte vollkommen erkaltet zweimal durchschneiden** und mit zwei Dritteln der Schoko- lade- oder Kaffeecreme füllen. Ein Drittel der Creme zum Bestreichen der Torte und zum Verzieren verwenden. ⏐ **Für die Creme** Milch, Zucker, Dotter, Maizena und Schokolade oder Kaffee kalt verrühren und zum Kochen bringen (bis es blubbert), im Wasserbad kaltrühren. Die Butter sehr schaumig abtreiben und die Creme darin löffelweise glatt einrühren.

ERDBEER-HÄFERLKUCHEN

200 g Erdbeeren
100 g Haselnüsse
120 g Butter
120 g Staubzucker
3 Eier
120 g griffiges Mehl
1 TL Backpulver

Für die Formen:
8 feuerfeste Häferl
(je 200 ml)
Butter
Mehl

Zum Dressieren:
100 g Erdbeermarmelade
Frischhaltesackerl

Zum Garnieren:
Staubzucker
Schlagobers
Erdbeerscheiben

Erdbeeren waschen, putzen, in kleine Stücke schneiden und mit den fein gehackten Haselnüssen vermengen. Zimmerwarme Butter mit Staubzucker schaumig rühren. Eier verquirlen und nach und nach unter den Butterabtrieb rühren. Mehl mit Backpulver versieben und unterrühren. Die Erdbeeren vorsichtig untermengen. Die feuerfesten Häferl mit Butter ausfetten, mit Mehl bestäuben und mit der Masse füllen. | **Die Erdbeermarmelade** in ein Frischhaltesackerl füllen, an einer Ecke des Sackerls ein kleines Stück abschneiden und die Marmelade spiralförmig auf die Rührmasse dressieren. | **Im vorgeheizten Rohr** auf mittlerer Schiene bei 180 °C etwa 20–25 Minuten backen. | **Erdbeerkuchen im Häferl auskühlen lassen,** anzuckern und mit Schlagoberstupfen und Erdbeeren garnieren.

TIPPS: *Erdbeeren etwa 1 Stunde vor der Zubereitung aus dem Kühlschrank nehmen, damit sie ihr volles Aroma entfalten können.* | *Anstatt der Häferl kann man auch Muffinformen verwenden.*

OSTERTORTE

200 g Butter
90 g Staubzucker
9 Dotter
9 Eiklar
90 g Zucker
1 Prise Salz
200 g Mandeln
100 g Biskuitbrösel
30 g Mehl
80 g Blattspinat
Zitronensaft
Vanillezucker

Preiselbeermarmelade
1 Becher Schlagobers

Butter, Staubzucker und nach und nach neun Dotter schaumig aufschlagen. Eiklar mit einer Prise Salz und Zucker aufschlagen. Dotter- und Schaummasse mit den restlichen Zutaten und dem klein gehackten Spinat sorgsam vermengen. In eine befettete Tortenform füllen und bei 160 °C Heißluft etwa 50 Minuten backen. | **Ausgekühlt zweimal durchschneiden** und einmal mit Preiselbeermarmelade, die zweite Schicht mit geschlagenem Obers füllen.

SCHWARZWÄLDER KIRSCHTORTE

7 Eier, getrennt
7 EL Feinkristallzucker
etwas Vanillezucker
1/16 l Rapsöl
7 EL Mehl
1/2 Pkg. Backpulver
3 EL Kakao, gesiebt
1 EL Nüsse, gerieben

Für die Fülle:
500 ml Schlagobers
1 Glas Kirschenkompott
Kirschrum
2 Pkg. Sahnesteif

**Zum Einstreichen
und Dekorieren:**
250 ml Schlagobers
(evtl. etwas mehr)
1 Pkg. Sahnesteif
Schokospäne
Amarenakirschen
zum Belegen

Eiklar zu steifem Schnee aufschlagen und Zucker einschlagen. Wenn sich der Zucker aufgelöst hat, die Dotter langsam einrühren, das Öl einlaufen lassen und noch etwas weiterschlagen. Mehl, Backpulver, Kakao und Nüsse vermischen und in die Schaummasse einheben. Den Teig in eine vorbereitete Tortenform füllen und im vorgeheizten Rohr bei 170 °C backen (Nadelprobe). ǀ **Die Torte auskühlen lassen,** zweimal durchschneiden. Die unterste Teigplatte mit Kirschrum beträufeln und die Hälfte der abgetropften Kirschen darauf verteilen. Schlagobers mit Sahnesteif aufschlagen und die halbe Schlagobersmenge auf die Kirschen streichen. Die zweite Teigplatte darauflegen und wieder mit Kirschrum beträufeln. Die restlichen Kirschen darauf verteilen und das Schlagobers darüber verstreichen. Mit der dritten Platte abdecken. ǀ **Zum Verzieren Schlagobers mit Sahnesteif aufschlagen** und die Torte damit rundherum einstreichen. Die Oberseite mit Schokospänen bestreuen, am Tortenrand mit Schlagobers Tupfen aufdressieren und mit je einer Amarenakirsche belegen.

TIPP: *Vor dem Einstreichen der Torte diese in der Mitte auseinanderschneiden und die runden Seiten der Torte zusammensetzen. Dadurch entsteht ein Schmetterling. Jetzt mit Schlagobers einstreichen und dekorieren wie oben.*

DIRNDLSCHNITTEN

5 Eier
200 g Staubzucker
160 g glattes Mehl
2 Pkg. Vanillezucker
140 g geriebene Nüsse
1 Pkg. Backpulver
1/8 l Mineralwasser
1/8 l Öl
200 g Dirndlgelee
1/2 l Schlagobers
2 Pkg. Vanillezucker
2 Pkg. Sahnesteif
Schokoflocken

Eier mit Staubzucker und Vanillezucker sehr schaumig rühren (10 Minuten!). Mehl, Nüsse und Backpulver unterheben und Öl und Mineralwasser untermischen. Teig auf ein mit Backpapier ausgelegtes Backblech streichen und bei 180 °C 25 Minuten backen. Etwas überkühlt mit Dirndlgelee bestreichen. ǀ **Schlagobers mit Vanillezucker** und Sahne steifschlagen, Kuchen damit bestreichen und mit Schokoflocken bestreuen.

TOPFEN-MARILLEN-TORTE MIT STREUSEL

Für den Mürbteig:
250 g Weizenmehl
125 g Butter
4 EL Honig
2–3 EL Rahm
1 Ei

Für die Topfenfüllung:
50 g Butter
120 g Staubzucker
2 Eier
1 Prise Salz
300 g Topfen
1 Becher Crème fraîche
1 Pkg. Vanillezucker
50 g Mehl
300 g Marillen

Für die Streusel:
150 g Mehl
100 g Kristallzucker
120 g Butter
150 g Mandeln, geschält
und fein gerieben
1 Prise Salz
1 Prise Zimt

Mürbteig zubereiten und 1/2 Stunde kühl ruhen lassen. Tortenboden vorbacken. | **Butter, Zucker, Salz und Eidotter schaumig rühren,** Topfen kurz mitrühren und Crème fraîche unterziehen. Eiklar zu Schnee schlagen mit Vanillezucker gut ausschlagen. Gemeinsam mit dem Mehl unterheben. | **Marillen entsteinen** und in Spalten schneiden. Alle Zutaten für die Streusel mit Hilfe des Handmixers krümelig verreiben. Den Rand der Tortenform mit dem restlichen Mürbteig auskleiden. Die Topfenmasse einfüllen, Marillenspalten daraufschlichten und die Streusel darauf verteilen. Bei 180 °C etwa 50–60 Minuten backen (Nadelprobe).

KRANZKUCHEN

60 g Butter
50 g Zucker
1 Dotter
300 g Mehl
Schale von
1 ungespritzten
Zitrone, gerieben
1/2 KL Salz

Für das Dampfl:
20 g Germ
1 KL Zucker
1/8 l Milch

Für die Fülle:
80 g Rosinen
80 g Nüsse, gehackt
50 g Aranzini
100 g Feinkristallzucker
etwas Zimt
Butter zum Bestreichen

Für die Glasur:
3 EL Staubzucker
Rum

Aus Butter, Zucker und Dotter einen Abtrieb bereiten. Alle übrigen Zutaten und das aufgegangene Dampfl mit dem Abtrieb vermengen und gut abkneten. 30 Minuten gehen lassen. Teig zu einem 4 mm dünnen Rechteck auswalken. Mit flüssiger Butter bestreichen, mit Fülle bestreuen und eng einrollen. Die Teigrolle mit einem scharfen Messer der Länge nach genau in der Mitte durchschneiden. Die beiden Teile werden mit der Schnittfläche nach außen aneinander gelegt und wie eine Kordel gedreht. Auf einem gut befetteten Blech zu einem Kranz legen und aufgehen lassen. Ca. 50–60 Minuten bei 175 °C backen. | **Nach dem Backen** noch heiß mit Rumglasur bestreichen.

ERDBEERROULADE

4 Eier, getrennt
120 g Zucker
40 g geriebene
Schokolade
1 EL Backpulver
40 g Maizena
40 g Mehl

Für die Fülle:
1/8 l Schlagobers
1/4 kg Erdbeeren

Dotter mit Zucker ca. 10 Minuten schaumig rühren. Aus Eiklar einen festen Schnee schlagen. Schnee abwechselnd mit Mehl-Backpulver-Maizena-Gemisch und Schokolade in den Eischaum einziehen. Auf einem mit Backpapier ausgelegten Backblech ca. 1 cm dick aufstreichen und rasch backen. Noch heiß in Papier einrollen und auskühlen lassen. | **Schlagobers steifschlagen,** klein geschnittene Erdbeeren untermischen und auf Biskuit verteilen, wieder einrollen und mit Staubzucker bestreuen.

WIENER SACHERTORTE

*für eine Tortenform mit
20 cm Durchmesser*

100 g Butter
150 g Staubzucker
3 Eidotter
150 g griffiges Mehl
1/8 l Milch
100 g geriebene
Schokolade
1/2 Pkg. Backpulver
3 Eiklar
Ribiselmarmelade
zum Bestreichen

**Für die
Schokoladeglasur:**
100 g Schokolade
80 g Butter

Butter, Staubzucker und Dotter mit dem Mixer 20 Minuten rühren, dann abwechselnd mit Backpulver vermischtes Mehl, Milch und geriebene Schokolade löffelweise einrühren. Zuletzt den Schnee von drei Eiklar unterheben. Teig in die Tortenform füllen und im vorgeheizten Rohr bei 160 °C ca. 45 Minuten backen. | **Für die Schokoladeglasur** Schokolade und Butter im Mikrowellenherd weich werden lassen und verrühren. | **Die ausgekühlte Torte** oben und rundherum mit Ribiselmarmelade bestreichen. Sodann mit Schokoladeglasur überziehen.

TIPP: *Das Rezept für die Original Sachertorte ist ein gut gehütetes Geheimnis. Uns ist für Geburtstagstorten das oben genannte Rezept zur Tradition geworden.*

SCHOKOMOUSSE-KÜRBISKERNTORTE

Für den Biskuitboden:
4 Eier, getrennt
120 g Kristallzucker
50 g Dinkelvollmehl
50 g Kürbiskerne,
gerieben und geröstet

Für die dunkle Creme:
250 ml Schlagobers
1 Pkg. Qimiq
150 g Schokolade

Für die helle Creme:
250 ml Schlagobers
1 Pkg. Qimiq
150 g weiße Schokolade
evtl. 2 EL Kürbiskernöl

Staubzucker zum
Bestreuen oder
Schokoglasur
geriebene Kürbiskerne

Eiklar mit Kristallzucker zu Schnee schlagen, Dotter unterrühren, Mehl mit Kürbiskernen vermischen und unter die Dottermasse heben. Den Boden der Tortenform mit Backpapier belegen und in den Tortenreif spannen, den Teig einfüllen und glattstreichen. Im vorgeheizten Backrohr bei 180 °C ca. 15 Minuten backen und auskühlen lassen, einmal durchschneiden. | **Für die dunkle Creme Schokolade** im Wasserbad erwärmen, Schlagobers aufschlagen. Qimiq glattrühren, die überkühlte Schokolade einrühren und das Schlagobers einheben. Auf den unteren Tortenboden streichen und kühl stellen (damit die Schokomasse erstarren kann). | **Für die helle Creme** weiße Schokolade im Wasserbad erweichen, Schlagobers aufschlagen. Qimiq glattrühren. Die überkühlte Schokolade, evtl. Kernöl und Qimiq verrühren und Schlagobers einheben, auf die dunkle Schokoschicht der Torte verstreichen, Tortenplatte daraufsetzen. Nochmals kühl stellen. | **Die Torte bezuckern** oder mit Schokoglasur überziehen und den Rand mit geriebenen Kürbiskernen bestreuen.

VARIATION: *Den Tortenboden nicht durchschneiden, sondern die helle und die dunkle Schokomasse aufstreichen, erstarren lassen, evtl. mit Minischokoküssen und Schokostreuseln verzieren.*

OBSTKUCHEN MIT EIERLIKÖR

250 g Butter
250 g Staubzucker
1 Pkg. Vanillezucker
4 Eier
1/8 l Eierlikör
250 g Mehl
1/2 Pkg. Backpulver
Obst zum Belegen (z.B.
Marillen oder Rhabarber)

Butter, Staubzucker, Vanillezucker und Dotter flaumig rühren, den Likör einfließen lassen. Erst das mit Backpulver vermischte Mehl, dann den Schnee unterheben. Auf ein befettetes, bemehltes Blech streichen, Früchte daraufgeben und bei 170 °C Heißluft ca. 45 Minuten backen.

TIPP: *Vor dem Belegen mit Obst den Kuchen mit Schokoflocken bestreuen.*

JOGHURTTORTE

4 Eier
3 EL Wasser
120 g Feinkristallzucker
180 g Mehl

Für die Joghurtcreme:
2 Becher Joghurt
100 g Staubzucker
6 Blatt Gelatine
1/4 l Schlagobers
1 Pkg. Vanillezucker
Saft von 1/2 Zitrone
etwas Rum

Obst (z.B. Erdbeeren,
Pfirsiche, Himbeeren etc.)

Eier, Zucker und Wasser sehr schaumig schlagen, Mehl vorsichtig unterheben und in einer befetteten, bemehlten Tortenform bei 170 °C Heißluft ca. 35 Minuten backen. ǀ **Für die Joghurtcreme** Schlagobers steifschlagen, mit Zucker, Vanillezucker, Joghurt und Zitronensaft verrühren. Gelatine in kaltem Wasser einweichen, leicht ausdrücken und im erwärmten Rum auflösen. Zur Joghurtcreme geben und gut durchmixen. ǀ **Tortenboden mit einem Tortenring umstellen,** die Creme einfüllen, das Obst darauf verteilen und in der Creme versenken. Im Kühlschrank mehrere Stunden steif werden lassen. Mit Früchten und eventuell Schlagobers verzieren.

VARIATION: *Die Torte in der Mitte durchschneiden, mit Tortenring umstellen, Joghurtcreme einfüllen. Tortendeckel aufsetzen, mit Früchten belegen und mit Tortengelee überziehen. Außen mit Schlagobers einstreichen.*

ROTWEINKUCHEN

140 g Butter
250 g Staubzucker
4 Eier, getrennt
1 TL Zimt
1 Pkg. Vanillezucker
1 Pkg. Backpulver
250 g Mehl
1 EL Kakao
1/8 l Rotwein
100 g Schokostreusel

Butter, Zucker, Vanillezucker und Dotter schaumig rühren, Zimt und Schokostreusel dazugeben. Das mit Backpulver und Kakao versiebte Mehl unterheben und den Rotwein hinzufügen. Den Eischnee unterziehen. | **In einer befetteten, bemehlten Kasten- oder Ringform** bei 160 °C Heißluft ca. 50 Minuten backen.

GRILLAGETORTE

150 g Zucker
150 g Butter
1 Pkg. Vanillezucker
1 EL Rum
3 Eier
50 g Maisstärke
100 g Mehl
kandierte Früchte
zum Garnieren

Für die Creme:
3/8 l Milch
45 g Maisstärke
100 g Zucker
1 Pkg. Vanillezucker
150 g Zucker

Für die Grillage:
100 g Haferflocken
50 g Zucker
2–3 EL Öl

Butter schaumig rühren und abwechselnd Zucker mit Vanillezucker, Rum und Eier einrühren. Maisstärke mit Mehl mischen. Diese Mischung und ca. 1/3 der Grillage dazurühren. Die Masse in eine nur am Boden gefettete Tortenform füllen und bei 180 °C ca. 50–60 Minuten backen. Die ausgekühlte Torte ein- oder zweimal durchschneiden, mit der Creme zusammensetzen und jeweils etwas Grillage dazwischenstreuen. Die Torte mit Creme überziehen und mit der restlichen Creme, der restlichen Grillage und kandierten Früchten garnieren. | **Für die Creme** kalte Milch, Maisstärke, Zucker und Vanillezucker unter ständigem Rühren kurz aufkochen. Die ausgekühlte Masse cremig schlagen und löffelweise in die schaumig gerührte Butter einmischen. | **Für die Grillage** Haferflocken und Zucker in Öl goldbraun rösten und auskühlen lassen.

WEINVIERTLER MOHNSTRUDEL

Für den Erdäpfelteig:
500 g Erdäpfel
550 g Mehl, glatt
1 Pkg. Backpulver
200 g Margarine
200 g Staubzucker
2 Eier
Zitronensaft und -schale

Für die Fülle:
250 ml Milch
2 EL Honig
150 g Zucker
1 Pkg. Vanillezucker
350 g Mohn
50 g Powidl
Rum
Zimt

In die kochende Milch Mohn einrühren, aufkochen lassen und die restlichen Zutaten einmengen. | **Erdäpfel kochen,** schälen, heiß passieren und auskühlen lassen. | **Mehl und Backpulver** mit Margarine verbröseln, mit den passierten Erdäpfeln, Zucker, Zitronensaft, Zitronenschale und 1 1/2 Eiern zu einem Teig kneten. 1/2 Stunde kühl rasten lassen. | **Den Teig in die Hälfte teilen,** auswalken, mit der Fülle bestreichen, einrollen und

mit dem restlichen Ei bestreichen. Mit einer Gabel den Strudel öfter einstechen und bei 170 °C backen.

APFELSTRUDEL MIT MOHNFÜLLE

Strudelteig

Für die Mohnfülle:
300 g Mohn, gemahlen
3/8 l Milch
60 g Kristallzucker
1 Pkg. Vanillezucker
2 EL Rum
1/2 TL Zimt

Für die Apfelfülle:
1 kg Äpfel, entkernt und geschält
100 g Kristallzucker
etwas Zitronensaft

100 g Semmelbrösel, in 50 g Butter geröstet
Butter zum Bestreichen

Für die Mohnfülle Milch mit Kristallzucker, Vanillezucker und Zimt aufkochen, Mohn einrühren, aufkochen und quellen lassen, dann Rum einrühren und kalt stellen. | **Für die Apfelfülle** Äpfel schälen und klein schneiden. Mit Zitronensaft und Zucker marinieren. Butter schmelzen und die Brösel hellbraun rösten. | **Den ausgezogenen Strudelteig** mit den Butterbröseln bestreuen. Mohnfülle vorsichtig aufstreichen und die Apfelmasse in einem Strang aufbringen. Ränder einschlagen und mit dem Strudeltuch einrollen, dass die Äpfel von der Mohnfülle umgeben sind. | **Auf ein befettetes Blech legen,** mit flüssiger Butter bestreichen und im vorgeheizten Backrohr 45–60 Minuten backen.

TIPP: *Dazu Zimteis und Schlagobers servieren.*

NUSSSTRUDEL

Für den Germteig:
350 g glattes Mehl
2 EL Zucker
20 g Germ
1/16 l Öl
1/8 l Milch
1 Ei
1 Prise Salz

Für die Fülle:
150 g geriebene Nüsse
40 g Semmelbrösel
80 g Zucker
1 Pkg. Vanillezucker
2 EL Rum
Zimt
ca. 1/8 l Milch

1 Ei zum Bestreichen

Für das Dampfl Germ mit 1 TL Zucker glattrühren. 4 EL Mehl und so viel lauwarme Milch dazugeben, bis ein dickflüssiger Teig entsteht, mit einem Tuch zugedeckt an einem handwarmen Ort gehen lassen (ca. 3-faches Volumen). **Anschließend Mehl in eine Schüssel sieben** und warm stellen. In der Mitte eine Grube machen, das aufgegangene Dampfl hineingeben, mit Mehl zudecken und langsam die zerlassene Butter, die man mit lauwarmer Milch, Zucker, Salz und Eiern vermengt hat, einrühren. Mit dem Kochlöffel abschlagen, bis sich der Teig von Gefäß und Kochlöffel löst, seidig glatt ist und Blasen wirft. Mit Mehl bestreuen, mit einem Tuch zudecken und an einem warmen Ort ca. 1/2 Stunde gehen lassen. **Für die Fülle** alle Zutaten verrühren. **Den Germteig** zu einer Größe von 40 × 50 cm ausrollen und mit Fülle bestreichen. Strudel einrollen und auf ein befettetes Blech geben. Mit Ei bestreichen und an einem warmen Ort ca. 1/2 Stunde aufgehen lassen, danach im vorgeheizten Rohr bei 200 °C ca. 40 Minuten backen.

KAFFEESCHNITTEN

6 Eier, getrennt
1 Pkg. Vanillezucker
200 g Feinkristallzucker
200 g Mehl
1 Pkg. Backpulver
80 g Brösel
100 g geriebene Mandeln
1/4 l starker Kaffee

Für die Fülle:
1/2 l Schlagobers
1 Pkg. Sahnesteif
1 Pkg. Vanillezucker
2 EL Staubzucker

Für die Glasur:
250 g Staubzucker
3–4 EL schwarzer Kaffee

Dotter mit Zucker und Vanillezucker schaumig schlagen. Das mit Backpulver versiebte Mehl, Brösel und Mandeln abwechselnd mit dem Kaffee einrühren. Eiklar zu Schnee schlagen und unter die Masse heben. Teig auf ein befettetes, bemehltes Backblech geben, bei 170 °C Heißluft ca. 40 Minuten backen und auskühlen lassen. **Den Boden durchschneiden** und mit gesüßtem Schlagobers füllen. **Für die Glasur** den gesiebten Staubzucker mit so viel Kaffee glattrühren, dass eine dickflüssige Masse entsteht. Den Kuchen mit der Kaffeeglasur überziehen und eventuell mit Schlagobers und Kaffeebohnen verzieren.

GRAMMELSTRUDEL

400 g Mehl
150 g Zucker
200 g Grammeln,
faschiert
2 Eier
Zimt
etwas Zitronenschale
1 Pkg. Backpulver
Milch nach Bedarf

Ribisel- oder
Preiselbeermarmelade
blättrig geschnittene
Äpfel
1 Ei zum Bestreichen

Grammeln in einer Pfanne erwärmen, anschließend mit Mehl verbröseln und diese Mischung mit der Teigrolle zu „Grammelmehl" zerdrücken. Die anderen Zutaten beimengen und einen mittelfesten Teig kneten. Den Teig fingerdick ausrollen, mit Marmelade bestreichen, mit den blättrig geschnittenen Äpfeln belegen und einrollen. Auf das Backblech geben, mit Ei bestreichen und bei Mittelhitze backen.

TIPP: *Der Strudel lässt sich gut aufbewahren und wird erst nach einigen Tagen schnittweich.*

SCHUBERT-GUGELHUPF

150 g Butter
200 g Staubzucker
50 g Kristallzucker
100 g Nüsse
350 g Mehl
20 g Brösel
2 EL Honig
4 Eier
1 Pkg. Backpulver
3/8 l Milch
1 Pkg. Vanillezucker
3 EL Rum
Salz
Rosinen

Eiklar mit Kristallzucker steifschlagen. Butter, Zucker und Dotter schaumig rühren und Brösel, Nüsse, Mehl und Backpulver dazumengen. Milch, Gewürze und Rum unterrühren und Eischnee unterheben. Bei 180 °C 1 Stunde backen.

SCHUSTERSTRUDEL

300 g Fadennudeln
5 Eier, getrennt
etwas Salz
200 g Kristallzucker
500 g Topfen
1 Becher Sauerrahm
2 Pkg. Vanillezucker
evtl. Rosinen
80 g Butter
Strudelteig

Nudeln in gesalzenem Wasser weichkochen, abseihen und erkalten lassen. | **Eiklar mit einer Prise Salz aufschlagen,** Zucker beimengen und steifschlagen. Topfen, Dotter, Sauerrahm und Vanillezucker verrühren, mit den Nudeln und dem Eischnee vermischen. | **Eine Pfanne mit Butter ausfetten** und die Hälfte des Strudelteiges einlegen. Topfenfülle daraufgeben und mit der zweiten Hälfte des Teiges bedecken. Zerlassene Butter darüberträufeln. Bei 160 °C ca. 1 Stunde zu goldbrauner Farbe backen. | **Nach dem Backen ca. 1/2 Stunde rasten lassen,** überzuckern und mit Fruchtsauce servieren.

OMAS WEINBEERLSTRUDEL

Strudelteig
1/2 kg Weinbeerl
(blaue Rosinen)
300 g Weißbrot
1/4 l Sauerrahm
1/4 l Milch
1/4 l Süßrahm
1 Ei
100 g Zucker
Vanillezucker
Zitronenschale
2 fein geriebene Äpfel
3 EL Rum
etwas Zimt

Sauerrahm, Süßrahm, Milch, Ei, Zucker und Geschmackszutaten gut verschlagen und über das in Würfel geschnittene Weißbrot geben. Gut vermischen und 2 Stunden rasten lassen. | **Weinbeerl mit Rum marinieren** und ebenfalls 2 Stunden ziehen lassen. | **Strudelteig ausziehen,** mit Butter bestreichen, Fülle auftragen, Weinbeerl, Äpfel und etwas Zimt darüberstreuen, einrollen und bei 160 °C 25–30 Minuten backen. | **Kurz vor dem Fertigwerden** mit Milch übergießen.

MASCARPONE-CHARLOTTE

4 Eier, getrennt
120 g Feinkristallzucker
1 Pkg. Vanillezucker
120 g Mehl
3 EL Wasser
Marillenmarmelade

Für die Creme:
500 g Mascarpone
1 Becher Joghurt
100 g Staubzucker
3 EL Eierlikör
8 Blatt Gelatine
2 Dosen Pfirsichhälften

1/8 l Schlagobers zum
Verzieren

Für den Biskuit die Eiklar mit dem Zucker zu steifem Schnee schlagen, Dotter nach und nach zugeben und das Mehl unterheben. Den Teig auf ein Backblech streichen und bei 175 °C Heißluft ca. 15 Minuten backen. Sofort mit Marmelade bestreichen, einrollen und auskühlen lassen. | **Die Rolle in 18 gleiche Scheiben schneiden** und eine mit Frischhaltefolie ausgelegte Form (Schüssel) damit auslegen. Drei bis vier Scheiben zum Abdecken übrig lassen. | **Pfirsiche abseihen und in Würfel schneiden,** einige Früchte zum Verzieren beiseite geben. Mascarpone und Joghurt glattrühren. Eierlikör, 1/4 l Pfirsichsaft und Zucker zufügen. Eingeweichte

Gelatine ausdrücken, im Wasserbad auflösen und unterrühren. Zum Schluss die Pfirsichwürfel unterheben. Creme in die vorbereitete Form gießen und glattstreichen. Mit den restlichen Rouladenstücken abdecken und mindestens 2 Stunden kalt stellen. Stürzen und mit Schlagobers und Pfirsichspalten verzieren.

TIPP: *Für die Charlotte eignen sich auch Erdbeermarmelade und frische Erdbeeren sehr gut.*

WIENER GÄRTNERINNENKUCHEN

2 Kaffeetassen
glattes Mehl
1 1/2 Tassen Zucker
1 Tasse geriebene
Haselnüsse
3 Eier
1 Tasse geriebene
Zucchini
1 Tasse geriebene
Karotten
2 TL Backpulver
100 g zerlassene
Schokolade
100 g Rosinen

Ribiselmarmelade zum
Bestreichen
Schokoladeglasur

Zucker und Eier schaumig rühren, alle anderen Zutaten miteinander vermischen und dann langsam einrühren. In eine befettete Kuchenform füllen und bei ca. 180 °C etwa 40 Minuten backen. | **Überkühlt mit Ribiselmarmelade bestreichen** und mit Schokoladeglasur glasieren.

Schneeballen Seite 280

BÄUERINNEN KOCHEN

Traditionsgebäck

ROGGENBLATTL

500 g Roggenmehl
1 TL Salz
Magermilch oder Wasser
Fett zum Backen

Aus den Zutaten einen festen Teig bereiten (wie Nudelteig). | **Teig in Scheiben schneiden,** jede Scheibe dünn auswalken und im heißen Fett rasch herausbacken.

TIPP: *Die Roggenblattl, auch Ennstaler Krapfen genannt, kann man mit Steirer Käse bestreuen, aber auch Honig oder Marmelade aufstreichen und wie Palatschinken einrollen.*

BRENNNESSELKRAPFEN

140 g Mehl
1/8 l Most
20 g Butter
1 Prise Salz
2 Dotter
2 Eiklar
saubere, junge
Brennnesselblätter
Butterschmalz zum
Herausbacken

Mehl mit Most, zerlassener Butter, Salz und Dotter kurz zu einem glatten Teig verrühren. 10 Minuten rasten lassen und steifgeschlagenen Schnee unterheben. Brennnesselblätter in den Backteig tauchen und in heißem Fett schwimmend herausbacken.

TIPP: *Den Backteig nicht zu lange rühren, da er sonst beim Backen zäh wird.*

WALSERTALER KRAUTKRAPFEN

Für den Teig:
400 g Mehl
3 Eier
etwas Wasser
1 Prise Salz

Für die Fülle:
750 g Sauerkraut
1 Lorbeerblatt
Wacholderbeeren
Pfefferkörner
1 Zwiebel
150–200 g nicht zu
fetter Speck
2 EL Butterschmalz
1 EL Mehl
Rindsuppe oder Wasser
zum Aufgießen

1 Ei

Aus Mehl, Eiern, etwas Wasser und einer Prise Salz einen Nudelteig kneten und diesen abgedeckt rasten lassen. | **Für die Fülle das Sauerkraut mit Lorbeerblatt,** Wacholderbeeren und einigen Pfefferkörnern in Wasser weichkochen. Klein gehackte Zwiebel und fein gehackten Speck in heißem Butterschmalz anrösten, mit Mehl stauben und das abgetropfte Sauerkraut einrühren. Wenn nötig noch etwas Rindsuppe oder Wasser zugießen und alles noch etwa 20 Minuten dünsten, überkühlen lassen. | **Nudelteig dünn auswalken** und in zwei große Rechtecke teilen. Zwei Drittel jeweils mit Krautmasse bestreichen, den Rest mit Ei bestreichen und zu einem Strudel zusammenrollen. Den Strudel in einzelne Stücke teilen und diese an den Rändern zusammendrücken. | **In eine passende Kasserolle** etwas Suppe oder Wasser angießen, die Krapfen dicht nebeneinander einsetzen, abdecken und im Backrohr bei 180 °C 20–30 Minuten dünsten.

PONGAUER FLEISCHKRAPFEN

für 6–8 Portionen

1/2 kg Mehl (halb
Roggen-, halb
Weizenmehl)
Salz
40 g Butter
gut 1/8 l Milch oder
Wasser
Fett zum Ausbacken

Für die Fülle:
1/2 kg gekochtes
Rindfleisch
1/2 kg geselchter Schopf
50 g Speck zum Anrösten
1 große Zwiebel
1 Knoblauchzehe
Petersilie
Salz, Pfeffer

Für die Fülle Selchspeck klein schneiden und auslassen, die fein geschnittene Zwiebel und den ganz fein geschnittenen (oder geriebenen) Knoblauch rösten. Das fein gewürfelte Rindfleisch und Geselchtes daruntermischen, durchrösten und mit Petersilie, eventuell anderen Würzkräutern, Salz und Pfeffer zu einer schmackhaften Fülle zubereiten. | **Für den Teig** Mehl in eine Schüssel geben, in der Mitte ein Grübchen machen, Butter fein flockig hineinschneiden und mit heißem Wasser abbrennen. Rasch durchkneten und einen geschmeidigen Teig zubereiten. Dünn ausrollen, Quadrate schneiden, mit der ausgekühlten Masse belegen, zu Dreiecken falten und gut zudrücken. | **Im heißen Fett schwimmend ausbacken** und auf Sauerkraut oder Salat servieren.

TIPP: *Wer möchte, kann das Rindfleisch und das Geselchte auch grob faschieren, das ist etwas weniger Aufwand.* | *Die Fleischkrapfen sind typisch für den Pongau.*

ALMRAUNKERL

1 kg Mehl
200 g Butter
200 g Zucker
1/4 l Sauerrahm
Salz, Zimt
Schweineschmalz

Aus den Zutaten einen Mürbteig bereiten. Nach dem Rasten auswalken, mit einem Ausstecher Herzformen ausstechen und diese in heißem Fett backen.

TIROLER KIACHL

ca. 500 g Mehl
1 TL Salz
2 kleine Eier
30 g Butter
ca. 1/4 l lauwarme Milch
30 g Germ
etwas Zucker
evtl. 2 EL Rum
Butterschmalz zum
Herausbacken

Mehl in eine Schüssel geben, in der Mitte eine Grube machen, am Rand salzen und darin ein Dampfl zubereiten. Schüssel zudecken und an einem warmen Ort etwa 15 Minuten gehen lassen. | **Anschließend Eier,** zerlassene Butter, lauwarme Milch und eventuell Rum dazugeben, zu einem mittelfesten Teig verarbeiten und gut abschlagen, bis er schön geschmeidig ist. Die Schüssel zudecken und den Teig ca. 1 Stunde gehen lassen. Mit einem Löffel Teigstücke herausstechen, auf einem Brett Kugeln formen und zugedeckt gehen lassen. Inzwischen Butterschmalz erhitzen. | **Nun Kiachl auseinanderziehen,** sodass sie in der Mitte schön dünn sind und am Rand rundherum gleich dick bleiben. Mit der oberen Seite nach unten ins heiße Fett geben. Wenn die Unterseite goldgelb ist, umdrehen und fertig backen.

TIPPS: *Je nach Geschmack kann dem Teig auch ein bisschen Anis hinzugefügt werden.* | *Kiachl werden traditionell mit Preiselbeeren, Sauerkraut oder Fisolensuppe serviert.*

ZILLERTALER KRAPFEN

Für den Teig:
300 g Roggenmehl
100 g griffiges Mehl
1 Prise Salz
Milch oder Wasser nach
Bedarf (kalt)

Für die Fülle:
1/2 kg Erdäpfel
1/4 kg Topfen (am besten
direkt von einem Bauern)
Salz
Schnittlauch
etwas heißes Wasser
Backfett oder Butter zum
Auspressen

Für den Teig alle Zutaten vermischen und so viel Flüssigkeit dazugeben, bis ein fester Nudelteig entsteht. Langes, kräftiges Kneten macht den Teig glatt. Von diesem Teig ein Stück herunterschneiden, zu einer Rolle mit 5 cm Durchmesser formen, dann kleine Stücke aus dieser Rolle abschneiden und diese sehr dünn auswalken (runde Formen). Mit Fülle belegen und zusammenschlagen, Rand gut ausdrücken, damit die Fülle nicht ausläuft. In heißem Butterschmalz ausbacken bzw. in Butter herauspressen. |

Für die Fülle die Erdäpfel kochen und passieren. Mit Topfen, Salz und Schnittlauch vermischen und mit heißem Wasser zu einer bindigen Masse abrühren.

VARIATION: *Anstelle von Topfen kann man auch Graukäse verwenden.*
BEILAGE: *verschiedene Salate oder Rübenkraut*
GETRÄNK: *Dazu empfehlen wir ein Glas Frischmilch oder Buttermilch.*

TIPP: *Aufgrund ihrer bodenständigen Zutaten sind Zillertaler Krapfen sehr nahrhaft und sättigend. Daher waren sie seit jeher auf dem bäuerlichen Speisezettel ein idealer Energielieferant für die schwere Feldarbeit. Heutzutage werden die Krapfen oft auf Zeltfesten als Begleiter von Bier angeboten, aber auch mit Milch schmecken sie hervorragend.*

ROSENKRAPFEN

200 g glattes Mehl
3 Eidotter
3–4 EL Sauerrahm
1 Msp. Backpulver
1 EL Zucker
Butter oder Schmalz zum
Ausbacken
Eiklar zum Bestreichen
rote Marmelade und
Staubzucker oder Zimt-
Zucker-Gemisch zum
Garnieren

Aus den Zutaten einen mürben Teig bereiten und 1 Stunde kühl rasten lassen. Den Teig auswalken und zusammenschlagen. Dreimal wiederholen, nochmals rasten lassen. Teig auswalken, drei Scheiben verschiedener Größen ausstechen und in jede Scheibe fünf Einschnitte vom Rand zur Mitte machen. In der Mitte jeweils mit etwas Eiklar bestreichen und Scheiben zusammendrücken, mit der kleinsten nach unten ins heiße Fett legen und backen. | **Nach dem Backen** in die Mitte der Krapfen etwas Marmelade geben, mit Staubzucker oder Zimt-Zucker-Gemisch bestreuen.

SPAGATKRAPFEN

für ca. 45 Stück

560 g Mehl
3 Eidotter
1 großes Ei
380 g Butter oder
Margarine
4 EL Sauerrahm
4 EL Weißwein
1/2 TL Salz
Butter oder Schmalz zum
Ausbacken
Zimt-Zucker-Gemisch
zum Bestreuen

Butter mit Mehl abbröseln, restliche Zutaten rasch einarbeiten, rasten lassen. | **Teig messerrückendick auswalken,** in 12 × 7 cm große Recht-ecke schneiden. Auf Spagatkrapfenformen legen, mit Spagat festbinden und im heißen Fett hellbraun backen. Noch warm mit Zimt-Zucker-Gemisch bestreuen.

TIPP: *Spagatkrapfen heißen andernorts auch Schnürkrapfen, der Name rührt daher, dass bei alten Formen der Spagat/die Schnur an der Form dranhängt. Bei modernen Formen wird die Befestigung des Teiges an der Form durch einen spiraligen Mechanismus erleichtert.*

ROHRKRAPFEN

500 g glattes Mehl
100 g Zucker
42 g Germ
2 Eidotter
1/4 l Mich
120 g Butter
Salz
Zitronenschale
Marmelade zum Füllen
Ei zum Bestreichen
Hagelzucker zum
Bestreuen

Aus den Zutaten einen Germteig bereiten, gut gehen lassen. | **Teig auswalken,** Krapfen ausstechen, auf ein befettetes Blech legen, in der Mitte mit dem Daumen jeweils ein Loch eindrücken und mit beliebiger Marmelade füllen. Mit versprudeltem Ei bestreichen, mit Hagelzucker bestreuen und noch etwas aufgehen lassen. Im Rohr bei 160 °C ca. 15 Minuten backen.

STRICKNADELKRAPFEN

600 g Mehl (universal,
halb griffig, halb glatt)
1 Würfel Germ
80 g Butter
60 g Staubzucker
3 Eidotter
1 TL Salz
etwas Rum
Anis
ca. 1/2 l Milch
je nach Bedarf Fett

Öl, Butterschmalz oder
Schweinefett (am besten
Öl mit etwas Schmalz
mischen) zum Ausbacken

Mehl mit Anis in eine Schüssel sieben, Germ mit etwas lauwarmer Milch und etwas Zucker auflösen und in die Mitte des Mehls (eine Mulde drücken) gießen. Mit Mehl bestäuben. Restlichen Zucker mit der zerlassenen Butter, lauwarmer Milch, Dotter, Salz und Rum verrühren. Diese Eiermilch zum Mehl geben und einen geschmeidigen, eher festen Teig kneten. Bis zur doppelten Höhe an einem nicht zu warmen Ort langsam gehen lassen. | **Teig ca. 1 cm dünn ausrollen,** Rechtecke ausradeln, 1 cm breite Streifen einradeln (aber nicht durchradeln). Mit einer Stricknadel (oder Spieß) die Streifen von der Mitte aus aufheben. Abwechselnd einen aufheben, den nächsten liegen lassen, beim zweiten Streifen anfangen. Das Rechteck mit der Nadel vorsichtig ins heiße Fett einlegen. Wenn die Krapfen Farbe bekommen, umdrehen.

TIPP: *Das richtige Gebäck für Kinder!*

ABTENAUER HAUBENKRAPFEN

1 kg Weizenmehl
20 g Germ
1 Ei
Salz
1 KL Zucker
1/2 l Milch
80 g zerlassenes
Butterschmalz
Fett zum Backen

Mehl, Salz, Zucker in eine Schüssel geben, in der Mitte eine Vertiefung machen, Germ einbröseln, lauwarme Milch dazugeben und den Germ gehen lassen. Zerlassenes Butterschmalz, Ei und restliche Milch beimengen und einen eher weichen Teig herstellen. Den Teig gut abschlagen und mindestens 1 Stunde gehen lassen. | **Mit einem Löffel gleichmäßige Portionen ausstechen,** schleifen und zugedeckt 10 Minuten gehen lassen. Mit dem Nudelwalker handflächengroß auswalken und wieder 10 Minuten gehen lassen. Nun mit beiden Händen von der Mitte her hauchdünn ausziehen. Der Rand muss fingerdick bleiben. Den Krapfen ins heiße Fett „schmeißen" und nach dem Aufgehen mit einem Schöpflöffel mit heißem Fett übergießen.

SALZBURGER BAUERNKRAPFEN

1/2 kg Mehl
knapp 1/4 l Milch
4 Eidotter
50 g Butter
60 g Zucker
1 Pkg. Trockengerm oder
1/2 Würfel Germ
2 Prisen Salz
2 EL Rum
abgeriebene
Zitronenschale
1 Prise Vanillezucker

Gesiebtes, erwärmtes Mehl mit zerlassener Butter, lauwarmer Milch, Trockengerm und den übrigen Zutaten zu einem weichen Teig verarbeiten, gut abarbeiten. Ca. 1/2 Stunde gehen lassen und nach dem Aufgehen wieder abschlagen. Auf einem mit Mehl bestäubten Brett fingerdick auswalken und mit einem großen Krapfenausstecher Scheiben ausstechen, nochmals aufgehen lassen. ┃ **Bevor man die Krapfen ins heiße Fett gibt,** von der Mitte nochmals auseinanderziehen, sodass sie in der Mitte dünner sind und am Rand ein Wulst entsteht. Im schwimmenden Fett ausbacken, umdrehen und fertig backen. Auf einem Küchenkrepp abtropfen lassen, anzuckern und servieren.

SCHNEEBALLEN

420 g glattes Mehl
280 g Butter
2 Eidotter
1 Ei
3 EL Rahm
etwas Weißwein
1 Prise Zimt
1 Prise Salz

Staubzucker zum
Bestreuen
Fett zum Ausbacken

Zutaten zu einem glatten Teig verkneten, 1/2 Stunde kühl rasten lassen. ┃ **Den Teig 2–3 mm dick ausrollen** und Quadrate von 15 × 15 cm ausradeln. Jedes Teigstück in fingerdicke, parallel verlaufende Streifen schneiden, ohne die Ränder dabei zu durchtrennen. Je ein Teigfleckerl, gut gelockert, in eine Schneeballenform legen, diese ins Fettbad tauchen und goldbraun backen. Noch warm rundherum bezuckern.

FASCHINGSKRAPFEN

**Für die
Gärprobe (Dampfl):**
30 g Germ
1/16 l Milch
30 g Mehl
10 g Zucker

400 g Mehl
1/8 l Milch
50 g flüssige Margarine
50 g Zucker
3 Eidotter
1 EL Rum
1 EL Orangensaft
Orangen- und
Zitronenschale
1 Pkg. Vanillezucker
Salz

Fett zum Herausbacken
Marillenmarmelade zum
Füllen
Staubzucker zum
Bestreuen

Für die Gärprobe Zutaten rasch zu einem Brei rühren, rasten lassen,
bis sich das Volumen verdoppelt hat. Sodann mit den restlichen Zutaten
vermischen, Mehl zuletzt einrühren. Teig mit den Knethaken des Mixers
so lange bearbeiten, bis er sich von der Schüssel löst. Gehen lassen. |
Nun den Teig zu einer Rolle formen, Stücke von ca. 55–60 g abschneiden und schleifen (mit der hohlen Hand zu Bällen rollen). Die Teigbälle
mit einem Brett flachdrücken, sodass sie wie Krapfen aussehen. Mit
einem Tuch zudecken und zum Aufgehen an einen warmen Ort stellen. |
Backfett erhitzen und die Krapfen mit der Oberseite nach unten ins
heiße Fett geben, zudecken und hell backen. Krapfen umdrehen und die
zweite Seite bei geöffnetem Deckel ebenfalls hell backen. Auf Küchen-
papier abtropfen lassen und mittels Spritzsack und Tülle mit Marillenmarmelade füllen. Nach dem Erkalten mit Staubzucker bestreuen.

TIPP: *Dieses Rezept stammt aus Wien. Die feinen Zutaten machen diese
Faschingskrapfen besonders schmackhaft.*

SILVESTER-GLÜCKSSCHWEINCHEN

370 g glattes Mehl
130 g griffiges Mehl
25 g Germ
etwas Zucker
etwa 0,2 l Milch
etwas Salz
90 g Staubzucker
1 Pkg. Vanillezucker oder
1 Vanilleschote
Zitronenschale
100 g Teebutter
2 Eiklar
1 Eidotter

Für das Dampfl Germ in lauwarmer Milch mit etwas Zucker auflösen, Mehl in eine Schüssel sieben und warm stellen. Bei Zimmertemperatur zugedeckt ca. 15 Minuten gehen lassen. | **Inzwischen Butter, Zucker, Dotter, Zitronenschale** und Mark der Vanilleschote bzw. Vanillezucker schaumig rühren. Eiklar steifschlagen, zuletzt etwas Salz hineingeben, so bleibt der Eischnee steifer. Rührmasse, aufgegangenes Dampfl und Eischnee in das Mehl geben, nach Bedarf noch etwas Milch hinzufügen, mit der Hand abkneten, bis sich der Teig vom Gefäß löst, seidig glatt ist und Blasen wirft. Mit Mehl bestreuen, mit einem Tuch zudecken und an einem warmen Ort gehen lassen (z.B. Herdrand oder im Wasserbad). | **Teig 5–7 mm dick ausrollen,** mit Krapfenausstecher (9 cm Durchmesser) einen Kreis für den Kopf ausstechen. Für die Schnauze einen Kreis mit 2,5 cm Durchmesser und für die zwei Ohren einen Kreis mit 2,5 cm halbieren. Zwei Gewürznelken für die Nasenlöcher, zwei Rosinen für die Augen verwenden. Alle Teile vor dem Aufsetzen mit Eiklar bestreichen. | **Noch einmal kurz gehen lassen** und bei 190 °C ca. 15 Minuten hellbraun backen.

TIPP: *Sehr feiner Teig, eignet sich besonders für süßes Kleingebäck.*

SCHNELLE NUSSKIPFERL

für 32 Stück

300 g Mehl
200 g Butter
1 Pkg. Frischkäse

Für die Nussmasse:
100 g Vollrohrzucker
100 g Kristallzucker
100 g Nüsse
1 Prise Zimt

Butter mittels Reibeisen in das Mehl reiben, abbröseln. Frischkäse unterkneten und 1 Stunde rasten lassen. Inzwischen die Zutaten für die Nussmasse in einer Schüssel gut vermischen. Den Teig und auch die Nussmasse vierteln. Teigstücke rund auswalken und jeweils einen Teil der Nussmasse unten und oben einwalken. | **Jedes Viertel wiederum in acht Stücke teilen** und Kipferl formen. Bei 190 °C ca. 15 Minuten hellbraun backen.

GRAMMELPOGATSCHERL

für ca. 25 Stück

300 g glattes Mehl
etwas Salz
150 g gut gewürzter
Grammelaufstrich
6 EL Milch
20 g Germ
etwas Zucker
2 Eidotter
4 EL Sauerrahm
2 EL Weißwein

1 Ei zum Bestreichen
etwas Salz, Kümmel oder
Pfeffer zum Bestreuen

In einem kleinen Gefäß Germ in lauwarmer Milch mit etwas Zucker auflösen, kurz gehen lassen. Mehl mit Salz vermischen, Grammelaufstrich, aufgegangenen Germ und die übrigen Zutaten zu einem mittelfesten Teig verarbeiten und 20 Minuten aufgehen lassen. Germteig austreiben, zusammenschlagen wie bei einem Blätterteig und wieder aufgehen lassen, diesen Vorgang wiederholen. | **Teig 2 cm dick ausrollen,** mit Gabel oder Messer Linien (Gitter) zeichnen, mit einem runden Ausstecher (Durchmesser 4–5 cm) Pogatscherl ausstechen. Aufs Blech geben und nochmals gehen lassen. Mit Ei bestreichen und mit Salz, Kümmel oder Pfeffer bestreuen. Bei 210 °C goldbraun backen.

TOPFENGOLATSCHEN UND TOPFENZOPF

Für den Germteig:
1/2 kg Weizenmehl
etwas Salz
21 g Germ
80 g Zucker
80 g zerlassene Butter
1 Eiklar
2 Eidotter
ca. 1/4 l Milch

Für die Topfenfülle:
50 g Butter
1 Eidotter
100 g Zucker
1 Pkg. Vanillezucker
Zitronenschale
250 g Topfen
1 Eiklar
40 g Weinbeeren

Aus den Zutaten einen Germteig bereiten und aufgehen lassen. Anschließend zwei Laibchen formen, eines mit 400 g und eines mit 600 g Teig. | **Für die Topfenfülle** Butter, Zucker und Dotter mit Vanillezucker und abgeriebener Zitronenschale schaumig rühren. Eiklar steifschlagen, zusammen mit dem Topfen unterziehen und mit Weinbeeren verbessern. | **Für die Topfengolatschen** das 400 g schwere Teigstück auswalken auf 40 × 30 cm; in zwölf Quadrate mit je 10 cm Seitenlänge schneiden. Die Fülle löffelweise auf die Quadrate setzen und Teigecken zusammenschlagen. | **Den restlichen Teig** für den Topfenzopf auf 35 × 25 cm auswalken, links und rechts schräg 2,5 cm einschneiden. In der Mitte 9 cm frei lassen und die Topfenfülle einstreichen. Zuerst links einen Streifen einschlagen, dann rechts, dann wieder links und so weiter. | **Golatschen und Zopf aufs Blech legen** und etwas gehen lassen. Mit Ei bestreichen und bei 200 °C ca. 15 Minuten backen.

BRANDTEIGKRAPFEN MIT HONIG-VANILLE-CREME

für ca. 40 Stück

250 g Wasser
125 g Butter
1/2 TL Salz
200 g glattes Mehl
250 g Eier

Für die Honig-Vanille-Creme:
1/4 l Obers
2 EL Waldhonig
1 Pkg. Vanillezucker

Schokoladesauce
zum Garnieren

Wasser, Butter und Salz aufkochen, Mehl einrühren und so lange rösten, bis sich der Teig vom Topf löst. Kurz überkühlen lassen, dann mit dem Mixer Eier nach und nach einrühren. | **Mit dem Spritzsack** (Sterntülle) Krapferl auf ein mit Backpapier ausgelegtes Blech dressieren, Backpapier vorher leicht mit kaltem Wasser befeuchten. | **Im Rohr bei 200 °C backen,** etwas Wasser ins Rohr spritzen, nach 10 Minuten auf 180 °C reduzieren und weitere 10 Minuten backen. Im letzten Drittel der Backzeit das Rohr etwas öffnen. | **Für die Honig-Vanille-Creme** Obers steifschlagen, mit Waldhonig und Vanillezucker süßen. | **Die erkalteten Krapferl** durchschneiden, Creme in einen Dressiersack geben und die Brandteigkrapferl damit füllen. Mit warmer Schokoladesauce übergießen.

MUTZENMANDELN

250 g Mehl
100 g gemahlene Mandeln
1 TL Backpulver
3 Eier
100 g Butter
Salz, Zimt, Kardamom
1 TL geriebene
Zitronenschale
2 TL Rum

Teig kneten und 1 Stunde kühl rasten lassen. Kleine Nocken formen und bei 180 °C im Fett frittieren. Mit Staubzucker bestreut servieren.

WALDVIERTLER MOHNZELTEN

500 g glattes Mehl
300 g Erdäpfel
300 g Butter
2 Eier, 2 EL Sauerrahm
Salz, 1 TL Backpulver

Für die Fülle:
200 g Mohn
200 g Zucker
100 g Butter
Vanillezucker
Zimt, Rum

Erdäpfel kochen und erkalten lassen. Mehl und Butter abbröseln, die geriebenen Erdäpfel und die restlichen Zutaten dazugeben und gut durchkneten. | **Für die Fülle** gemahlenen Mohn mit Zucker und zerlassener Butter vermengen, Geschmackszutaten zugeben und gut verrühren. | **Den Teig zu einer Rolle formen** und 15 Scheiben herunterschneiden. Etwas auseinanderdrücken, mit Fülle belegen und gut verschließen. Breitdrücken und auf ein befettetes Backblech legen. Bei 180 °C goldbraun backen, dabei einmal wenden.

PALMBREZEN

350 g Mehl
20 g Germ
knapp 1/8 l Milch
50 g Butter
2 Eidotter
60 g Zucker
3 EL Sauerrahm
1 gestrichener KL Salz
Ei zum Bestreichen

Mehl in eine Schüssel geben, in der Mitte aus Germ, einer Prise Zucker und etwas lauwarmer Milch ein Dampfl bereiten, zudecken und ca. 5 Minuten gehen lassen. Die übrigen Zutaten mit der angewärmten Milch dazugeben und zu einem glatten Germteig abschlagen, 15 Minuten gehen lassen. | **Anschließend aus dem Teig möglichst dünne Rollen formen,** in ca. 30 cm lange Stücke schneiden und Brezen flechten (nicht zu eng, da sie sehr stark aufgehen). | **Auf Backblech legen** und ca. 10 Minuten gehen lassen. Mit Ei bestreichen und im vorgeheizten Rohr ca. 15 Minuten bei 180 °C backen.

DINKELBREZEN VOM PANKRAZHOF

1 kg Dinkelvollmehl oder
Dinkelfeinmehl
0,6 l Wasser
1 Pkg. Germ
1 EL Natursalz
1 EL Brotgewürz (Fenchel,
Koriander, Kümmel)
1/2 TL Brotklee
1 EL Sonnenblumenöl
oder Hanföl

**Zum Verfeinern
und Bestreuen:**
Rosmarin, Wildkräuter
Bertram, Salbei
(getrocknet oder frisch)
Sesam, Hanfsamen
Mohn, Sonnenblumen-,
Kürbiskerne

Mehl, Gewürze, Salz und getrocknete oder frische Kräuter (fein gerebelt oder klein geschnitten) mischen. Germ beigeben (eventuell Dampfl) und mit Öl und Wasser zu einem formbaren Teig kneten. Warm rasten lassen, bis sich das Teigvolumen verdoppelt hat. | **Zu einer Rolle formen,** in 80 g schwere Stücke schneiden, zu Kugeln formen. Diese wiederum 20 Minuten gehen lassen (bis sich das Volumen verdoppelt hat). | **Die Kugeln zusammenschlagen,** ausrollen und zu Brezen formen. Brezen auf der Oberseite mit Wasser befeuchten, in ein beliebiges Samengemisch drücken und auf ein Blech setzen. Bei 220 °C Heißluft 20 Minuten backen.

TIPPS: *Bei Verwendung von Vollmehl möglichst fein gemahlenes Vollmehl verwenden. Achtung: Dabei kann sich der Flüssigkeitsbedarf etwas erhöhen.* | *Dinkelbrezen passen hervorragend zu sauren Speisen, schmecken aber auch mit Honig und Butter.*

Rosa Prem

· STANITZEL ·

Zutaten

Für den Biskuitteig:
2 Eier
80 g Zucker
1 Prise Salz
1 Prise Vanillezucker
1 KL Wasser
40 g Dinkelvollmehl
40 g Mehl

Für die erste Fülle:
1/4 l Rahm
1 EL Staubzucker

Für die zweite Fülle:
250 g Topfen
2 EL Zucker
1 Pkg. Vanillezucker
1/8 l Rahm
unbehandelte geriebene
Zitronenschale

Früchte der Saison

Eier mit Zucker, Vanillezucker, Salz und Wasser kurz verrühren, *Mehl unterheben. 10 cm große Scheiben (1 großer EL Biskuitmasse) auf ein mit Backpapier ausgelegtes Blech streichen und im vorgeheizten Rohr bei 180 °C ca. 10 Minuten rasch backen. Noch heiß zu Stanitzeln drehen.* **Für die erste Fülle** *Rahm mit Staubzucker aufschlagen, für die zweite Fülle Rahm schlagen und mit den restlichen Zutaten vermengen.* **Die erkalteten Stanitzel** *mit geschlagenem Rahm oder Topfencreme füllen und mit Früchten nach Jahreszeit garnieren.*

Tipp: Die Stanitzel lassen sich gut vorbacken und können dann frisch gefüllt werden.

Rosa Prem hat für **Österreichische Bäuerinnen backen Kuchen** und **Krapfen, Kipferl, Brezen & Co.** (gem. mit Adelheid Gschösser) Rezepte zur Verfügung gestellt.

THOMASRADELN

500 g Mehl
20 g Germ
60 g Zucker
50 g Butter
1 Prise Salz
ca. 1/4 l Milch
1 Ei
1 Eidotter
1 EL Anis
1 Ei zum Bestreichen

Mehl in eine Schüssel geben, Grube in die Mitte machen, Germ hineinbröseln und mit einer Prise Zucker, etwas lauwarmer Milch und ein wenig Mehl zu einem Dampfl verrühren. Zugedeckt gehen lassen, dann mit den übrigen Zutaten zu einem feinen Germteig abarbeiten. Nochmals an einem warmen Ort gehen lassen, eventuell während der Rastzeit zweimal zusammendrücken (macht den Teig feinporiger). | **Zwei Stränge formen,** kleine Stücke abschneiden und aus jedem Stück eine 30 cm lange, dünne Nudel formen. Gegengleich einrollen bis ca. 3 cm Abstand in der Mitte, jeweils zwei eingerollte Teigstücke übereinanderlegen. Auf ein Backblech geben, kurz gehen lassen, mit versprudeltem Ei bestreichen und ca. 15 Minuten bei 180 °C backen.

TIPP: *Thomasradeln wurden in Tirol immer in der Adventzeit gebacken, denn ursprünglich war der Thomastag (heute 3. Juli) am 21. Dezember.*

MANDELPOTIZE

500 g Mehl
40 g Germ
ca. 1/4 l Milch
80 g Zucker
60 g Butter
1 Ei
1 Dotter
Salz, Zitronenschale

Für die Fülle:
70 g Butter
80 g Staubzucker
3 Dotter
3 EL Schlagobers
150 g geriebene Mandeln
Vanillezucker
2 Eiklar
20 g Zucker

Die Hälfte der Milch leicht erwärmen, Germ darin auflösen und mit etwas Mehl zu einem glatten Vorteig verarbeiten. Mit Mehl bestäuben und an einem warmen Ort aufgehen lassen. Die restliche Milch und Butter erwärmen, mit den übrigen Zutaten vermengen und mit dem Dampfl zu einem glatten Teig abschlagen. Zugedeckt 1/2 Stunde aufgehen lassen. | **Für die Fülle Butter, Dotter, Zucker und Schlagobers schaumig rühren** und auf den ausgerollten Germteig streichen. Mit Mandeln und Vanillezucker bestreuen. Eiklar mit Zucker zu steifem Schnee schlagen und darauf verteilen. Teig einrollen und zu einer Schnecke drehen. In eine befettete Tortenform legen, mehrmals anstechen und nochmals aufgehen lassen. Bei 180 °C ca. 30 Minuten backen. Nach dem Überkühlen stürzen und mit Staubzucker bestreuen.

OMAS RAHMKIPFERL

1/2 kg glattes Mehl oder
Einkornvollmehl
1/2 kg Bauernbutter
2 Eier
1/8 l Sauerrahm
1 Pkg. Backpulver
Erdbeer- oder
Ribiselmarmelade
zum Füllen
Staubzucker oder Zimt-
Zucker-Gemisch zum
Bestreuen

Mehl, zerkleinerte Butterstückchen, Eier, Sauerrahm und Backpulver vermischen und zu einem glatten Teig verkneten. Teig auswalken und in Quadrate schneiden. Jeweils 1 Teelöfferl Marmelade daraufgeben und Kipferl formen. | **Im Rohr bei 180 °C ca. 20 Minuten backen.** Noch warm mit Staubzucker oder Zimt-Zucker-Gemisch bestreuen.

TIPP: *Die Rahmkipferl sind zur Kaffeejause ebenso gut geeignet wie als Nachspeise.*

AFFEN

5 Dotter
5 ganze Eier
1 Prise Salz
500–600 g Mehl

Die Zutaten zu einem mittelfesten Teig verkneten und zugedeckt 30 Minuten rasten lassen. Runde dünne Teigflecke von ca. 28 cm Durchmesser ausrollen. Mit dem Teigrad im Abstand von ca. 1 cm Schlitze in den Teig schneiden, und zwar so, dass die Teigränder nicht durchgeschnitten werden. | **Einen Kochlöffelstiel durch die Teigschlitze fädeln** (ähnlich wie die Nadel beim Stopfen) und den letzten Teigrand über die vorderen Teigstreifen heben. Butterschmalz in einem engen Gefäß erhitzen, den Teig mit dem Kochlöffel in das heiße Butterschmalz halten und goldbraun backen. Gebäck vom Kochlöffel streifen und noch warm überzuckern.

WEINTEIGZIPFERL

300 g Mehl
250 g Butter
2 Eidotter
3 EL Weißwein

feste Brombeer-
marmelade
1 Ei zum Bestreichen
Staubzucker-
Vanillezucker-Gemisch
zum Wälzen

Aus den Zutaten einen Mürbteig bereiten und 1/2 Stunde rasten lassen. Den Teig 3 mm dick ausrollen, Quadrate ausschneiden, mit einem Löfferl Brombeermarmelade füllen, Ränder mit Ei bestreichen und diagonal zusammenklappen. Auf ein mit Backpapier ausgelegtes Backblech legen und bei 200 °C auf Farbe backen. Noch warm in Staub- und Vanillezucker wälzen.

TIPP: *Weinteigzipferl werden im niederösterreichischen Weinviertel traditionell zur Weinlese gegessen.*

BRÜNNER GOLATSCHEN

250 g Mehl
1/2 Pkg. Backpulver
120 g Butter
60 g Staubzucker
1 Ei
1 Prise Zimt
Schale von 1/2 Zitrone
1 Pkg. Vanillezucker

Für die Mohnfülle:
160 g gemahlener Mohn
1/8 l Milch
150 g Zucker
30 g Butter
2 EL Honig
20 g Semmelbrösel
1 Prise Zimt
Schale von 1/2 Zitrone
60 g Rosinen

1 versprudeltes Ei zum
Bestreichen
Zimtzucker zum
Bestreuen

Mehl mit Backpulver versieben und die Butter damit verbröseln. Die übrigen Zutaten beigeben und rasch zu einem Teig kneten. Im Kühlschrank ca. 1/2 Stunde rasten lassen. | **Für die Mohnfülle** Milch mit Butter und Zucker aufkochen, die übrigen Zutaten beigeben und einmal erhitzen. Den Teig ca. 2–3 mm dick ausrollen und Quadrate von 10 × 10 cm schneiden. Die Ecken mit versprudeltem Ei bestreichen und in die Mitte ein nussgroßes Stück Fülle geben. Ecken paketartig zusammenschlagen, auf ein leicht gefettetes Backblech legen und mit Ei bestreichen. Obenauf ein kleines Teigquadrat setzen und auch dieses mit Ei bestreichen. Im Rohr bei 190 °C ca. 20–25 Minuten backen. Noch lauwarm mit Zimtzucker bestreuen.

KLOSTERZOPF

1 kg Mehl
1 EL Salz
80 g Zucker
40 g Germ
3 Eier
80 g Butter
350 ml Milchwasser
Ei zum Bestreichen

Aus den Zutaten einen Germteig herstellen. Zwei gleich große Laibe formen und zugedeckt 15 Minuten gehen lassen. | **Je zwei Stangen formen,** einen Vierer-Zopf daraus legen und gehen lassen. Mit Ei bestreichen und bei mittlerer Hitze 1 Stunde backen.

TIPP: *Wenn man sparen will, nimmt man lieber kein Ei als kein Fett!*

OSTERLAMM MIT SCHOKOSTREUSELN

250 g Butter
250 g Zucker
4 Eidotter
250 g Mehl
40 g Schokostreusel
1/8 l Eierlikör
4 Eiklar
Butter und Mehl für
die Form

Butter, Zucker und Dotter schaumig rühren, Schokostreusel mit Mehl vermengen und in die schaumige Masse einrühren, dann Eierlikör dazugeben. Zuletzt den Schnee unterheben. In einer befetteten und bemehlten Osterlammform bei 160 °C ca. 1 Stunde backen. Erkaltet anzuckern.

TIPP: *Mit Rosinen Nase und Augen auslegen.*

DRAHDIWABERL MIT NUSSFÜLLE

Blätterteig
1 Eidotter zum
Bestreichen

Für die Nussfülle:
130 g geriebene Nüsse
1/8 l flüssiges Obers
50 g Staubzucker
oder Honig
1 Prise Zimt

Für die Fülle Nüsse, Obers, Zucker und Zimt verrühren. | **Blätterteig zur Hälfte mit der Fülle bestreichen,** zweite Teighälfte darüberklappen, leicht andrücken. In 2 cm breite Streifen schneiden, spiralförmig verdrehen, auf ein mit Backpapier ausgelegtes Backblech legen und mit Eidotter bestreichen. Bei 200 °C ca. 10 Minuten backen.

TIROLER ZELTEN

1 kg Früchte (davon
400 g Rosinen, 200 g
Feigen, Dörrbirnen und
Dörrpflaumen)
300 g Walnüsse und
Haselnüsse
100 g Pignoli, Aranzini,
Zitronat
1 Pkg. Lebkuchengewürz
125 ml Rum
1 Ei zum Bestreichen
500 g Roggenmehl
500 g Weizenbrotmehl
40 g Germ
1 Prise Zucker
ca. 500 ml lauwarmes
Wasser
1 EL Kümmel, Fenchel,
Koriander (gemischt)
1 EL Salz

Für die Früchtemischung Rosinen heiß waschen und abtropfen. Feigen,
gekochte Birnen und Pflaumen in feine Streifen schneiden und mit den
Rosinen vermischen. Die Nüsse bleiben im Ganzen, alle anderen Zutaten
werden gehackt. Alles mit Rum und Gewürzen gut durchmischen und
über Nacht ziehen lassen. | **Für den Brotteig** Mehle mischen, ein Grüb-
chen machen und Germ hineinbröseln. Mit Zucker und lauwarmem Wasser ein Dampfl anrühren. Gehen lassen. Gewürze, Salz und Wasser zumi-
schen, gut kneten (bis der Teig nicht mehr klebt), wiederum aufgehen
lassen. (Besonders feines Brot entsteht, wenn man den Teig nach dem Auf-
gehen zurückschlägt und ihn nochmals gehen lässt.) | **Den Brotteig** gut
mit der Früchtemischung verkneten. Beliebig große Wecken formen, mit
Ei bestreichen und ca. 10 Minuten gehen lassen. Vor dem Backen mit einer
Gabel mehrmals anstechen. | **Im vorgeheizten Backrohr** (200 °C) backen.
Ein Gefäß mit Wasser dazustellen. Nach ca. 15 Minuten Hitze reduzieren
auf 180 °C. Backdauer: 50–60 Minuten.

ALLERHEILIGENSTRIEZEL

400 g Mehl
1 Prise Salz
70 g Zucker
90 g zerlassene Butter
ca. 0,2 l Milch
20 g Germ
1 Eidotter
etwas Rum

1 Ei zum Bestreichen
Hagelzucker oder
Mandelsplitter zum
Bestreuen

Germteig zubereiten, Teig aufgehen lassen, dann wieder abschlagen. Aus dem Teig sechs Kugeln schleifen und rasten lassen. Zu Strängen rollen und Striezel flechten. | **Nach dem Flechten** Striezel nochmals aufgehen lassen. Auf Backpapier legen, mit Ei bestreichen, mit Hagelzucker oder Mandelsplittern bestreuen und bei ca. 200 °C goldbraun backen.

OSTTIROLER BLATTLSTOCK

Germteig:
750 g Mehl
100 g Staubzucker
100 g Butter
2 Eier
1 Pkg. Germ
Salz
ca. 1/4 l Milch

Für die Fülle:
750 g Mohn
200 g Zucker
1 Stamperl Rum
Zimt, Nelkenpulver
Zitronenschale
ca. 1/2 l Milch
300 g Butter zum
Abschmalzen
Zuckerwasser

Aus Mehl, Zucker, zerlassener Butter, Eiern, Salz, Germ und lauwarmer Milch einen mittelfesten Germteig bereiten und zugedeckt gehen lassen. Eine Rolle formen, fünf Stücke abschneiden, diese zu runden Blättern auswalken, zugedeckt gehen lassen, einstechen und bei 180 °C (Heißluft) backen. | **Für die Fülle** Mohn mit Milch, Zucker und Gewürzen aufkochen. Auskühlen lassen, Teigblätter mit Zuckerwasser einstreichen, mit Mohnfülle und zerlassener Butter bestreichen. Blätter übereinander legen, auf das letzte Blatt am meisten Butter geben, damit sie seitlich abtropft und erstarrt.

TIPP: *Vollgetreide verwenden!*

KARTOFFELBROT

500 g Mehl
60 g Butter
60 g Zucker
2 Eidotter
3 große, gekochte, passierte Kartoffeln
Salz
1 Würfel Germ
Milch nach Bedarf
Rosinen nach Geschmack

Germ mit einer Messerspitze Zucker und 1 EL lauwarmer Milch anrühren und warm stellen. Mehl, zerlassene Butter, Zucker, Eidotter und Kartoffeln mit einer Prise Salz in einer Rührschüssel durchmischen. Aufgegangenen Germ dazugeben und mit lauwarmer Milch zu einem mittelfesten Teig verkneten, bis der Teig ganz glatt ist. Aufgehen lassen. **Einen Laib formen,** nochmals gehen lassen. Brot mit Zuckerwasser bestreichen und bei 160 °C im nicht vorgeheizten Rohr backen. Nach dem Backen mit Staubzucker bestreuen.

TIPP: *Ohne Zucker und Rosinen erhalten Sie bei diesem Rezept eine beliebte Spezialität zum Advent- und Weihnachtsschinken.*

GODLBREZE

500 g Mehl
1/4 l lauwarme Milch
60 g Butter
2 Eier
Rum
1 TL Salz
30 g Germ
60 g Zucker
Zitronenschale
1 Ei zum Bestreichen
evtl. Rosinen

Für das Dampfl Mehl in eine Teigschüssel geben, in der Mitte eine Grube machen, Germ hineinbröseln, etwas Zucker und 100 ml lauwarmes Wasser dazugeben, verrühren und ca. 15 Minuten gehen lassen. Weiche Butter und lauwarme Milch zugeben, mit den restlichen Zutaten zu einem mittelfesten Teig verarbeiten und gut kneten. Teig ca. 30 Minuten gehen lassen, nochmals durchkneten und einen mindestens 130 cm langen Strang rollen. Daraus eine große Breze formen. Mit verquirltem Ei bestreichen und bei 165 °C Heißluft ca. 25 Minuten backen.

FRÜCHTEBROT

5 Eidotter
60 g Staubzucker
80 g Butter
5 Eiklar
60 g Kristallzucker
80 g geriebene Haselnüsse
50 g Zitronat
50 g Schokolade
50 g Rosinen
50 g Aranzini
120 g Mehl

Butter, Zucker und Dotter schaumig schlagen. Die Früchte mit Mehl vermischen. Eiklar steifschlagen und den Kristallzucker in den Schnee einschlagen. 1/3 des Schnees zum Abtrieb geben, restlichen nach und nach, zum Schluss das Mehl-Früchte-Gemisch unterheben. **In eine befettete und bemehlte Kasten- oder Rehrückenform füllen,** bei 170 °C etwa 1 Stunde backen.

TIPP: *In Alufolie aufbewahren, dann bleibt es lange saftig.*

WEIHNACHTSSTOLLEN

500 g Mehl
1/2 TL Salz
50 g Germ
2 Eier
gut 1/8 l Milch
100 g Zucker
180 g Butter
100 g Mandelstifte
100 g Zitronat
50 g Aranzini
150 g Rosinen
2 EL Rum
Schale einer 1/2
unbehandelten Zitrone
Butter zum Bestreichen
Staubzucker zum
Bestreuen

Aus Mehl, Salz, Germ, Eiern, Milch, Zucker und Butter einen
Germteig (mit Dampferl) bereiten und diesen 2 Stunden an einem
warmen Ort gehen lassen. | **Mandeln, Zitronat, Aranzini, Rosinen,
Zitronenschale und Rum** unter den Teig kneten und nochmals
30 Minuten rasten lassen. | **Einen Stollen formen** und im vorgeheizten
Backrohr bei 190 °C backen. Noch warm mit Butter bestreichen und
mit Staubzucker bestreuen.

TIPP: *Diesen Stollen unbedingt zwei Wochen vor Weihnachten machen.*

Linzer Augen | Seite 302

Weihnachtskekse

BURGENLÄNDER KIPFERL

370 g Butter
600 g Mehl
50 g Eidotter
30 g Germ
1/16 l Milch
2 TL Zucker

Für die Fülle:
370 g Zucker
5 Eiklar
Nüsse und/oder
Kokosette, je nach
Geschmack

Aus Germ, Milch und Zucker ein Dampfl herstellen und dann mit den anderen Zutaten zu einem glatten Teig verkneten. In fünf Teile teilen und messerrückendick ausrollen, jeweils mit 1/5 der Fülle bestreichen, mit Kokosette und/oder gehackten Nüssen bestreuen und zusammenrollen. | **Mit einem runden Keksstecher** mit einem Durchmesser von ca. 6 cm Kipferl ausstechen. Auf ein mit Backpapier ausgelegtes Backblech legen und bei 160 °C goldgelb backen.

WITWENKÜSSE

4 Eiklar
280 g Staubzucker
1 Handvoll grob
gehackte Nüsse

Das Eiklar mit dem Zucker über Wasserdampf mit dem Mixer dickschaumig schlagen (mindestens 15 Minuten). Die gehackten Nüsse vorsichtig unter die Zuckermasse heben und ein Blech mit Backpapier auslegen. Mit einem Teelöffel kleine Häufchen setzen und bei 100 °C ca. 45 Minuten trocknen lassen.

TIPP: *Man kann auch zusätzlich zu den Nüssen Rosinen unter die Masse heben. | Ohne Nüsse und Rosinen eignet sich diese Masse hervorragend für Windbäckereien zu Weihnachten.*

NUSSBUSSERL

3 Eiklar
200 g Staubzucker
200 g geriebene Walnüsse
1 Pkg. Carlsbader Oblaten

Aus den Oblaten mit einem Keksstecher Kreise von ca. 3 cm Durchmesser ausstechen. Für die Busserl das Eiklar zu Schnee schlagen und die Nüsse und den Zucker vorsichtig unterheben. Einen gehäuften Teelöffel der Masse auf die Oblaten setzen und mit Hilfe des Löffels eine Kuppel formen. Die Busserl auf ein mit Backpapier ausgelegtes Blech legen und bei 100 °C ca. 1 Stunde trocknen lassen.

MOSTKEKSE

250 g glattes Weizenmehl
250 g echte Butter
1 Prise Salz
4 EL Most oder Weißwein
Ribiselmarmelade zum Zusammensetzen
Staubzucker zum Bestreuen

Aus Mehl, Butter, Salz und Most einen geschmeidigen Teig kneten und 1 Stunde kühl rasten lassen. Den Teig ausrollen und Scheiben ausstechen. Je zwei Scheiben mit der Marmelade zusammensetzen und gut andrücken. Bei 170 °C ca. 15 Minuten backen. Noch heiß mit Staubzucker besieben.

KARAMELLCREMEWÜRFEL

180 g Butter
200 g Staubzucker
2 Eier, 500 g Mehl
1 EL Vanillezucker
2 EL Zitronensaft
1 EL Sauerrahm

Für die Fülle:
250 g Kristallzucker
1 EL Vanillezucker
1/2 l Milch, 3 EL Mehl
250 g Butter

Schokoladeglasur

Alle Zutaten rasch zu einem feinen Teig verkneten, in drei gleich schwere Stücke teilen, auf je einem Backpapierblatt ausrollen und bei 180 °C hell backen. ⏐ **Für die Fülle** Zucker in einem hohen Topf hellbraun karamellisieren lassen, das Mehl dazugeben und unter ständigem Rühren mit heißer Milch aufgießen. In die noch warme Masse Butterflocken einrühren. Die Teigplatten mit der warmen Creme zusammensetzen. ⏐ **Erst Erst am nächsten Tag** mit der Schokoladeglasur überziehen und in kleine Würfel schneiden.

LINZER AUGEN

100 g (1 Teil) Zucker
200 g (2 Teile) Butter
300 g (3 Teile) Mehl
1 Eidotter
Gewürze je nach
Geschmack (Zitrone,
Vanille usw.)
Marillenmarmelade oder
Johannisbeermarmelade
Staubzucker

Aus Zucker, Butter, Mehl, Eidotter und Gewürzen rasch einen Mürb-
teig kneten und rasten lassen. | **Den Teig ausrollen** und Scheiben aus-
stechen. Die Hälfte der Scheiben in der Mitte mit kleinen Löchern ver-
sehen. Alle Teile bei 200 °C ca. 10 Minuten backen. Die Oberteile, wenn sie
erkaltet sind, mit Staubzucker bestreuen, die Unterteile mit Marmelade
bestreichen und zusammensetzen.

SCHOKOLADEMAKRONEN

1/8 l Eiklar
300 g Kristallzucker
1 EL Vanillezucker
50 g Wasser
100 g Kochschokolade
80 g geröstete, geriebene
Haselnüsse

Eiklar steifschlagen, 100 g Kristallzucker einrieseln lassen und weiter-
rühren. In der Zwischenzeit den restlichen Kristallzucker mit Wasser
zum Flug kochen. | **Flugprobe:** Eine Drahtschlaufe kann leicht aus Blu-
mendraht angefertigt werden oder befindet sich auf Schneebesen und
Teesieben. Diese Drahtschlaufe in den heißen Zucker eintauchen. Bilden
sich beim Durchblasen zunächst einzelne, später zusammenhängende
Blasen, ist der Zucker fertig gekocht und kann sofort unter ständigem
Rühren dem Eischnee zugefügt werden. | **Die Masse kaltschlagen** und
zum Schluss die erweichte Schokolade und die Haselnüsse unterrühren.
In einen Spritzsack füllen, auf Backpapier kleine Makronen dressieren
und im vorgeheizten Rohr bei 140 °C backen. Wenn sich die Makronen
leicht vom Papier lösen, sind sie fertig gebacken.

DIE UNWIDERSTEHLICHEN

160 g geriebene
Haselnüsse
100 g geriebene
Schokolade
120 g Butter
120 g Staubzucker

Butter und Staubzucker schaumig rühren, geriebene Schokolade und geriebene Haselnüsse unterrühren. Die Masse 1/2 Stunde kalt stellen und anschließend kleine Kugerl formen. Diese auf ein mit Backpapier ausgelegtes Blech setzen, mit einer Haselnuss verzieren und im Rohr bei 140 °C 30 Minuten lang backen.

FLORENTINER

270 g glattes Mehl
1 TL Backpulver
180 g Butter
100 g Staubzucker
1 TL Vanillezucker
geriebene Schale von
1 Zitrone
1 Ei

Für den Belag:
1/16 l Obers
40 g Honig
50 g Butter
120 g Staubzucker
150 g Mandelblättchen
100 g klein geschnittene
Aranzini

Schokoladeglasur

Mehl, Backpulver und Staubzucker versieben, mit Butter, Ei, Vanillezucker und Zitronenschale rasch zu einem Teig verkneten und 1/2 Stunde rasten lassen. Den Teig auf ein mit Backpapier ausgelegtes Blech ausrollen und im vorgeheizten Backrohr bei 180 °C 10 Minuten vorbacken. | **Für den Belag** Obers, Honig, Butter und Zucker aufkochen lassen, die restlichen Zutaten einrühren und auf den vorgebackenen Teig streichen. Weitere 10 Minuten

backen und noch warm in 15 × 30 mm große Streifen schneiden. | **Die Unterseite der Kekse** in Schokoladeglasur tauchen.

TIPP: *Man kann den Belag auch noch mit 10 Stück klein gehackten, kandierten Kirschen verfeinern.*

KOKOSSCHNITTEN

210 g Butter
210 g Zucker
280 g Mehl
1 1/2 Pkg. Backpulver
6 Eidotter

Für die Kokosmasse:
6 Eiklar
280 g Zucker
210 g Kokosette

Marillenmarmelade

Aus den Zutaten einen Teig bereiten und auf das Backblech streichen, dafür das Messer in warmes Wasser tauchen. | **Für die Kokosmasse** das Eiklar steifschlagen und Zucker und Kokosette untermischen. Den Teig mit Marillenmarmelade, dann mit der Kokosmasse bestreichen und bei mittlerer Hitze backen. Nach dem Auskühlen in kleine Rechtecke schneiden.

Christa Eppensteiner

· Marzipanröllchen ·

NIEDERÖSTERREICH

Zutaten

150 g Kristallzucker
150 g gehackte Nüsse
100 g erweichte Schokolade
Rum
Milch
500 g Marzipan

Für die Schokoladeglasur:
100 g Kochschokolade
60 g Butter
1 TL Tafelöl

Kristallzucker und Nüsse rösten und überkühlen lassen. *Erweichte Schokolade beigeben und Rum nach Geschmack und Milch nach Festigkeit langsam einrühren. Marzipan ca. 7 × 30 cm groß ausrollen. Mit der Masse bestreichen und einrollen.* **Für die Schokoladeglasur** *erweichte Kochschokolade mit zerlassener Butter und Öl glattrühren. Die Rolle mit Schokoladeglasur glasieren, danach in ca. 2 cm große Stücke schneiden.*

Christa Eppensteiner hat für **Österreichische Bäuerinnen kochen Knödel** und **Österreichische Bäuerinnen backen Weihnachtskekse** Rezepte zur Verfügung gestellt.

RUMKUGERL

100 g Butter
100 g Staubzucker
100 g geriebene Nüsse
100 g Hafermark
1 EL Kakao
1 Pkg. Vanillezucker
4–5 EL Rum

Kokosette oder Kakao
zum Wälzen
kleine Papier-
manschetten

Alle Zutaten zu einer geschmeidigen Masse verarbeiten und
ca. 1 Stunde kühl durchziehen lassen. Aus der Masse kleine Kugerl
formen, in Kokosette oder Kakao wälzen und in die Papierman-
schetten setzen.

ROTSCHILD-BISKOTTEN

3 Eidotter
50 g Staubzucker
3 Eiklar
50 g Zucker
150 g Mehl
1/2 Pkg. Vanille-
puddingpulver
1 Pkg. Vanillezucker

Für die Fülle:
passierte, heiße
Himbeermarmelade

Kuvertüre
geriebene Nüsse zum
Bestreuen

Dotter mit Staubzucker cremig schlagen, Eiklar, Zucker und Puddingpulver steif schlagen. Den Eischnee zur Dottermasse geben, das
Mehl darübersieben und vorsichtig unterheben. Die Masse in einen
Spritzbeutel mit kleiner glatter Tülle füllen und auf Backpapier kleine
Biskotten dressieren. Diese leicht mit Nüssen bestreuen und ca. 8 Minuten bei 180 °C backen. ⏐ **Die warme Marmelade** in ein kleines Spritztüt-
chen geben und auf die Backseite der Biskotten einen Marmeladestreifen
spritzen, erkalten lassen. In aufgelöste Kuvertüre tunken.

LEBKUCHENROLLE

250 g Roggenmehl
50 g glattes Weizenmehl
2 Eier
2 EL Honig
1 1/2 TL Natron
1 TL Zimtpulver
1 TL Lebkuchengewürz
2 EL Rum

Für die Fülle:
50 g Aranzini
200 g getrocknete Feigen
50 g geriebene Walnüsse
50 g geriebene
Kochschokolade
150 g Kristallzucker
1 TL Zimtpulver
2 EL Ribiselmarmelade

1 Ei zum Bestreichen
2 EL Ribiselmarmelade
zum Bestreichen

Alle Zutaten für den Teig verkneten und kühl rasten lassen. | **Für die Fülle** Aranzini und Feigen kleinwürfelig schneiden und mit den restlichen Fülle-Zutaten vermischen. | **Backblech mit Backpapier belegen.** Teig halbieren. Eine Hälfte des Teiges auf einer bemehlten Arbeitsfläche messerrückendick in der Breite des Backbleches ausrollen. Teig zur Hälfte mit der halben Menge der Marmelade und der halben Menge der Fülle bestreichen und straff einrollen. Diesen Vorgang mit der zweiten Teighälfte wiederholen. Die Teigrollen auf das Backblech legen, mit verquirltem Ei bestreichen und 25–30 Minuten bei 180 °C backen. Lebkuchenrollen aus dem Rohr nehmen und ausgekühlt in Scheiben schneiden.

LEBKUCHENBÄUMCHEN

500 g Roggenmehl
250 g Rohzucker
250 g Honig
3 Eier
1/8 l Kaffee
1 Pkg. Lebkuchengewürz
2 TL Natron
Saft von 1/2 Zitrone

1 Eiklar zum Bestreichen
geschälte Mandeln
Zuckerglasur

Alle Zutaten vermischen, zu einem Teig verkneten und kühl rasten lassen. Sterne in sieben verschiedenen Größen ausstechen, mit Eiklar bestreichen, mit Mandeln belegen und bei 200–220 °C etwa 10 Minuten backen. Auskühlen lassen, auf einen Holzspieß stecken und mit Zuckerglasur verzieren.

KOKOSBUSSERL

◆

3 Eiklar
210 g Zucker
70 g Kokosette
1 TL Zitronensaft
1 EL Mehl
Oblaten

Zucker und Eiklar über Dampf erst dickschaumig, dann kaltschlagen. Kokosette, Mehl und Zitronensaft vorsichtig zumengen. Kleine Häufchen auf ein mit Backpapier belegtes Blech oder auf Oblaten setzen und bei mäßiger Hitze langsam backen.

EISENBAHNER

300 g Mehl
200 g Butter
100 g Staubzucker
1 Ei
1 Pkg. Vanillezucker

Für die Makronenmasse:
180 g Rohmarzipan
60 g Staubzucker
20 g Butter
25 g Eiklar

300 g Himbeer- oder
Ribiselmarmelade

Für den Teig alle Zutaten zu einem Mürbteig verarbeiten und 1 Stunde rasten lassen. | **In der Zwischenzeit** für die Makronenmasse Marzipan, Staubzucker, Butter und Eiklar zu einer weichen, aber spritzfähigen Masse verrühren. Mürbteig zu einem Rechteck auswalken und auf ein mit Backpapier ausgelegtes Blech geben. In 4 cm breite Streifen schneiden und bei 200 °C hell anbacken. Anschließend je zwei Streifen mit Marmelade zusammensetzen, dann auf beide Längsseiten jedes Streifens mit einer kleinen Sterntülle die

Makronenmasse aufdressieren. 1 Stunde trocknen lassen und dann bei sehr starker Hitze hellbraun überbacken. | **Die Streifen überkühlen lassen** und in der Mitte mit heißer Marmelade füllen.

MANDELSCHAUMBUSSERL

180 g Eiklar
100 g Kristallzucker
35 g Speisestärke
220 g geschälte, fein geriebene Mandeln
170 g Staubzucker
gehobelte Mandeln zum Bestreuen

Für die Vanillebuttercreme:
200 g Milch
50 g Zucker
1 Pkg. Vanillezucker
1 Eidotter
1/2 Pkg. Vanillepuddingpulver
250 g weiche Butter

Eiklar mit Kristallzucker und Speisestärke steifschlagen, geriebene Mandeln mit Staubzucker mischen und einrühren. Mit einer Lochtülle auf Backpapier kleine Plätzchen dressieren, mit gehobelten Mandeln bestreuen und bei 160 °C ca. 15 Minuten backen. | **Für die Vanillebuttercreme** aus Milch, Zucker, Vanillezucker, Eidotter und Vanillepuddingpulver eine Creme kochen. In einer Schüssel kaltrühren, die weiche Butter in Stücken dazugeben und schaumig rühren. Die Busserl mit der Creme zusammensetzen und im Kühlschrank kalt stellen.

TIPP: *Zum Aufbewahren die Busserl am besten gleich einfrieren, da sie sonst weich werden. 1/2 Stunde vor Gebrauch auftauen lassen.*

NUSSECKEN

300 g Mehl
100 g Staubzucker
150 g Butter
1 Ei
1 Pkg. Vanillezucker
1 Prise Salz
1 EL Milch

2 EL Marillenmarmelade
zum Bestreichen

Für den Belag:
150 g Butter
150 g Zucker
1 Pkg. Vanillezucker
3 EL Wasser
150 g geriebene
Haselnüsse
150 g gehackte
Haselnüsse

Schokoladeglasur

Aus den genannten Zutaten einen Mürbteig bereiten und 1/2 Stunde rasten lassen. Den Teig messerrückendick auf ein befettetes Blech ausrollen und mit Marillenmarmelade bestreichen. | **Für den Belag** Butter, Zucker, Vanillezucker und Wasser zum Kochen bringen und die geriebenen bzw. gehackten Haselnüsse untermengen. Die überkühlte Masse gleichmäßig auf den mit Marillenmarmelade bestrichenen Teig verteilen und glattstreichen. Im vorgeheizten Ofen bei 170 °C ca. 20 Minuten hell backen. | **Das leicht überkühlte Gebäck** in ungefähr 6 × 6 cm große Quadrate schneiden und nochmals diagonal teilen, sodass Dreiecke entstehen. Jeweils mit den beiden Spitzen in die Schokoladeglasur tauchen.

TIPP: *Dieses Gebäck ist in einer gut verschlossenen Keksdose an die sechs Wochen haltbar.*

LINZER KIPFERL

400 g Butter
100 g Margarine
200 g Staubzucker
2 Pkg. Vanillezucker
600 g glattes Mehl

Marmelade zum
Zusammensetzen
Schokoladeglasur

Butter und Margarine 30 Minuten lang weißrühren. Staubzucker und Vanillezucker dazugeben, zuletzt das Mehl langsam unterrühren. Mit einem Dressiersack (große Sterntülle) auf ein mit Backpapier ausgelegtes Blech Kipferl spritzen. Bei ca. 180 °C hell backen, je zwei mit Marmelade zusammensetzen und die Enden in Schokoladeglasur tunken.

GEWÜRZSPEKULATIUS

250 g Mehl
210 g echte Butter
120 g Staubzucker
100 g geriebene Mandeln
1 Ei, 1 Pkg. Vanillezucker
1 TL Zimt
1 Msp. Nelkenpulver
1 Msp. Kardamom

1 Ei zum Bestreichen
Mandelblättchen
zum Belegen

Mehl und Butter miteinander verbröseln, mit den restlichen Zutaten rasch zu einem Teig zusammenkneten und ca. 1/2 Stunde kalt stellen. Anschließend den Teig dünn auswalken, in beliebiger Form ausstechen, mit Ei bestreichen und mit Mandelblättchen belegen. Bei ca. 180 °C 10 Minuten knusprig backen.

TIPP: *Man kann die Kekse mit Schokoladeglasur verzieren oder mit Staubzucker bestreuen.*

ISCHLER KRAPFEN MIT EINKORN

120 g Einkornvollmehl
140 g Butter
70 g Rohrohrzucker
90 g ungeschälte
geriebene Mandeln

Marillenmarmelade
zum Füllen
Schokoladeglasur
zum Überziehen

Die Zutaten auf dem Nudelbrett zu einem gleichmäßigen Teig verarbeiten, gut messerrückendick auswalken und mit dem Krapfenausstecher Scheiben ausstechen. Auf befettetem Blech bei 180 °C hell backen. Scheiben noch heiß mit Marillenmarmelade bestreichen und je zwei aufeinandersetzen. Krapferl erkalten lassen und mit Schokoladeglasur überziehen.

SZEKLAR-TESTA

210 g Mehl
150 g Butter
1 Ei
70 g Staubzucker

Marmelade zum
Bestreichen

Für den Belag:
210 g Staubzucker
210 g geriebene Nüsse
4 Eier

Die Zutaten zu einem Mürbteig verarbeiten, kühl rasten lassen. Teig auf einem Backblech über die ganze Fläche ausrollen und bei 180 °C goldbraun backen. Mit Marmelade bestreichen. Für den Belag die Eier mit dem Zucker und den Nüssen gut verrühren (nicht mixen), auf dem Teig verteilen und nochmals bei 180 °C backen, bis die Oberfläche goldbraun ist. Auskühlen lassen und in Schnitten schneiden.

GEFÜLLTE LEBKUCHENWÜRFEL

600 g Roggenmehl
160 g Staubzucker
100 g Butter
320 g Honig
4 Eier
10 g Natron
30 g Lebkuchengewürz
Himbeergelee
Rohmarzipan
Schokoladeglasur

Aus Roggenmehl, Staubzucker, Butter, Honig, Eier, Natron und Lebkuchengewürz einen Teig zubereiten. Diesen über Nacht rasten lassen. | **Den Teig dünn auswalken,** auf ein Backblech geben und bei 200 °C ca. 8–12 Minuten backen. | **Mit Himbeergelee bestreichen.** Marzipan dünn auswalken und darübergeben. In Würfel schneiden und mit Schokoladeglasur überziehen.

MOKKATRÜFFEL

60 ml Kaffee- oder
Kakaolikör
3 TL Espressopulver
100 g Schlagobers
50 g Butter
50 g Kokosfett
300 g Vollmilchkuvertüre

Schokoflocken zum
Wälzen
Konfektkapseln

Kaffeelikör, Espressopulver und Schlagobers erwärmen (nicht kochen), die Butter darin schmelzen lassen, Kokosfett und Vollmilchkuvertüre ebenfalls unterrühren und 2–3 Stunden im Kühlschrank kalt stellen. Aus der Masse kleine Kugeln formen, diese in den Schokoflocken wälzen und in die Konfektkapseln geben.

HONIGBUSSERL

500 g Mehl
250 g Staubzucker
3 Eier
4 EL Honig (heiß)
1 TL Natron
1 EL Rum
Zimt

Für die Eiweißglasur:
1 Eiklar
70 g Staubzucker

Alle Zutaten zu den Busserln zu einem Teig kneten, Busserl formen
und mit einer dünnen Eiweißglasur (Eiklar und Staubzucker aufschlagen)
bestreichen. Bei 200 °C ca. 8–12 Minuten backen.

RUBINE

500 g Mehl
200 g Staubzucker
200 g Butter
2 Eier
1 Pkg. Vanillezucker
geriebene Zitronenschale
1 Prise Salz

Für die Fülle:
100 ml Milch
60 g Zucker
geriebene Zitronenschale
1 Prise Zimt
2 EL Rum
200 g geriebene Nüsse

heiße Marillenmarmelade
geriebene Nüsse
zum Wälzen
heiße Erdbeermarmelade
zum Verzieren

Alle Zutaten zu einem Mürbteig verkneten und 30 Minuten kalt stellen. Den Teig 3 mm dick ausrollen, Scheiben ausstechen und bei 180 °C
ca. 10 Minuten backen. | **Für die Fülle** Milch, Zucker und Gewürze zum
Kochen bringen. Von der Kochstelle nehmen, Rum und Nüsse dazugeben
und gut verrühren. Immer zwei Kekse mit der Fülle zusammensetzen und
leicht andrücken. Die heiße Marillenmarmelade in einen Teller geben,
die Kekse mit dem Rand durchrollen und danach in den Nüssen wälzen. |
Zum Verzieren die heiße Erdbeermarmelade mit einem Löffel auf die
Oberfläche geben.

TIPP: *Die Kekse können auch mit Nougat gefüllt werden. Dafür einfach Nougat
erweichen und mit etwas geriebenen Nüssen verrühren.*

HAUSFREUNDE

5 ganze Eier
250 g Zucker
200 g Mehl
250 g Wal- oder
Haselnüsse, grob gehackt
je 100 g Aranzini,
Zitronat, fein geschnitten
evtl. 50 g Rosinen

Die Eier mit dem Zucker sehr schaumig rühren, alle anderen Zutaten
vorsichtig daruntermischen. | **Die Masse auf ein mit Backpapier
ausgelegtes Blech streichen** und bei 170 °C im vorgeheizten Rohr
ca. 25 Minuten hell backen. Das Backgut kurz überkühlen lassen und
in dünne Stangerl schneiden.

ELISEN-LEBKUCHEN

3 g Hirschhornsalz
350 g brauner Rohrzucker
125 g Marzipanrohmasse
5 Eiklar
60 g Orangeat
150 g gehackte
Haselnüsse
150 g fein geriebene
Mandeln
80 g Mehl
12 g Lebkuchengewürz

Backoblaten à 7 cm
halbierte, geschälte
Mandeln zum Verzieren
250 g Zucker und
1/10 l Wasser für die
Glasur

Den Zucker mit der Marzipanrohmasse verkneten, Eiklar nach und
nach dazugeben, zu einer glatten Masse verarbeiten und unter ständigem Rühren auf ca. 50 °C erhitzen. Dann Orangeat, Haselnüsse, Mandeln
sowie das mit Hirschhornsalz gesiebte Mehl und Lebkuchengewürz
einrühren. Die Masse anschließend kuppelförmig auf große Oblaten
streichen, mit halbierten Mandeln verzieren, gut antrocknen lassen und
ca. 10 Minuten bei 170 °C backen. | **Für die Fadenzuckerglasur** Zucker
und Wasser heiß aufkochen. Mit Zeigefinger und Daumen die Faden-
probe machen. Wenn man einen Faden ziehen kann, ist die Konsistenz
richtig. Die Zuckermasse auf etwa 37 °C zurücktemperieren. Die noch
heißen Lebkuchen mit der Glasur bestreichen.

ZWICKERBUSSERL

150 g Mehl
150 g Butter
2 Eidotter
1/2 Pkg. Vanillezucker

Zum Dressieren:
2 Eiklar
300 g Zucker

Marmelade zum
Zusammensetzen

Butter mit Mehl abbröseln, Dotter und Vanillezucker dazugeben und rasch zu einem Mürbteig verkneten. 1/2 Stunde kalt stellen. Danach den Teig 3 mm dick ausrollen, Scheiben ausstechen und auf ein mit Backpapier ausgelegtes Backblech legen. | **Eiklar mit Zucker zu steifem Schnee schlagen** und in einen Spritzbeutel füllen. Mit einer glatten Tülle auf die Teigscheiben Spitzen dressieren und bei 150 °C c 30 Minuten backen. Kekse erkalten lassen und jeweils zwei mit heißer Marmelade zusammensetzen.

PUNSCHSCHNITTEN

Für den Mürbteig:
250 g Mehl
80 g Staubzucker
150 g Butter
1 Ei
Zitronensaft
1/2 Pkg. Backpulver

Für die Fülle:
250 g Nüsse
1 Pkg. Vanillezucker
Rum (nach Geschmack)
125 ml Milch
100 g Staubzucker
4 EL Honig

Für das Biskuit:
3 Eiklar
60 g Zucker
3 Eidotter
60 g Mehl

Für die Glasur:
500 g rosa Glasur
(fertig gekauft)

Aus den Teigzutaten einen feinen Mürbteig zubereiten und 30 Minuten rasten lassen. Den Mürbteig auf einem befetteten Backblech ausrollen. | **Für die Fülle Milch erwärmen,** Honig auflösen, die restlichen Zutaten einrühren und auf den Mürbteig streichen. | **Für das Biskuit Eiklar mit Zucker zu Schnee schlagen,** Eidotter und Mehl einmelieren. Das Biskuit auf die Nussmasse streichen und bei 180 °C backen. | **Glasur nach Packungsanweisung im Wasserbad erwärmen.** Die Schnitten nach dem Erkalten mit der Punschglasur bestreichen und in 2 cm kleine Würfel schneiden.

POLOS

250 g Butter
140 g Staubzucker
1 EL Vanillezucker
etwas geriebene
Orangenschale
1 Prise Salz
2 Eier
1 Eidotter
230 g Mehl

Orangenmarmelade
zum Zusammensetzen

Handwarme Butter mit Zucker und Geschmackszutaten schaumig rühren. Nach und nach die Eier und den Dotter beigeben, zuletzt das Mehl in die Masse einmelieren. Auf ein mit Backpapier ausgelegtes Blech mit einem Spritzsack mit Lochtülle (6-er) kleine runde Plätzchen dressieren. Im vorgeheizten Ofen bei 170 °C ca. 15 Minuten hell backen. | **Auf die Hälfte der gebackenen Kekse** Orangenmarmelade dressieren und mit der zweiten Hälfte zusammensetzen.

TIPPS: In einer gut verschlossenen Dose ist dieses Gebäck an die acht Wochen haltbar. | Zum Füllen kann man auch Marillenmarmelade verwenden und diese mit der geriebenen Schale einer unbehandelten Orange und deren Saft verrühren. | Je nach Geschmack kann man die Polos auch halb in Schokolade tunken.

WINDBÄCKEREI

2 Eiklar
1 Prise Salz
70 g Kristallzucker
50 g Staubzucker

Eiklar mit der Prise Salz und dem Kristallzucker (langsam einrieseln lassen) zu sehr festem Schnee schlagen. Den gesiebten Staubzucker unter den festen Schnee heben. | **Windmasse in einen Spritzsack mit Sterntülle füllen** und auf ein mit Backpapier ausgelegtes Blech Windringerl oder andere beliebige Figuren dressieren. Im Backrohr bei eingehängtem Rohr 8 Stunden bei 70 °C trocknen. Zum Einhängen des Rohrs einfach einen Kochlöffel oder einen dicken, festen Karton in die Backofentür einklemmen, damit die Feuchtigkeit entweichen kann. Danach einige Tage in einem warmen Raum nachtrocknen lassen.

TIPP: Windbäckerei stets trocken lagern, da sie bei zu hoher Luftfeuchtigkeit weich und zäh wird.

VANILLEKIPFERL

280 g Mehl
210 g Butter
70 g Staubzucker
100 g geschälte,
geriebene Mandeln

**Zum Besieben
der Kipferl:**
300 g Staubzucker
3 Pkg. Vanillezucker
1 aufgeschnittene
Vanilleschote

Aus allen Zutaten einen Teig bereiten und für ein paar Stunden kalt stellen. Den gekühlten Teig in drei gleich große Stücke von ca. 220 g teilen. Aus diesen drei gleich lange, fingerdicke Stränge rollen und in kleine Würfel schneiden. Daraus kleine Stangerl rollen, die sich am Ende verjüngen, und kleine Kipferl formen. Auf ein mit Backpapier ausgelegtes Blech legen und ca. 10 Minuten bei 200 °C hell backen. ¦**Den Staubzucker mit Vanillezucker** und der aufgeschnittenen Vanilleschote vermischen. Die Kipferl noch warm mit dem Gemisch besieben oder darin wälzen. Dann vollständig abkühlen lassen und in Blechdosen aufbewahren.

TIPPS: *In einer gut verschlossenen Dose sind die Kipferl an die acht Wochen haltbar.* ¦ *Vanillekipferl sollten nie gemeinsam mit anderen Keksen in einer Dose aufbewahrt werden, da ihnen sonst der eigene Geschmack verloren geht.*

AFTER-EIGHT-AUSSTECHERLE

80 g Minztäfelchen
125 g Butter
50 g Staubzucker
1 Prise Salz
1 Ei, 230 g Mehl
1 EL Kakaopulver

100 g Zartbitter-
Kuvertüre zum Verzieren

Minztäfelchen klein hacken, mit Butter, Staubzucker und Salz cremig rühren. Ei einrühren. Mehl und Kakaopulver mischen und unter die Buttermasse kneten. Den Teig in Frischhaltefolie wickeln und ca. 2 Stunden in den Kühlschrank legen. **| Den Teig auf einer bemehlten Arbeitsfläche** ca. 1/2 cm dick ausrollen und verschiedenste Motive ausstechen. Die Kekse auf ein mit Backpapier ausgelegtes Backblech legen und im vorgeheizten Backrohr bei 180 °C 15 Minuten backen. Kuvertüre im Wasserbad schmelzen und in einen kleinen Gefrierbeutel füllen. Eine Ecke abschneiden und die Kekse gitterförmig damit verzieren.

TIPP: *Man kann die Kekse auch mit Staubzuckerglasur verzieren. Dazu Staubzucker mit Zitronensaft oder Minzlikör mischen, bis eine cremige Konsistenz entsteht.*

TIROLER STANGERL

120 g Butter
120 g Zucker
2 EL Rum
1 Pkg. Vanillezucker
120 g geriebene
Haselnüsse
120 g fein geriebene
Kochschokolade

Preiselbeermarmelade
zum Zusammensetzen
Schokoladeglasur

Butter mit Zucker, Rum und Vanillezucker schaumig rühren. Haselnüsse und Schokolade gut einrühren. Die Masse in einen Spritzbeutel mit mittlerer Tülle füllen und ca. 6 cm lange Stangerl auf ein mit Backpapier ausgelegtes Backblech spritzen. Bei 120 °C 25 Minuten backen. Jeweils zwei Kekse mit der Marmelade zusammensetzen und auf jeder Seite in Schokoladeglasur tunken.

TIPP: *Das Backpapier verrutscht beim Spritzen leicht auf dem Blech. Das kann man verhindern, indem man auf alle vier Ecken etwas Butter gibt und gut andrückt.*

HUSARENKRAPFERL

420 g Mehl
150 g Zucker
250 g Butter
4 Eidotter
Zitronensaft
Zitronenschale

Eiklar
Nüsse (grob gerieben)
Marmelade

Einen Teig zubereiten und kleine Kugeln formen. Mit einem Kochlöffelstiel eine Einkerbung machen. Die Kugeln mit Eiklar bestreichen und mit groben Nüssen bestreuen. Marmelade in die Einkerbungen spritzen. Bei 200 °C ca. 8–12 Minuten backen.

NUSSSTANGERL

320 g Mehl
320 g Staubzucker
280 g geriebene Nüsse
300 g Margarine
1 Ei
1 Eidotter
ganze Nüsse zum
Belegen

Für die Zuckerglasur:
2 Eiklar
150 g Zucker

Aus Mehl, Staubzucker, Nüssen, Margarine, Ei und Eidotter Teig bereiten. Kühl rasten lassen, am besten über Nacht. Danach auswalken, mit Zuckerglasur (Eiklar und Zucker aufschlagen) bestreichen, Streifen radeln und jeden Streifen mit einer kleinen Nuss belegen. Bei 200 °C ca. 8–12 Minuten backen.

SPRITZGEBÄCK

500 g Margarine
300 g Staubzucker
3 Eier
Saft von 1 Zitrone
1 Pkg. Vanillezucker
750 g Mehl

Die Margarine ca. 20 Minuten mixen, Staubzucker dazugeben, nochmals 10 Minuten rühren, Eier, Zitronensaft und Vanillezucker untermischen und weitere 5 Minuten rühren. Zuletzt das Mehl mit dem Schneebesen unterheben. Den fertigen Teig in den Spritzsack geben, mit Sterntülle verschiedene Formen (Stangerl, Ringe etc.) dressieren. Bei 180 °C Ober- und Unterhitze ca. 10 Minuten hell backen.

TIPP: *Lieber kleinere, zierliche Kekse aufspritzen. Der Teig geht beim Backen stark auseinander.*

BÄRENTATZEN

200 g Butter
200 g Staubzucker
1 Pkg. Vanillezucker
2 Eier, 350 g Mehl
100 g geschälte,
geriebene Mandeln

Marmelade zum
Zusammensetzen
Schokoladeglasur

Butter mit Eiern und Zucker schaumig rühren und die restlichen Zutaten untermengen. Mit einem Spritzsack kleine Tatzen auf ein mit Backpapier ausgelegtes Blech spritzen und bei 180 °C backen, bis sie goldbraun sind. Auskühlen lassen, je zwei mit Marmelade zusammensetzen und mit einer Seite in die Schokoladeglasur tauchen.

TIPP: *Je weicher die Butter ist, desto leichter lässt die Masse sich spritzen.*

KÜRBISKEKSE

150 g Weizenvollmehl
100 g Buchweizenmehl
50 g Butter
1/4 Pkg. Backpulver
150 g Honig
100 g gehackte
Kürbiskerne

1 Ei zum Bestreichen

Aus den angegebenen Zutaten einen Mürbteig bereiten und 1/2 Stunde rasten lassen. | **Den Teig messerrückendick auswalken,** Kekse ausstechen, mit Ei bestreichen und bei 220 °C ca. 7–10 Minuten backen.

TIPP: *Die ausgekühlten Kekse zur Hälfte in Schokoladeglasur tauchen und mit fein gehackten Kürbiskernen bestreuen.*

ZIMTSTERNE

300 g glattes Mehl
200 g Butter
100 g Staubzucker
1 Ei
1 Msp. Zimt
1 Msp. Nelkenpulver
abgeriebene Schale von
1 Zitrone

Für die Zitronenglasur:
100 g Staubzucker
1 Pkg. Vanillezucker
Saft von 1 Zitrone
etwas heißes Wasser

Aus den Zutaten einen glatten Mürbteig bereiten und 1/2 Stunde kühl rasten lassen. Teig auswalken, eine gleiche Anzahl Scheiben und Sternchen ausstechen und 5 Minuten bei 180 °C backen. | **Für die Glasur** alle Zutaten gut abrühren. | **Für die erste Variante** je einen Stern und eine Scheibe mit Marmelade zusammensetzen, mit Zitronenglasur überziehen und mit bunten Zuckerstreuseln verzieren. | **Für die zweite Variante** die Scheiben mit Schokoladeglasur und die Sternchen mit Zitronenglasur überziehen, zusammensetzen und mit bunten Zuckerstreuseln verzieren.

HILDEGARD-KEKS

400 g Dinkelmehl
100 g Haselnüsse
250 g Butter
150 g Honig
20 g Zimt
Nelken
Muskat
2 Eier

Einen Mürbteig zubereiten und 1 Stunde rasten lassen. Auswalken, Kekse ausstechen und bei 175 °C etwa 12 Minuten backen.

TIPP: *Wofür sie gut sind? „Iss diese oft und alle Bitternis deines Herzens weicht und deine Gedanken weiten sich, dein Denken wird froh, deine Sinne rein, alle schadhaften Säfte in dir minderer, es gibt guten Saft deinem Blut und macht dich stark." (Hildegard vonBingen)*
TIPP: *Lange Lagerfähigkeit.*

FITNESS-RIEGEL

100 g getrocknete
Marillen
100 g Sonnen-
blumenkerne
60 g Haferflocken
60 g Weizenflocken
1/8 l Schlagobers
150 g Kochschokolade
oder weiße Schokolade

Marillen kleinwürfelig schneiden, Sonnenblumenkerne hacken. Schlagobers und Getreideflocken in die erwärmte Schokolade einrühren. Masse in einen Spritzsack ohne Tülle füllen, auf ein Backpapier 5 cm lange Riegel dressieren und im Kühlschrank erstarren lassen.

TIPP: *Diese Kekse lassen sich kinderleicht zubereiten und schmecken köstlich.*

SCHOKOLADEKRAPFERL

3 Eier
150 g Zucker
1 Pkg. Vanillezucker
125 ml Rapsöl
250 ml Sauerrahm
150 g Mehl
120 g Kakao (Instant)
120 g Haselnüsse,
gerieben
1 Pkg. Backpulver

Für die Fülle:
250 ml Schlagobers
1 Pkg. Qimiq
125 g Schokolade nach
Belieben

Schokoladeglasur

Eier mit Zucker und Vanillezucker cremig aufschlagen, das Öl einlaufen lassen und weiterschlagen. Mehl mit Backpulver, den Nüssen und dem Kakao vermischen und mit dem Sauerrahm in die Eiermasse einrühren (alles mit dem Handmixgerät). **Das Backrohr auf 170 °C vorheizen,** den Teig auf ein mit Backpapier belegtes Backblech streichen und auf Sicht backen. Auskühlen lassen, mit einem runden Ausstecher Scheiben ausstechen. **Für die Fülle Qimiq mit der Schneerute glattrühren,** die Schokolade im Wasserbad schmelzen, kurz überkühlen lassen. Das Schlagobers aufschlagen. Die Schokolade ins Qimiq einrühren, Schlagobers einheben, zugedeckt kurz kühl stellen und erstarren lassen. Creme in einen Spritzbeutel mit großer Sterntülle füllen und Tupfen auf die ausgestochenen Kuchenscheiben dressieren. **Schokoladeglasur im Wasserbad schmelzen,** überkühlen lassen (Glasur darf nicht zu warm sein, da sonst die Schokocreme zerläuft). Die Krapferl damit glasieren, wiederum kühl stellen, Glasur fest werden lassen. Die fertigen Krapferl in Papierformen setzen.

TIPP: *Gehackte Pistazien oder Haselnusskrokant zur Fülle geben, evtl. auch nach dem Glasieren die Krapferl damit bestreuen.*

MANDELSPLITTER

150 g geröstete
Mandelsplitter
1 EL Staubzucker
200 g Schokolade (weiß,
hell oder dunkel)

Die Hälfte der Schokolade im Wasserbad schmelzen, bis sie sich gut warm anfühlt (ca. 42 °C). Die restliche Schokolade klein schneiden und dazugeben (temperieren), gegebenenfalls leicht nachwärmen, bis die Schokolade vollständig aufgelöst ist (ca. 32 °C). **Die gerösteten Mandelsplitter** und den Zucker einrühren und mit einem Löffel auf ein Butterfettpapier oder in Manschetten Häufchen portionieren. Anziehen lassen und in einer gut verschlossenen Dose aufbewahren.

TIPP: *Mandelsplitter sind mehrere Wochen haltbar.*

MÜSLIKONFEKT

120 g Milchschokolade
70 g Butter
1 EL Honig
1 EL Crème fraîche
2 EL Rosinen
100 g ungesüßtes Müsli
(z.B. Beerenmüsli-
Mischung)

Schokolade und Butter im Wasserbad vorsichtig schmelzen. Honig, Crème fraîche, Rosinen und die Müslimischung unterheben, mit einem Teelöffel kleine Häufchen auf ein Backpapier setzen und im Kühlschrank härten. | **In Konfektmanschetten legen** und bis zum Servieren im Kühlschrank verschlossen aufbewahren.

FEIGENSTANGERL

Für den Mürbteig:
150 g Butter
150 g Dinkelvollkornmehl
80 g Haselnüsse
80 g Walnüsse
80 g Staubzucker
1 Pkg. Vanillezucker
1 TL Kakao
1 Prise Salz
Zitronenschale,
unbehandelt
3 EL kaltes Wasser

Für den Belag:
600 g Feigen, getrocknet
120 g Staubzucker
2 Eidotter
2 EL Rum
1/16 l lauwarmes Wasser

Für die Glasur:
1/2 Eiklar
100 g Staubzucker
1 EL Rum

Alle Zutaten für den Mürbteig rasch verkneten und den Teig bei Zimmertemperatur 30 Minuten rasten lassen. | Für den Belag Stiele von den Feigen entfernen, Feigen klein hacken und mit den restlichen Zutaten zu einer dicken, streichfähigen Masse vermischen. | **Den Teig auf Backtrennpapier** zu einer Größe von ca. 30 × 35 cm ausrollen. Feigenmasse gleichmäßig auf den Teig streichen und im vorgeheizten Rohr auf mittlerer Schiene bei 170 °C etwa 20 Minuten backen. 5 Minuten überkühlen lassen und mit einem scharfen Messer in Stangerl beliebiger Größe schneiden. Dabei das Messer immer wieder in kaltes Wasser tauchen. | **Zum Schluss die Stangerl mit Eiweißglasur verzieren** und 3 Stunden trocknen lassen.

TIPP: *Ein herrlich fruchtiges Keks für den Weihnachtsteller!*

Brot und Knabbereien

KROISEGGER VOLLKORNBROT

500 g Roggenmehl
200 g Dinkelmehl
3 gehäufte TL Salz
1 Handvoll Brotgewürz
1 Handvoll Sesam
3 Pkg. Germ (oder 1 Pkg.
Germ und Sauerteig)
1,5 l warmes Wasser

Alle Zutaten mischen, gut kneten und aufgehen lassen. In die mit Tüchern ausgelegten Kastenformen geben und nochmals aufgehen lassen. Auf das bemehlte Backblech geben und bei 230 °C ca. 1 Stunde backen.

TIPP: *Aus dem Teig können auch kleine Brotweckerl geformt werden, mit Salz und Sesam bestreut backen.*

TOPFENGEWÜRZBROT

1 kg Weizenvollmehl
1/2 kg Roggenvollmehl
1/4 l Wasser
1 KL Zucker
2 Pkg. Germ
1/2 l Wasser
2 El Salz
1/2 kg Magertopfen
3 EL Brotgewürz

Vollmehl in eine Schüssel geben, Vertiefung machen, Germ einbröseln, Wasser und Zucker dazugeben und gehen lassen. Wenn das Dampfl gut gegangen ist, die restlichen Zutaten dazugeben, gut durchkneten und den Teig gehen lassen, bis sich das Teigvolumen (fast) verdoppelt hat. Teig durchkneten, formen und 10 Minuten gehen lassen. 20 Minuten bei 250 °C, 60 Minuten bei 180 °C und 15 Minuten bei Nachhitze backen.

TIPP: *Um das Austrocknen zu verhindern, ein Gefäß mit Wasser ins Rohr stellen.*

NEIDEGGER HAUSBROT

1/2 kg Roggenbrotmehl
1/2 kg Weizenbrotmehl
1 Pkg. Germ
Kümmel, Koriander
Fenchel, Anis, Salz
Wasser

Mehl mit Salz und Gewürzen mischen. Dampfl bereiten, mit warmem Wasser zu schönem Brotteig abkneten und ca. 1 Stunde gehen lassen. Laibe ausformen, mit Wasser oder Kaffee bestreichen, einstechen und noch einmal kurz gehen lassen. Bei ca. 200 °C (Heißluft 170 °C) ca. 1 Stunde backen.

BIERWECKERL

550 g Roggenmehl
1 TL Kümmel
2 TL Salz
1 Pkg. Backpulver
1 Flasche Bier

Die Zutaten zu einem Teig verkneten (Achtung: sehr weich!) und daraus mit einem Esslöffel Nockerl formen. Auf ein Backblech legen und bei 180 °C goldbraun backen.

TIPP: *Man kann die Weckerl vor dem Backen nach Belieben mit Sesam, Leinsamen oder Körnern bestreuen.*

LANGOS

20 g Germ
1/4 l Wasser
330 g Mehl
Salz, Knoblauch
Wasser

Aus Germ, Wasser, Mehl und Salz einen lockeren weichen Germteig bereiten und gehen lassen. Kleine Laibchen formen, nochmals 15 Minuten gehen lassen. Dünn ausziehen, im heißen Fett schwimmend backen und mit Knoblauchwasser bestreichen.

KLEINGEBÄCK

1 kg fein
gemahlener Weizen
0,6 l Wasser
2 TL Salz
40 g zerlassene Butter
1 Pkg. Germ
Mohn, Kümmel, Sesam,
Brotgewürz oder Käse
zum Bestreuen

Aus den Zutaten einen Germteig zubereiten, gut kneten und gehen lassen. Evtl. auch über Nacht im Kühlschrank mit einem feuchten Tuch bedeckt rasten lassen. | **Aus dem Teig** Kleingebäck formen, nochmals gehen lassen. Mit kaltem Wasser bepinseln, nach Belieben garnieren und bei 200 °C 15–20 Minuten backen.

TIPPS: *Man kann einen Teil der Flüssigkeit auch durch Sauerrahm ersetzen, das Gebäck wird dadurch feiner. | Für feinen Germteig nimmt man Dotter, Eiklar macht spröde!*

BRÖTCHENSONNE

0,4 l Buttermilch
500 g Roggenmehl
2 Pkg. Trockengerm
1 EL Essig
10 g Salz
Kümmel, grobes Salz,
Mohn

Lauwarme Buttermilch, Mehl, Germ, Essig und Salz zu einem Teig kneten und 30 Minuten an einem warmen Ort gehen lassen. Durchkneten, kleine Laibchen formen und auf einem befetteten Backblech zu einer Sonne zusammensetzen (Teigschluss nach unten). Zugedeckt 30 Minuten gehen lassen. Sonne mit Wasser bestreichen und abwechselnd mit Mohn, Kümmel und grobem Salz bestreuen. Bei 200 °C ca. 30 Minuten backen.

KÜRBISKERNSTANGERL

1 kg Weizenvollmehl
ca. 1 l Wasser
30 g Germ
1 EL Honig
20 g Salz
2 EL Öl
gemahlener Fenchel
und Koriander
250 g Kürbiskerne

Mehl und Germ in eine Schüssel geben. Honig, Salz, Öl, Gewürze und geriebene Kürbiskerne dazugeben, mit lauwarmem Wasser einen Germteig bereiten und ca. 1/2 Stunde gehen lassen. | **Stangerl formen,** mit Wasser oder Ei bestreichen, Wasser ins Rohr stellen und bei 180 °C backen.

KÄSE-CURRY-KEKSE

350 g Mehl
1/2 Pkg. Backpulver
1/2 TL Curry
120 g Butter
5 EL geriebener Parmesan
1 Ei
4 EL Rahm
Salz, Pfeffer

1 Ei zum Bestreichen
30 g geschälte Mandeln
zum Verzieren

Mehl mit Backpulver, Curry, Pfeffer und Salz versieben, Butter, geriebenen Parmesan, das Ei und den Rahm daruntermengen und zu einem festeren Teig verarbeiten. Den Teig ausrollen und mit einem gezackten Ausstecher Kekse ausstechen. | **Mit verschlagenem Ei bestreichen** und mit einer halben Mandel belegen. Auf ein mit Back-papier ausgelegtes Backblech legen und bei 180 °C goldgelb backen.

KRÄUTERMUFFINS

280 g Mehl
60 g frisch geriebener
Parmesan
3 TL Backpulver
2 TL Zucker
frische Kräuter,
fein gehackt
50 ml Öl
1 Ei
250–300 ml Buttermilch

In einer Schüssel Mehl, Backpulver, Zucker, Kräuter und Käse mischen. In einer weiteren Schüssel Öl, Ei und Buttermilch schaumig schlagen und das Mehlgemisch unterheben. | **Den Teig in Silikon-muffinformen** oder in ein mit Papierförmchen ausgelegtes Muffinblech füllen und bei 170 °C ca. 20 Minuten backen.

TIPP: *Noch warm servieren – so schmecken sie am besten.*

KNUSPERSTENGLI

für ca. 30 Stück

350 g Mehl
50 g Stärkemehl
100 g Butter
1/8 l Milch
1/2 TL Salz
1 Prise Suppenwürze
20 g Germ
Ei zum Bestreichen
grobes Salz, Kümmel,
Mohn oder geriebener
Käse zum Garnieren

Mehl und Stärkemehl versieben, Butter darin verbröseln. Grübchen machen, Germ, Milch, Salz und Suppenwürze darin vermengen und alles zu einem glatten Teig kneten. | **Teig in etwa 18 Teile schneiden,** Rollen formen, auf Blechlänge gleichmäßig ausrollen. Die Stengli auf ein befettetes Blech geben, schwach gehen lassen. Mit Ei bestreichen und mit gewünschtem Streumaterial garnieren. Bei 170 °C hell ausbacken und noch heiß auf die gewünschte Länge schneiden.

TIPP: *Statt Stengli kann man auch Brezeln formen.*

PIKANTE DINKELSCHNECKEN

für 3 Bleche

500 g Dinkelmehl
500 g glattes Weizenmehl
20 g Salz
1 Würfel Germ
1/4 l Joghurt
3 EL Olivenöl
ca. 1/4 l lauwarmes
Wasser
evtl. Tomatenmark
zum Bestreichen

Für die Fülle:

ausgelassener Speck
nach Geschmack
Käse nach Geschmack
100 g Schinken
Kräuter

Eidotter-Rahm-Gemisch
zum Bestreichen

Aus den Zutaten einen Germteig bereiten, rasten lassen. | Für die Fülle Speck mit geriebenem Käse, nudelig geschnittenem Schinken und Kräutern mischen. Teig 1/2 cm dick ausrollen, eventuell mit Tomatenmark bestreichen. Fülle gleichmäßig darauf verteilen und einrollen. 2 cm breite Stücke abschneiden, auf ein Blech legen, mit Dotter-Rahm-Gemisch bestreichen und bei 200 °C ca. 20 Minuten backen.

TIPP: *Schmecken lauwarm am besten.*

Ländle Apfelsalat | Seite 336

BÄUERINNEN KOCHEN

Jause und Buffet

PIKANTER BAUERNSALAT

1 Salatgurke
4 Tomaten
1 große Zwiebel
3 Paprikaschoten
1 gekochtes Ei
200 g Schafkäse
Olivenöl
Kräuteressig
Salz
Schnittlauch
1 Knoblauchzehe
Zucker
Oregano

Gurke in kleinere Würfel schneiden, Zwiebel ringelig, Paprika und Tomaten in Streifen, Schafkäse würfelig, Ei in Scheiben schneiden, den Salat marinieren.

BEILAGE: *Dazu passt ein Bauernbrot!*

SALAT DEFTIG

200 g Sauerkraut
1/2 frische Ananas
200 g Geselchtes
1 Apfel
Dill, Rosmarin

Für die Marinade:
Salz, Pfeffer
Öl, Essig
Zucker
4 EL Mayonnaise
Saft von 1/2 Zitrone
4 EL Schlagobers

Apfel, Geselchtes und Ananas würfelig schneiden. Für die Marinade die Zutaten gut verrühren und abschmecken.

RINDFLEISCHSALAT MIT GRÜNEN FISOLEN UND ESSIGKNÖDELN

300 g Rindfleisch
1 rote Zwiebel
200 g grüne Fisolen
5 EL Essig
5 EL Sonnenblumenöl
1 TL Salz, Pfeffer
2–3 übriggebliebene
Semmelknödel
6–8 Cocktailparadeiser

Für den Rindfleischsalat das Rindfleisch kochen und in feine Streifen schneiden. Zwiebel in Ringe schneiden, mit dem Fleisch und den bissfest gekochten Fisolen in Essig und Öl, Salz und Pfeffer marinieren. Mit dünn geschnittenen kalten Semmelknödeln auf einen Teller legen und mit Cocktailparadeisern garnieren.

TIPP: *Ein unkompliziertes Rezept, das sich hervorragend eignet, um Fleisch- und Knödelreste kreativ zu verwerten.*

BOHNENSALAT

1 kg grüne Bohnen
1/2 l Wasser
1 TL Meersalz
75 g Zwiebeln
1 Knoblauchzehe
4–5 EL Obstessig
4 EL Olivenöl,
kalt gepresst
1 EL Sojasauce
1 EL Bohnenkraut
1/2 TL süßer Paprika

Bohnen waschen, schneiden oder in Stücke brechen und mit Salz und Wasser ca. 30 Minuten kochen. | **Klein gewürfelte Zwiebeln** und Knoblauchzehe mit Essig, Öl, Sojasauce, fein gewiegtem Bohnenkraut und Paprika verrühren. Über die leicht übergekühlten Bohnen geben, durchmischen und ca. 1 Stunde ziehen lassen.

BUNTER GURKENSALAT

1 Salatgurke
2 Orangen
1/2 Sellerie
1 Apfel
1/2 Kopfsalat

Für das Dressing:
4 EL Mayonnaise
8 EL Schlagobers
Saft von 1/2 Zitrone
Salz, Pfeffer
Selleriesalz, Dill

Gurke, Sellerie, Orangen und Apfel würfeln, Kopfsalat feinnudelig schneiden. Für das Dressing die Zutaten gut verrühren und abschmecken.

LÄNDLE APFELSALAT

300 g Äpfel
300 g Karotten
1 Zitrone
2 Orangen
2 EL Honig
80 g Butter
150 g gehackte Walnüsse

Äpfel und Karotten fein raspeln, Zitronen- und Orangensaft dazugeben, mit Honig süßen, in Schüsseln anrichten und mit angerösteten Walnüssen verzieren.

EIERSALAT

3 Eier
120 g Erbsen
2 rote Paprikaschoten

2 EL Mayonnaise
3 EL Sauerrahm
Salz, Pfeffer
Zucker, Essig
Schnittlauch

Eier kochen und halbieren, Eiweiß fein hacken, Dotter für die Marinade zerdrücken. Paprika in Streifen schneiden, Erbsen kochen. Für die Marinade Mayonnaise, Sauerrahm, Gewürze, Essig sowie Dotter gut verrühren und abschmecken, zum Gemüse geben, Eiweiß und gehackten Schnittlauch locker unterheben.

SELLERIESALAT

1 Knolle Sellerie
1 Apfel
1/4 l Sauerrahm
2 EL Essig
2 EL Öl
1/2 Zitrone
Salz, Zucker

Sellerie und Apfel in feine Streifen hobeln, restliche Zutaten gut vermengen und unterrühren. Etwas durchziehen lassen.

FISCHSALAT

250 g geräucherter
Fisch (z.B. Forelle)
100 g Bleichsellerie
100 g Essiggurkerl
1 großer Apfel
Kapern
Salz, Pfeffer
1/8 l Crème fraîche
1 kleine Zwiebel
Senf, Dill, Essig

Apfel, Sellerie und Gurkerl in feine Streifen schneiden. Gräten vom Fisch entfernen und Fisch schneiden. Fein gehackte Zwiebel mit Senf, verdünntem Essig und Crème fraîche zu einer dickflüssigen Marinade verrühren. Zutaten locker vermischen, würzen und Marinade untermengen.

ROHNENROHKOST

2 mittelgroße Rohnen
2 Äpfel
1 Orange
gehackte Walnüsse
1 El Honig
1/8 l Rahm
1 Zitrone

Geschälte Rohnen und Äpfel fein reiben, Orangen kleinwürfelig schneiden, die Nüsse dazugeben und mit Rahm, Zitronensaft und Honig vermischen.

RADIESCHENSALAT

2 Bund Radieschen
1 TL Senf
1/8 l Joghurt
Salz
Zucker
1 EL Öl
1 EL Essig

Radieschen waschen und fein hobeln. Die übrigen Zutaten vermengen und pikant abschmecken, über die Radieschen gießen und gut vermischen.

BUNTER HAUSFRAUENSALAT MIT SPECKKRÜSTELCHEN

1 Häuptelsalat
1 Chicoree
1 kleiner Radicchio
etwas Vogerlsalat
2 Paradeiser
1 kleine Gurke
1 Bund Radieschen
2 harte Eier
1 Zwiebel
Schnittlauch
80 g Selchspeck

Für das Dressing:
1 Becher Sauerrahm
Zitronensaft, Essig
Salz, Pfeffer, Zucker
Knoblauch
2 EL Mayonnaise

Die verschiedenen Salate putzen, waschen, die Blätter zerteilen. Gurken und Radieschen blättrig schneiden, Paradeiser achteln, Zwiebel in Ringe schneiden. Selchspeck in Streifen schneiden und knusprig braten. | **Für das Dressing** alle Zutaten gut vermischen, Knoblauch nach Geschmack hinzufügen und abschmecken. | **Alles (außer der Garnitur) auf Tellern hübsch anrichten,** das Dressing darübergießen, mit Eiern, Schnittlauch und dem Speck garnieren.

TIPP: *Hervorragend passt zu diesem Salat getoastetes Weißbrot oder frisch aufgebackene Weckerl.*

HEURIGENSALAT

150 g Äpfel
250 g Extrawurst
250 g Essiggurkerl
1/8 l Mayonnaise
Salz, Pfeffer
Gurkerlessig

Äpfel, Extrawurst und Essiggurkerl feinnudelig schneiden. Mayonnaise untermischen und mit Salz, Pfeffer und Gurkerlessig abschmecken.

ROSENTALER BRÅT'N

1 Schweinsstelze
1 Schweinsherz
Suppengrün
Lorbeerblatt
Majoran, Salz
2 Knoblauchzehen
8 Semmeln
2 große Zwiebeln
100 g Fett
4 Eier
Pfeffer, Piment
1 Pimmerling
(= Rindsdarm)

Stelze und Schweinsherz mit den Gewürzen weichkochen. Die Suppe abseihen und das Fleisch faschieren. | **Semmeln würfelig schneiden,** fein gehackte Zwiebeln in heißem Fett anrösten, Semmeln und Zwiebeln mit den Gewürzen zum Faschierten geben und abschmecken. So viel Suppe dazugeben, dass die Masse patzig ist. In den Pimmerling so viel einfüllen, dass an jedem Ende eine Handbreit ungefüllt bleibt (die Masse wächst sehr an). Bei mäßiger Hitze (175 °C) im Rohr langsam braten. | **Ausgekühlt in Scheiben schneiden** und zur „Osterjause" oder zu einem kalten Imbiss servieren.

SCHINKENKIPFERL MIT WOLLSCHWEINSPECK

250 g Topfen
200 g Butter
250 g glattes Mehl
etwas Sauerrahm
Salz
Ei zum Bestreichen

Für die Fülle:
200 g durchzogener
Wollschweinspeck
etwas Petersilie und
Salbeiblätter
Salz, Pfeffer oder Galgant
Paprikapulver
etwas Rahm
1 Ei

Variation für die Fülle:
200 g Wollschweinspeck
(oder Schinken)
50 g Zwiebeln
100 g Champignons
etwas Petersilie
Basilikum und Thymian
Salz, Pfeffer oder Galgant
Paprikapulver
etwas Sauerrahm
etwas Fett
1 Ei

Topfen, Butter, Mehl, Sauerrahm und Salz zu einem glatten Teig verkneten, eine Kugel formen und 1 Stunde rasten lassen. ⏐ **Für die Fülle** Wollschweinspeck klein hacken, mit Gewürzen und fein geschnittenen Kräutern anrösten und mit Ei und Rahm zu einer geschmeidigen Masse verrühren. Teig auf einem bemehlten Brett ausrollen, in Rechtecke teilen, füllen und zu Kipferln formen. Diese auf ein mit Backpapier bedecktes Blech legen, mit Ei bestreichen und bei ca. 220 °C etwa 25 Minuten backen. ⏐ **Für die Variation der Fülle** Teig für die Schinkenkipferl wie angegeben zubereiten. Zwiebeln fein schneiden, Champignons klein hacken und beides in Butter anrösten, erkalten lassen und mit dem Wollschweinspeck fein faschieren. Restliche Zutaten beifügen und zu einer geschmeidigen Masse verrühren. Teig auf einem bemehlten Brett ausrollen, in Dreiecke teilen, füllen und zu Kipferln formen. Diese auf ein mit Backpapier belegtes Backblech legen, mit Ei bestreichen und bei ca. 220 °C etwa 25 Minuten backen.

PIKANTER GRÜNKERNAUFSTRICH

50 g Grünkern
100 ml Gemüsesuppe
50 g Zwiebeln
1 Knoblauchzehe
2 EL Kräuter
(Schnittlauch, Petersilie,
Majoran, Basilikum)
1 EL Zitronensaft
50 g Butter
Kräutersalz, Pfeffer
Muskat

Grünkern, fein geschrotet, mit der Gemüsesuppe aufkochen und zugedeckt ausquellen lassen. Zwiebeln fein schneiden, Knoblauch fein zerdrücken, Kräuter hacken und zusammen mit Zitronensaft und der weichen Butter unter den ausgekühlten Grünkernschrot mischen. Würzig und pikant abschmecken.

Barbara Zenz

· ÄPFEL IM ·
SPECKMANTEL

STEIERMARK

Zutaten

getrocknete Apfelspalten
Bauchspeck, in Scheiben
geschnitten

Apfelspalten mit Speck umwickeln,

*mit Zahnstochern fixieren und in einer Pfanne
ohne Zugabe von Fett knusprig braten.*

Tipp: Eine herrliche Knabberei zu Wein oder, mit den
Zahnstochern in einen Apfel gesteckt, ein Aufputz
für kalte Platten.

Barbara Zenz hat für **Österreichische Bäuerinnen kochen mit Gemüse,
Österreichische Bäuerinnen kochen Knödel** und
Österreichische Bäuerinnen kochen mit Fleisch Rezepte zur Verfügung gestellt.

GRAMMELSCHMALZ

Schweinefett
Zwiebeln
Knoblauch
Salz

Schweinefett würfelig schneiden, auslassen, abseihen und auspressen. Einige Grammeln mit Fett, fein gehackten Zwiebeln, viel Knoblauch, Schnittlauch und Salz vermischen.

TIPP: *Dieses Grammelschmalz ist ein würziger Brotaufstrich.*

FISCHAUFSTRICH

1 Ei
Senf, Salz, Zucker, Pfeffer
1/8–1/4 l Öl
Joghurt nach Bedarf
2 Dosen Sardinen
Schnittlauch, Petersilie
Salz
3 hartgekochte Eier

Öl langsam in das verrührte Ei einlaufen lassen, mit Senf, Salz, Zucker, Pfeffer würzen und mit Joghurt strecken. Unter die Mayonnaise die zerkleinerten Sardinen, Schnittlauch, Petersilie, Salz und fein gehackte Eier mischen.

KELLERAUFSTRICH

250 g Topfen
400 g Extrawurst
2 Pfefferoni
4 Essiggurkerl
1 Zwiebel
100 g Mayonnaise
Salz, Pfeffer, Ketchup

Extrawurst, Gurkerl, Zwiebel und Pfefferoni fein faschieren, mit Mayonnaise und Topfen gut verrühren. Mit Salz, Pfeffer und Ketchup abschmecken.

SACHERKÄSE

40 g Butter
120 g Topfen
1 hartgekochtes Ei, passiert
1 Sardelle
1 kleine Zwiebel
Senf
1 KL Öl
1 Essiggurkerl
Petersilie
Salz, Paprika

Butter schaumig rühren, mit Topfen, passiertem Ei, zerdrückter Sardelle, Senf und Öl vermischen. Zwiebel, Essiggurkerl und Petersilie fein hacken und dazugeben. Mit Salz und Paprika abschmecken.

KRÄUTERAUFSTRICH

100 g Butter
500 g Topfen
Salz, 1 Knoblauchzehe
1 fein gehackte Zwiebel
verschiedene Kräuter
(Schnittlauch, Petersilie,
Basilikum, Kresse)

Butter, Topfen, Salz, Knoblauch, fein gehackte Zwiebel und verschiedene Kräuter gut verrühren.

RAHM-KÄSE-AUFSTRICH

60 g Butter
250 g Gervais
2 hartgekochte Eier
1/8 l Sauerrahm
1 kleiner grüner Paprika
100 g Stangenkäse
2 EL Schnittlauch,
fein geschnitten
Salz, Kümmel

Butter schaumig rühren, Gervais dazugeben, mit Salz, Kümmel, Schnittlauch würzen und mit Rahm zu einer streichfähigen Masse rühren. ¦ **Die Eier fein hacken,** Käse und Paprika feinwürfelig schneiden und unter den Aufstrich mengen, abschmecken.

BUNTER ERDÄPFELKÄSE

300 g gekochte,
mehlige Erdäpfel
1/4 l Sauerrahm
1 Zwiebel
2 Essiggurkerl
1/2 roter Paprika
Salz, Pfeffer

Erdäpfel kochen, passieren oder sehr fein reiben, Zwiebel, Essiggurkerl und Paprika kleinwürfelig schneiden und mit dem Sauerrahm untermengen. ¦ **Pikant abschmecken** und mit Schnittlauch bestreut servieren.

Powidl | Seite 352

Vorratshaltung

STEIRISCHE BLUNZEN

1 l Blut
750 g gekochte Erdäpfel
250 g Grammeln
Salz, Pfeffer
Majoran, Thymian
1 geröstete Zwiebel
1 große Knoblauchzehe
1 Msp. Paprikapulver

Die Erdäpfel durch die Erdäpfelpresse drücken und mit dem Blut vermischen. Die übrigen Zutaten dazugeben und gut durchmengen. Es soll ein dicker, saftiger Brei sein. Diese Mischung in sauberst gereinigte Dünndärme füllen, die Würste nach 25 cm immer wieder abdrehen. Am Ende abbinden und die Blunzen unter öfterem Anstupfen so lange kochen, bis kein Blut mehr austritt.

TIPP: *Man kann sie sofort mit Knoblauch gebraten essen, sie eignen sich aber auch gut zum Einfrieren.*

NUANZEN

Magermilchtopfen
Salz, Kümmel

Frischen Bauerntopfen gut abtropfen lassen (am besten über Nacht). Mit Salz und Kümmel gut durchkneten, Kegel formen und trocknen lassen, bis sie ganz hart sind (mindestens eine Woche, eventuell am Balkon). Dann täglich mit Salzwasser waschen, mit feuchtem Tuch bedecken und in der Speis reifen lassen (kühler Raum).

KEFIR

Voll- oder Magermilch
Kefirbakterien

Milch auf 85–90 °C erhitzen, ca. 10–15 Minuten Temperatur halten und abkühlen auf 20–25 C. Impfen mit Kefirbakterien aus einem gekauften Becher (auf 5 Liter Milch ca. ein Becher Kefir). Bei Zimmertemperatur ca. 24 Stunden zugedeckt stehen lassen. Kühlen, dann verrühren und gekühlt trinken.

TIPP: *Kefir ist ein sehr gesundes, stärkendes und belebendes Getränk.*

EINGELEGTER SCHAFKÄSE

2 Bund Petersilie
2 Bund Schnittlauch
6 Zweige Estragon
je 1/2 roter, gelber und
grüner Paprika
1 EL Kümmel
1 EL grob gestoßener
schwarzer Pfeffer
1 l Olivenöl
Schafkäse

Kräuter kalt waschen, trockentupfen und die dicken Stiele entfernen.
Nach Belieben grob, mittel oder ganz fein schneiden. Paprika grob
raspeln oder schneiden. | **Diese Zutaten** zusammen mit den Gewürzen
zum Öl geben und alles gut vermischen. Schafkäse in beliebige Stücke
schneiden, in ein Glas schichten und mit dem Kräuteröl übergießen, sodass
er vollständig bedeckt ist. Mindestens eine Woche marinieren lassen.

BÄRLAUCHPASTE MIT SESAMSAAT

Für drei kleine Gläschen je 100 ml

150 g Bärlauch
50 g Sesam
10 g Salz
150 ml kalt gepresstes Olivenöl

Bärlauch jung sammeln und ohne Stiele schneiden, waschen und trockenschleudern. | **Sesam ohne Fett leicht anrösten** und in einer großen Schüssel mit Salz und Olivenöl verrühren, Bärlauch zugeben. Alles in Gläser füllen und mit einer dünnen Ölschicht versiegeln. Kühl und dunkel lagern. Bärlauchpaste ist bis zu einem Jahr haltbar.

TIPP: *Passt zu Marinaden, Topfen, Suppen, Nudel- und Gemüsegerichten.*

ROHNENKREN

ca. 1 1/2 kg Rohnen
Zucker
7%iger Essig
1 Stange Kren

Rohnen kochen, schälen, noch warm fein reiben und mit reichlich Zucker und 7%igem Essig abschmecken (bei der warmen Mischung muss man den Eindruck haben, von beidem eher zu viel genommen zu haben). Eine ganze Wurzel Kren dazureiben, in Gläser füllen und im Kühlschrank lagern. Diese Mischung ist lange haltbar.

FALSCHE KAPERN

250 g Blütenknospen von Gänseblümchen
1/3 l Obstessig
1/2 TL Salz
1 Lorbeerblatt
1 Prise Zucker
2 Knoblauchzehen

Die Knospen waschen und auf einem Küchentuch trocknen lassen. Essig, Salz, Lorbeerblatt, Zucker und Knoblauchzehen aufkochen. Die Knospen in den Essigsud geben und nochmals kurz aufkochen lassen. Sofort in vorgewärmte, saubere Gläser füllen und gut verschließen. Die Gläser zuerst vier Tage auf dem Kopf stehend aufbewahren, danach umdrehen und nochmals zwei bis drei Wochen rasten lassen.

TIPP: *Diese „Kapern" eignen sich hervorragend zum Bestreuen von Salaten.*
VARIATION: *Anstelle von Gänseblümchen können auch die Blütenknospen von Löwenzahn oder Sumpfdotterblumen verwendet werden.*

FEURIGES BIRNENGELEE MIT PFEFFERONI

1 l Birnensaft
500 g Gelierzucker (2:1)
ca. 8 scharfe rote
Pfefferoni

Birnensaft mit Gelierzucker in einem weiten Topf zum Kochen bringen und bis zur Gelierprobe kochen. In jedes Schraubverschlussglas einen schönen roten Pfefferoni geben und mit heißem Gelee auffüllen. ı **Die Gläser sofort verschließen** und ca. 15 Minuten kopfüber auf ein Tuch stellen (bewirkt luftdichten Abschluss). Anschließend wieder umdrehen. Das Gelee ist nach ein bis zwei Wochen genussreif.

TIPPS: *Gelierprobe: Einige Tropfen Marmelade auf einen kalten Teller geben. Wenn die Tropfen erstarren, dann ist die Marmelade fertig.* ı *Wer es gerne besonders scharf mag, kann auch extrascharfe Chilis verwenden.* ı *Dieses außergewöhnliche Gelee ist ein kulinarisches Highlight zu Käsespezialitäten wie Schlierbacher oder Roter Mönch, aber auch zu geselchtem Rind- oder Lammfleisch, Schinkenvariationen vom Schwein und Geflügelspezialitäten.* VARIATION: *Birnensaft kann auch durch Quitten- oder Apfelsaft ausgetauscht werden – neue Geschmackserlebnisse sind garantiert.*

AROMATISCHER MOST-KRÄUTER-SENF

200 ml Apfelessig
1/8 l Apfelsaft
1/8 l Most
1 Zwiebel
3 Knoblauchzehen
5 Gewürznelken
5 Wacholderbeeren
5 Neugewürzkörner
2 Lorbeerblätter
100 g Senfmehl
50 g Zucker oder Honig
1 EL gehackte Kräuter
(Estragon, Thymian,
Liebstöckel, Basilikum,
Bohnenkraut, Ysop)
1 TL Salz

Essig mit Apfelsaft, Most, in Scheiben geschnittener Zwiebel und Gewürzen aufkochen und bei schwacher Hitze ca. 30 Minuten einkochen. Abseihen und den Sud mit Zucker bzw. Honig, Senfmehl, gehackten Kräutern und Salz gut verrühren, bis eine cremige Masse entsteht. In Gläser füllen und kühl und dunkel lagern, nach einer Ruhezeit von mindestens zwei Tagen ist der Senf genussreif.

TIPP: *Dieser hausgemachte Senf schmeckt köstlich zu einer deftigen Jause, zu Bratwürsteln und gegrillten Schmankerln; Senfmehl erhält man durch Vermahlen von Senfkörnern in der Kaffeemühle.*

SENFGURKEN

mittelgroße Gurken
Salz
Pfefferkörner
Senfkörner, Dill
Schalotten, Kren
Essig, Wasser
Zucker

Gurken schälen und halbieren, Kerne entfernen und in 3 cm dicke Stücke schneiden. Mit Salz bestreuen und über Nacht stehen lassen. Gurken abtrocknen und in Gläser füllen. Pfefferkörner, Senfkörner, Dill, Krenscheiben und halbierte Schalotten dazugeben. Essig und Wasser (1:2) mit etwas Zucker abschmecken, über die Gurken gießen und Gläser verschließen. Bei 80 °C ca. 25 Minuten einkochen.

AJVAR

2,5 kg reife Paradeiser
1 kg fleischige Paprika
1/2 kg Zwiebel
1/4 l Weinessig (leicht verdünnt)
1/4 l Rapsöl
1 dl Senf
Salz
evtl. 1 scharfe Pfefferoni

Gemüse einzeln durch den Fleischwolf faschieren (4,5 mm) und getrennt auf ein Sieb über Nacht zum Abtropfen geben. | **Am nächsten Tag Essig mit Öl erhitzen,** faschiertes Gemüse dazugeben und aufkochen lassen. Masse mit Senf und Salz würzen. Wer es gerne scharf hat, kann die Gemüsemasse auch noch mit scharfem Pfefferoni würzen. Köcheln lassen, bis die Flüssigkeit verdampft ist. Noch heiß in saubere Gläser füllen und mit je 1 Esslöffel Öl abschließen, Gläser gut verschließen und kühl lagern. Ajvar hält sich bis zu einem Jahr.

TIPPS: *Eine pikante Ergänzung zur guten Jause! Ajvar passt hervorragend zu Geselchtem, Gebratenem und Wurstwaren. | Dieses Rezept stammt ursprünglich aus Slowenien. Es ist ideal, um Paradeiserüberschuss im Sommer zu verarbeiten.*

WÜRZGEMÜSE

300 g Zwiebel
300 g Petersilienwurzel
300 g Karotten
150 g Kohlrabi
150 g Sellerieknollen
300 g Salz
150 g Karfiol
Grünzeug

Gemüse durch die Fleischmaschine drehen oder mixen. Mit Salz vermischen, in Gläser füllen, mit Öl abdecken und verschließen. Kühl lagern.

TIPP: *Dieses Würzgemüse ist eine hervorragende Suppen- und Saucenwürze.*

PFIRSICHCHUTNEY
MIT PFEFFERKÖRNERN

1 kg Pfirsiche
(Weingartenpfirsiche)
10 g grüner Pfeffer
in Lake
1/4 l Grüner Veltliner
150 g Zucker

Pfirsiche in kochendes Wasser tauchen und kalt abschrecken. Haut abziehen, entkernen und kleinwürfelig schneiden. Unter Rühren mit den restlichen Zutaten 30 Minuten kochen. Fest in Gläser drücken und gut verschließen.

HEIDELBEER-APFEL-
MARMELADE MIT ZIMT

500 g Heidelbeeren
500 g geschälte
entkernte Äpfel
1 kg Gelierzucker
Saft von 1 Zitrone
1 TL Zimt
2 EL Rum

Heidelbeeren verlesen, Äpfel in kleine Würfel schneiden, mit Zitronensaft und Gelierzucker vermischen und zugedeckt über Nacht im Kühlschrank ziehen lassen. | **Das Frucht-Zucker-Gemisch** am nächsten Tag zusammen mit Zimt 4 Minuten kochen. Gelierprobe machen! Rum unter die fertige Marmelade rühren, sofort in Gläser füllen und verschließen.

MARILLENMARMELADE
MIT ZITRONENMELISSE

1 kg entkernte Marillen
1 kg Gelierzucker
Saft und Schale von
1 unbehandelten Zitrone
4 EL gehackte
Zitronenmelisse

Marillen pürieren und mit Gelierzucker, Zitronensaft und -schale zum Kochen bringen. Fruchtmasse 4 Minuten kochen. Gelierprobe machen! Zitronenmelisse unter die fertige Marmelade rühren, in Gläser füllen und sofort verschließen.

VARIATION: *Anstelle von Zitronenmelisse kann man auch abgezupfte Lavendelblüten (sechs Rispen) beigeben.*

POWIDL

Zwetschken

Zwetschken entkernen und unter ständigem Rühren so lange kochen, bis die Masse ganz fest ist. In Gläser füllen und gut verschließen.

HOLUNDER-BIRNEN-MARMELADE

750 g Holunderbeeren
1 kg Birnen
3/8 l Wasser
1 kg Gelierzucker

Die Holunderbeeren waschen und entstielen. Die Birnen waschen, klein schneiden und Wasser zugeben. Miteinander 3 Minuten kochen lassen, passieren und Zucker zugeben. Aufkochen und heiß in Gläser füllen.

EIERLIKÖR

10 Eidotter
450 g Staubzucker
1 Pkg. Vanille

1/2 l Weinbrand
1/4 l Rahm
1/8 l Rum

Eidotter, Staubzucker und Vanille schaumig rühren. Die Flüssigkeiten zur Schaummasse geben und vermengen. In Flaschen abfüllen und kühl stellen.

SCHLÜSSELBLUMENLIKÖR

150 g abgezupfte
Schlüsselblumenblüten
7 Blättchen
Zitronenmelisse
7 Blättchen Pfefferminze
abgeriebene Schale von
1 unbehandelten Zitrone
200 g Waldhonig
3/4 l Obstler
1/4 l Wasser

Wasser mit Honig kurz aufkochen und abkühlen lassen. Blüten, Zitronenmelisse und Zitronenschale in eine weithalsige Flasche geben und mit Obstler und kaltem Honigwasser auffüllen. Zwei Wochen an einem sonnigen Ort durchziehen lassen und zwischendurch immer kräftig schütteln. Durch ein Tuch seihen und in Flaschen füllen.

TIPP: *Dieser liebliche Likör eignet sich auch sehr gut zum Marinieren von Obst.*

ZITRONENMELISSENSAFT

3–4 Handvoll
Zitronenmelissenblätter
2 1/2 l Wasser
2 1/2 kg Zucker
100 g Zitronensäure
1/8 l Wasser
1/8 l Apfelessig
3 EL Zucker

Wasser mit Zucker, Zitronensäure und den geschnittenen Zitronenmelissenblättern kalt ansetzen und über Nacht stehen lassen. Am nächsten Tag Apfelessig mit Wasser und Zucker aufkochen und unter den Ansatz mischen. Den Saft abseihen und in Flaschen füllen.

HIMBEERLIKÖR

1 kg Beeren
0,3 l Weingeist
500 ml Wasser
500 g Zucker
1 g Zitronensäure
1 Vanillestange

Für den Likör benötigt man möglichst aromatische, reife Früchte. Dabei sollten madige Beeren aussortiert werden. **Die Beeren und den Weingeist in ein Gefäß geben.** Ca. vier Wochen abgedeckt stehen lassen. Öfters umrühren. Dann abseihen und durch ein Tuch drücken. Absetzen lassen. **Als Nächstes Zucker spinnen:** Das Wasser mit dem Zucker ca. 15 Minuten kochen lassen (nicht zudecken). Zitronensäure und Vanille mitkochen. Schaum abschöpfen. **Schließlich die Likörzubereitung:** Das Himbeerkonzentrat und die Zuckerlösung vermischen. Bei zu viel Alkohol mit abgekochtem Wasser nach Wunsch verdünnen. Den Himbeerlikör in dunklen Flaschen lagern.

HOLLERWEIN

3 l schwarze
Hollerbeeren
7 1/2 l Wasser
2 1/4 kg Zucker
50 g Germ
2 Brotscheiben

Holler und Wasser aufkochen, abseihen und leicht ausdrücken. Den Saft mit dem Zucker aufkochen und erkalten lassen. Germ zwischen zwei Brotscheiben streichen, in den Saft geben und 24 Stunden warm stehen lassen. **In große Gläser abfüllen** und vier Wochen stehen lassen. Nun in Flaschen abfüllen und korken.

TIPP: *Dieser Wein eignet sich sehr gut als Glühwein.*

ROTER DRAGONER

1/2 l Rotwein
1/2 l Himbeersaft
1/2 l Rum
1/2 l Obstler

Alle Zutaten gut mischen und eine Woche stehen lassen, täglich schütteln. Den fertigen Likör in schöne Flaschen füllen.

TIPP: *Dieser Likör wird immer besser und köstlicher, je länger er steht.*

HOLLERKRACHERL

3 l Wasser
4 kg Zucker
100 g Zitronensäure
3 in Scheiben
geschnittene Zitronen
ca. 12 große
Holunderblüten

Zutaten in einem großen Gefäß drei Tage in der Sonne stehen lassen und täglich kräftig umrühren. Abseihen und in Flaschen füllen. Ergibt ca. 5 l Sirup, der mit Wasser verdünnt wird.

BÄRLAUCHELIXIER

2 Handvoll frisch
gepflückte, junge
Bärlauchblätter
3/4 l Obstler
1/4 l destilliertes Wasser

Die gewaschenen Bärlauchblätter in eine weithalsige Flasche füllen und mit Schnaps und Wasser auffüllen. Die Flasche verschließen und drei bis vier Wochen an einen sonnigen Platz stellen. Dazwischen immer wieder durchschütteln. Nach dieser Zeit abseihen und in eine saubere Flasche füllen.

TIPP: *Dieser Bärlauchtrunk kann bei vielerlei Wehwehchen, wie Durchfall und Schlafstörungen, eingesetzt werden; täglich ein kleines Stamperl soll angeblich wahre Wunder wirken.*

WERMUTWEIN

1 l guter Rotwein
1 Zweig Wermut

Wermut mindestens drei Wochen im Wein ausziehen lassen. Abseihen, täglich ein Stamperl trinken.

TIPP: *Hilft bei Magenbeschwerden.*

WACHOLDERSCHNAPS

150 g frische, reife
Wacholderbeeren
abgeriebene Schale von
1 unbehandelten Zitrone
1 Msp. Koriander
1 Msp. gemahlener
Kümmel
3/4 l Obstler oder Korn

Die gewaschenen Beeren drei bis vier Wochen trocknen lassen
und mit einem Mörser oder einer Küchenmaschine grob zerkleinern.
Zusammen mit den übrigen Zutaten in eine weithalsige Flasche füllen
und mit Schnaps aufgießen. Drei Wochen an einem kühlen Ort stehen
lassen und täglich kräftig durchschütteln. Nach dieser Zeit durchseihen
und bis zum Genuss noch mindestens drei Monate ruhen lassen.

TIPP: *Dieser Schnaps ist eine Wohltat für einen übersättigten Magen.*

RINGELBLUMENSCHNAPS

guter Bauernobstler oder
echter Kornschnaps
Ringelblumenblüten

Blüten in Schnaps ansetzen. Mindestens drei Wochen ausziehen lassen, abseihen und abfüllen.

TIPP: *Zum Desinfizieren von Wunden, Vorbeugung gegen Krampfadern.*

ARNIKASCHNAPS

1 l Obstler
1 Handvoll
Arnikablütenblätter

Arnikablütenblätter in ein Glas geben, mit Schnaps übergießen und an die Sonne stellen. Nach vier Wochen abseihen, abfüllen und entsprechend beschriften. **Anstelle von Obstler** kann man auch Vorlauf verwenden – dieser muss allerdings verdünnt werden!

TIPP: *Arnikaschnaps wird zum Einreiben von Prellungen verwendet.*

PECHSALBE

Zu gleichen Teilen:
Olivenöl
Schweinefett
Bienenhonig
Pech (Lärche, Fichte,
Tanne, Föhre, Latsche)
Bienenwachs

Schweinefett (Filz oder Rückenspeck) auslassen und abseihen. Baumpech in einem alten Kochtopf mit diesem Fett auskochen und abseihen. Bienenwachs dazugeben und abkühlen. Langsam Honig und Olivenöl dazugeben und in Salbentiegerl abfüllen.

TIPP: *Sehr gute Wund- und Heilsalbe.*

HUSTENTEE

1 l Wasser
1 würfelig geschnittene
Zwiebel
1 KL Thymian
2 EL Kandiszucker

Alle Zutaten 10 Minuten kochen und noch warm trinken.

Grundrezepte

Strudelteig

250 g Mehl ◆ Salz ◆ 1 EL Öl ◆ ca. 1/8 l lauwarmes
Wasser ◆ ev. 1 EL Essig ◆ bei gekochten Strudeln
zusätzlich 1 Ei

Alle Zutaten in einer Schüssel mit einem Kochlöffel vermengen, auf eine bemehlte Arbeitsfläche
geben und den Teig so lange kneten und schlagen,
bis er glatt und seidig ist. Wer eine Küchenmaschine mit Knethaken zuhause hat, kann
diese Arbeit auch die Maschine machen lassen. |
Aus dem Teig ein Laibchen formen, dieses mit
Öl bestreichen und zugedeckt an einem warmen
Ort etwa 30–60 Minuten rasten lassen. Man kann
den Teig auch leicht mit Mehl bestäuben und in
einem Plastiksackerl rasten lassen, das bietet den
Vorteil, dass sich kein Häutchen bildet. | **Nach
der Rastzeit** den Teig auf einem bemehlten Stru-
deltuch etwas ausrollen und dann weiter mit den
Handrücken ausziehen. Beim Ausziehen greift
man mit dem bemehlten Handrücken unter den
Teig. Wobei immer von der Teigmitte aus, gegen
die Tischkanten hin, sachte zu ziehen ist, bis der
Teig papierdünn geworden und über die Kanten
des Tisches gespannt ist.

> **TIPP:** *Wenn der Strudelteig beim Ausziehen zu stark
> einreißt, wieder zusammenschlagen, nochmals –
> zumindest kurze Zeit – rasten lassen und von vorne
> beginnen. Anschließend dicke Ränder wegschneiden.*

Den Teig mit der gewünschten Fülle bestreichen bzw. belegen, wobei bei festeren Füllen
(z.B. Äpfeln) zwei Drittel des Teiges, bei weichen
Füllen (z.B. Topfen) die Hälfte des Teiges belegt
wird, aber nirgends bis ganz an den Rand.
Den restlichen Teig mit zerlassener Butter
oder Öl beträufeln. | **Nun Kopf- und Seiten-
ränder** über die Fülle klappen und den Strudel
mit Hilfe des Tuches – bei der belegten Seite
beginnend – einrollen. | **Den fertigen Strudel**
auf ein Backblech legen. Der Strudel kann mit Butter, Ei oder Milch bestrichen werden, wodurch er
eine glänzende Oberfläche erhält.

Richtwert für Backtemperatur und -zeit:
180°C, 35 Minuten

Für einen gekochten Strudel verwendet man
zusätzlich 1 Ei, evtl. weniger Fett. Den Strudel
(oder abgestochene Stücke davon) in ein Tuch
oder eine Klarsichtfolie einwickeln und fest zubinden bzw. verschließen, in kochendes Salzwasser
einlegen und leicht sieden lassen. Bei Zubereitung
im Dampfgarer muss man die Strudel nicht unbedingt einwickeln.

Blätterteig

200 g Butter ◆ 200 g Mehl ◆ 1 Ei ◆ Saft von 1/4 Zitrone
◆ 1 TL Salz ◆ etwas Wasser

Die ganze Butter in ein Viertel des Mehles
hineinschneiden, mit dem Nudelholz dünn
ausrollen und mit kühlen Händen rasch zu einem
Ziegel zusammendrücken, kalt stellen. | **Aus
dem restlichen Mehl** und den übrigen Zutaten
einen nicht zu weichen Strudelteig herstellen
und zu einem Rechteck ausrollen, das dreimal so
groß wie der Butterziegel sein muss. In die Mitte
den Butterziegel legen, die beiden breiten Seiten
darüberschlagen, die eine schmale Seite nach
oben und die andere nach unten. | **Nun den Teig**
mit dem Nudelholz von der Mitte aus in die Länge
klopfen und dann in die Breite ausrollen, ca. 1 cm
dick, wieder einschlagen und 1/2 Stunde kalt rasten
lassen. Diesen Vorgang noch zwei- bis dreimal
wiederholen, dabei immer dünner ausrollen.

Wichtig:
Rasch und kalt verarbeiten, Teig genau rechteckig
ausrollen, gut bemehlen, damit er nicht anklebt,
und gleichmäßig einschlagen, Mehl dabei immer
gut abkehren.

Zum Backen das Backwerk mit Ei bestreichen, das Blech mit Wasser bespritzen.

Richtwert für Backtemperatur und -zeit für Strudel:
200 °C, 35 Minuten

Topfenmürbteig, Topfenblätterteig

250 g Mehl ◆ 250 g Butter ◆ 250 g Topfen ◆ Salz

Mehl salzen, mit Butter abbröseln, Topfen ein- arbeiten und zu einem glatten, streifenfreien Teig abarbeiten. Teig mindestens 1/2 Stunde kalt rasten lassen, evtl. in Frischhaltefolie ein- wickeln. | **Damit der Teig blättert,** muss man ihn einige Male auswalken und wieder zusam- menschlagen, evtl. dazwischen immer wieder mit flüssiger Butter beträufeln.Gegebenenfalls dazwischen nochmals kühl stellen. | **Für einen Strudel** den Teig ca. 3 mm dick ausrollen, in der Mitte mit Fülle belegen oder bestreichen und die Seitenteile über die Fülle zusammenschlagen.

Richtwert für Backtemperatur und -zeit für Strudel:
180 °C, 30 Minuten

Germteig

1/2 kg griffiges Mehl ◆ 30 g Germ ◆ 1/4–3/8 l Milch
◆ 60 g Butter ◆ 60 g Zucker ◆ 1 gestrichener TL Salz
◆ Zitronenschale ◆ 1 Ei mittlerer Größe

Für das Dampfl (Vorteig) Germ mit einem Teelöffel Zucker glattrühren. 4 Esslöffel Mehl und so viel lauwarme Milch dazugeben, bis ein dickflüssiger Teig entsteht, mit einem Tuch zugedeckt an einem handwarmen Ort gehen lassen (ca. 3-faches Volumen). | **Anschließend Mehl** in eine Schüssel sieben und warm stellen. In der Mitte eine Grube machen, das aufgegangene Dampfl hineingeben, mit Mehl zudecken und langsam die zerlassene Butter, die man mit lauwarmer Milch, Zucker, Salz und Eiern vermengt hat, einrühren. Mit dem Kochlöffel abschlagen, bis sich der Teig von Gefäß und Kochlöffel löst, seidig glatt ist und Blasen wirft. Mit Mehl bestreuen, mit einem Tuch zudecken und an einem warmen Ort mindestens 1/2 Stunde gehen lassen. | **Für einen Strudel** den Teig auswalken. In der Mitte füllen und links und rechts den Teig einschlagen. Strudel evtl. nochmals kurz gehen lassen, bevor man ihn ins Rohr schiebt.

Richtwert für Backtemperatur und -zeit für Strudel:
180 °C, 35 Minuten

Plunderteig

1/2 kg Mehl ◆ 50 g Germ ◆ 1/4 l Milch ◆ 60 g Butter
◆ 60 g Zucker ◆ 1 gestrichener TL Salz ◆ Zitronenschale
◆ 2 Eier ◆ 200 g Butter zum Einschlagen

Einen abgeschlagenen Germteig (siehe oben) her- stellen, nicht zu warm gehen lassen, auf dem Nudel- brett zu einem 1/2 cm dicken Rechteck ausrollen. Die Hälfte des Teiges mit in dünne Scheiben geschnit- tener kalter Butter belegen, die andere Hälfte darü- berschlagen, dann den Teig gleichmäßig ausrollen, wieder einschlagen, nochmals ausrollen und formen. Weiterverwendung wie Germteig.

Richtwert für Backtemperatur und -zeit für Strudel:
180 °C, 35 Minuten

Rezeptnachweis

Fotonachweis

Bernhard Aichner, www.fotowerk.at: S. 27, 28, 47, 48, 51, 62, 65, 68, 72, 74, 77, 82, 86, 94, 100, 112, 118, 125, 133, 142, 149, 172, 175, 176, 180, 198, 209, 214, 218, 220, 221, 225, 226, 230, 242, 256, 257, 258, 270, 294, 298, 302, 308, 310, 314, 317, 326 | **AMA:** S. 105, 117 | **Antonia Auer:** S. 196 | **Christine Besenhofer:** S. 283, 284, 295 | **Elisabeth Buchwinkler:** S. 80 | **Erna Deutsch:** S. 97 | **Rebecca Dörner:** S. 24, 26, 161, 164 o, 222, 267, 269, 316, 318, 321, 322, 323 | **Maria Eberle:** S. 131, 241 | **Silvia Elnrieder:** S. 250 | **Christa Eppensteiner:** S. 304 | **Susanne Erlacher:** S. 53 | **Raphael Forsthuber:** S. 30, 166 | **Gertrud Hirtl:** S. 42, 56, 211 | **Gudrun Graf:** S. 40, 126, 129, 206 | **Herbert Gyss:** S. 18, 39, 99, 137, 146, 188, 190, 261, 263, 277, 332, 334, 336 | **Veronika Hamedl:** S. 2 u li, 238, 300, 301, 306 | **Hermine Hartl:** S. 103, 134 | **Erni Herbst:** S. 179, 278, 285, 309 | **Elisabeth Holzhacker:** S. 145, 168 | **Elisabeth Hölzl, Christine-Maria Kaswurm:** S. 208 | **Horst Muhr:** S. 312, 313, 319, 320 | **Christina Huber:** S. 253 | **Maria Hufnagl:** S. 121, 160 | **Karl Kühne:** S. 43 | **Christine-Maria Kaswurm:** S. 212, 275 | **Anna Kölbl:** S. 88 | **Sophie Kordesch:** S. 23, 138 | **Brigitte Kröpfl:** S. 58, 59, 60, 110 | **Elsa Kurtz:** S. 162, 202, 268 | **Landwirtschaftskammer Niederösterreich:** S. 16 | **Rosa Lederer:** S. 246 | **Bernhard Michal, Landwirtschaftskammer NÖ:** S. 19, 45, 165, 204, 234 | **Rita Newman:** S. 2 u re, 33, 164 u, 169, 260, 337, 344, 352 | **Regina Oberpeilsteiner:** S. 115 | **Daniela Ofner:** S. 78 | **Brigitte Peter:** S. 170 | **Maria Plattner Huber:** S. 195 | **Hildegard Posch:** S. 330 | **Rosa Prem, Adelheid Gschösser:** S. 216, 276, 281, 286, 288, 290 | **Raimund Propst:** S. 154 | **Maria Reichhalter Prader:** S. 192, 303 | **Christine Rittsteuer:** S. 254 | **Thomas Schauer:** S. 2 o beide, 71, 85, 91, 140, 343, 347 | **Romana Schneider/Landwirtschaftskammer für OÖ:** S. 128, 178 | **Luise Schön, Andrea Schabbauer:** S. 120 | **Melitta Spendier:** S. 122 | **Ilse Straßmayr:** S. 307, 311 | **Elisabeth Streicher:** S. 215, 244, 245, 248 | **Ida Traupmann:** S. 34, 44, 152 | **Monika Tschurtschenthaler:** S. 194 | **Christine Viertler:** S. 197 | **Evi Wahrstätter:** S. 25, 81, 106 | **Rosemarie Wallner:** S. 46 | **Maria Weinhandl:** S. 20, 22, 92 | **Edith Weißnegger:** S. 264, 265, 266, 271 | **Gerlinde Wiesinger:** S. 272, 280 | **Gabriele Wild-Obermayr:** S. 37 | **Maria Wurzer:** S. 236, 251, 252 | **www.gettyimages.com:** S. 54 | **Barbara Zenz:** S. 61, 113, 153, 157, 183, 207, 233, 340 | **Maria Ziegelböck:** S. 55, 114, 147, 150, 163, 167, 201, 210, 224, 262, 279, 291, 297, 356 | **Franziska Zimmer:** S. 229, 287

Glossar

Blaukraut/Rotkraut = Rotkohl

Blunzen = Blutwurst

Crème Fraîche = Schmand

Dotter = Eigelb

Eierschwammerl = Pfifferlinge

Eiklar = Eiweiß

Erdäpfel = Kartoffeln

Faschiertes = Hackfleisch

Felchen = Reinanke

Fisolen/Strankerl = grüne Bohnen

Germ = Hefe

Hendl = Huhn

Holler = Holunder

Karfiol = Blumenkohl

Karotten = Möhren

Kletzen = Dörrbirnen

Kohlsprossen/Sprossenkohl = Rosenkohl

Kren = Meerrettich

Kukuruz/Türken = Mais

Lauch = Porree

Liebstöckel = Maggikraut

Marillen = Aprikosen

Melanzani = Auberginen

Palatschinken = Pfannkuchen

Paradeiser = Tomaten

Pignoli = Pinienkerne

Polenta = Maisgrieß

Rahm/Obers = Sahne

Ribisel = Johannisbeeren

Rohnen/Rote Rübe = Rote Bete

Sauerrahm = Saure Sahne

Schwarzbeeren/Moosbeeren = Heidelbeeren

Schwarzplenten/Hadn = Buchweizen

Staubzucker = Puderzucker

Topfen = Quark

Vogerlsalat = Feldsalat

Zeller = Knollensellerie

Zweigelt = Rotweinsorte
(Blaufränkisch × St. Laurent)

Abkürzungen

kg – Kilogramm

g – Gramm

EL – Esslöffel, Suppenlöffel

TL/KL – Teelöffel, Kaffeelöffel

Msp. – Messerspitze

Pkg. – Packung

l – Liter

cl – Zentiliter

ml – Milliliter

Mengenangaben

Die Rezepte sind, wenn nicht anders angegeben, für **4 Portionen** gedacht.

Rezeptregister

6. Auflage

© 2011 by **Löwenzahn** in der Studienverlag Ges.m.b.H.,
Erlerstraße 10, A-6020 Innsbruck
E-Mail: loewenzahn@studienverlag.at
Internet: www.loewenzahn.at

Umschlag- und Buchgestaltung sowie grafische Umsetzung:
Stefan Rasberger, Johanna Hopfner — www.labsal.at
Titelfoto: Rita Newman
Fotos Umschlagrückseite (v.l.n.r.): Forsthuber ¦ Aichner ¦
Ziegelböck ¦ Aichner

Die Rezepte für dieses Buch wurden aus folgenden
Büchern des Löwenzahn Verlags entnommen:
Burgenländische Bäuerinnen kochen ¦ *Kärntner Bäuerinnen
kochen* ¦ *Niederösterreichische Bäuerinnen kochen* ¦ *Ober-
österreichische Bäuerinnen kochen* ¦ *Salzburger Bäuerinnen
kochen* ¦ *Steirische Bäuerinnen kochen* ¦ *Tiroler Bäuerinnen
kochen* ¦ *Vorarlberger Bäuerinnen kochen* ¦ *Wiener Bäuerinnen
kochen* ¦ *Österreichische Bäuerinnen kochen mit Gemüse* ¦
Österreichische Bäuerinnen kochen Knödel ¦ *Österreichische
Bäuerinnen kochen mit Fleisch* ¦ *Österreichische Bäuerinnen
backen Strudel* ¦ *Österreichische Bäuerinnen backen Kuchen* ¦
Krapfen, Kipferl, Brezen & Co. ¦ *Österreichische Bäuerinnen backen
Weihnachtskekse* ¦ *Österreichische Bäuerinnen decken den
Weihnachtstisch* ¦ *Südtiroler Bäuerinnen kochen* ¦ *Die Lieblings-
rezepte der Südtiroler Bäuerinnen* ¦ *Genussland Südtirol*

Bibliografische Information Der Deutschen Bibliothek
Die Deutsche Bibliothek verzeichnet diese Publikation in der
Deutschen Nationalbibliografie; detaillierte bibliografische Daten
sind im Internet über ‹http://dnb.ddb.de› abrufbar.

ISBN 978-3-7066-2487-9